Introduction to Education

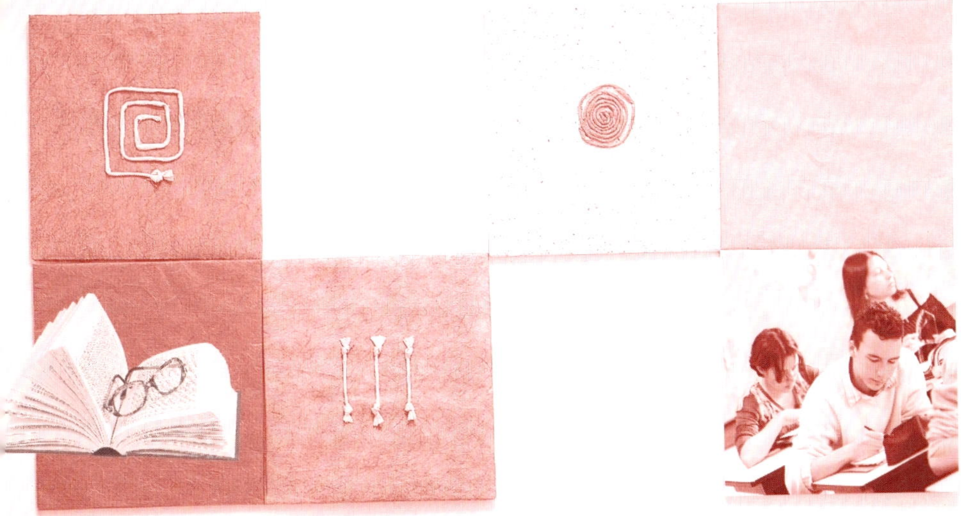

교육학의 이해

윤영선 · 채수진

다산출판사

머리말

교육학에 대한 교양서 또는 입문서로 가볍게 쓴 「함께 읽는 교육학 이야기」에 의외로 많은 분들이 관심을 가져 주셨다. 정말 감사할 따름이다. 이 책이 1996년에 출판되었으니 벌써 10년이 넘었다. 그동안 우리 사회는 많은 변화가 있었으며, 그에 따라 책의 내용도 달라질 필요가 있었다. 또한 이 책이 교양서로서의 역할보다는 교육학을 공부하려는 독자들의 입문서로서 더 많이 사용된다는 것을 알게 되었다. 따라서 책의 수정이 불가피하게 되어 「교육학의 이해」라는 제목으로 새롭게 집필하였다.

'교육학' 이라고 하면 우리가 받아 온 학교교육과 연관지어 부정적인 생각을 많이 가지고 있는 것 같다. 즉, 덥거나 추운 불편한 교실, 항상 자신의 말만 전달할 뿐 학생들의 의견을 들으려 하지 않는 선생님, 지긋지긋한 시험, 매일 공부하라고 닦달하는 부모님 등을 연상시키기 때문에 교육학을 딱딱한 학문으로 생각하는 것이다. 교육학 전공서를 교양서적처럼 쉽게 읽기란 쉬운 일이 아니다.

개정판 「교육학의 이해」에서 가장 염두에 둔 것은 '쉽고 재미있게' 이다. 이는 「함께 읽는 교육학 이야기」에서도 마찬가지였는데, 교육학 내용 중 가장 중요하면서도 일반인들이 관심을 갖고 읽을 수 있는 내용이 무엇인가에 초점을 맞추고자 하였다. 그런데 '중요하면서도' '쉽고 재미있는' 영역이 항상 일치하는 것이 아니었다. 그리고 쉽게 쓰는 것이 오히려 더 어려운 작업이라는 것을 다시 한 번 실감하였다.

개정판은 다음과 같이 달라졌다. 우선 두 개의 장章이 새로 첨가되었다. 하나는 "제15장 지식교육 무엇이 문제인가?"이다. 교육의 목적은 지식의 축적을 통해서 달성되는 것이 아니라 다양한 지식의 활용을 통해 궁극적으로 좋은 삶 또는 행복한 삶을 살아가도록 하는 것이다. 이 15장에서는 학교에서 지식을 폐기할 수 없는 상황에서 지식교육의 문제가 무엇이며 무엇을 바로잡아야 하는지를 간략하게 제시하였다. 다른 하나는 "제16장 대안학교는 학교교육을 대안할 수 있는가?"이다. 보다 나은 교육에 대한 열망으로 생겨났건, 아니면 공교육에 대한 실망으로 생겨났건 간에 최근 대안학교에 대한 관심이 커지고 있다. 이 16장은 대안학교에 대한 올바른 이해를 가지고 동시에 공교육의 문제를 해결할 수 있는 실마리를 찾기 위해 첨가되었다. 그 밖에도 모든 장에서 너무 오래된 내용은 삭제되거나 변경되었으며, 명확하지 않은 부분은 수정 또는 새로운 내용들이 첨가되었다. 예컨대, 7차 교육과정 개정에 대한 내용이나 e-Learning에 대한 내용이 대표적이라고 할 수 있다.

이 책이 교육학에 입문하기 전 교육학이 어떤 것인지를 알기 원하는 사람, 교육학 이외의 학문을 연구하는 사람으로 자신의 전공 분야에 대한 시각을 넓히기 위한 사람, 또는 일선 현장에서 학생들을 가르치는 교사 등에게 다소나마 도움이 되기를 바란다.

개정판에서는 아주대학교 의과대학에서 의학교육을 담당하고 있는 채수진 교수가 함께 참여하였다. 젊은 교수의 참여로 이 책의 내용이 훨씬 더 새롭고 신선해졌다고 생각한다. 마지막으로 이 책이 새롭게 태어나도록 용기를 주신 다산출판사에 심심한 감사를 드린다.

2008년 2월

저자 씀

차례

제1장

교육이란 무엇이며, 교육학은 어떤 학문인가?

'교육'에 대한 정의는 크게 두 가지 방식으로 할 수 있다. 하나는 '교육은 이러하다'라는 방식이고, 다른 하나는 '교육은 이러한 것이어야 한다'의 방식으로 서술하는 것이다. 전자를 가치관이 배제된 '분석적 서술'이라 하고, 후자를 가치관이 개입된 '규범적 서술'이라 한다. 교육을 어떠한 방식으로 서술하든 간에 교육학은 '무엇을 가르치느냐'의 부분과 '그것을 어떻게 가르치느냐'의 두 부분으로 구성되어 있다. '무엇을'에 해당되는 이론들은 '사변적 영역'에 속하고, '어떻게'에 해당되는 이론은 '방법론적 영역'에 해당된다.

19세기 헤르바르트에 의해 처음으로 '교육학'pedagogy이라는 용어가 사용된 이래, 교육학은 교육철학, 교육심리, 교육과정, 교육평가, 교육사회학, 교육행정 등으로 세분되어 발전하여 왔다.

우리 국민 대부분은 학생 아니면 학부모이다. 따라서 교육에 관한 한 국민 거의 모두가 당사자이기 때문에 전문가가 아니더라도 누구든 많은 관심을 가지게 된다. 그 뿐만 아니다. 어느 영역에 종사하든지, 우리는 후손에게 무엇을 남겨주어야 하는가에 대해서 생각을 하게 된다. 어떤 과학자가 앞으로 어떤 분야에 대해서 연구가 더 필요하다든지, 그러기 위해서는 어떤 기초연구가 필요하다든지 하는 의견을 낸다면 그것은 학생들에게 어떤 내용을 가르쳐야 하는가로 귀결된다. 한 분야에서 업적이 많은 사람일수록 미래를 전망하게 되고, 자신이 그 분야의 발전에 도움이 되어야 한다는 사명감을 느낄수록 교육에 관한 언급을 하게 된다. 역사적으로 유명한 학자들과 그 사회의 지도자들이 모두 교육에 관심을 가졌던 것은 바로 이러한 이유에서이다.

1. 교육이란 무엇인가?

교육이 반드시 학교에서만 실시되는 것은 아니다. 가정이나 사회, 산업체, 국가, 심지어는 군대에서도 교육을 실시한다. 그러나 이 책에서는 학교교육에 국한하여 이야기를 하려고 한다.

교육이란 무엇인가에 대한 정의는 크게 두 가지 방식으로 할 수 있다. 하나는 '교육은 이러하다' 라는 식으로 서술하는 것이고, 다른 하나는 '교육은 이러한 것이어야 한다' 의 방식으로 서술하는 것이다. 첫째 번 방식은 말하는 사람의 가치관이 개입되지 않은 경우로 '분석적 서술' 이라 하고, 둘째 번 방식은 말하는 사람의 가치관이 강하게 개입된 경우로 '규범적 서술' 이라 한다.

'교육' 에 대한 분석적 서술

누가 "인간이란 무엇인가?"라고 물었을 때 우리는 인간의 생김새, 몸무게, 팔다리의 기능 등에 대해서 설명하기보다는, 인간이라면 갖추고 있어야 할 특성, 소양 등에 대하여 말할 것이다. 그러나 이러한 설명은 개인에 따라 차이가 많이 나며, 그 설명에 포함된 내용이나 표현에 대한 해석도 듣는 사람에 따라 제각기 다를 수 있다. 그래서 어떤 사람은 우리가 사용하는 용어에 대해 가치관을 배제하고 서술하려 한다. 그런데 교육이란 원래 가치지향적인 활동이기 때문에 교육에 대해서 서술할 때는 말하는 사람의 가치관이 유난히 많이 작용한다. 예를 들면, "학교란 무엇인가?"라고 했을 때 "학교는 학생들에게 이 사회에서 가장 중요한 지식과 태도를 가르쳐서 훌륭한 사회인이 되도록 준비시키는 장소"라고 말하는 사람이 있는가 하면, "학교는 그 사회의 지배계층이 국민들에게 통치하기 편리한 이데올로기를 가르치는 장소"라고 말하기도 한다. 이렇듯 학교에 대한 정의 자체가 다른 사람들에게 주관적인 의견을 전달하는 것이 되기 때문에 정확한 정의가 되지 못한다.

그러므로 '교육' 에 대한 정의를 내릴 때, 자신의 가치관을 가능한 한 배제하는 분석적 서술을 사용해 볼 수 있다. 예를 들어 "교육이란 가르치고 배워서 상당기간 학생의 지적 능력에 변화를 가져오는 것"이라고 정의한다면, '무엇을 가르쳐야 하는지', '어떤 방법으로 가르쳐야 하는지', 그리고 '가르친 결과로 학생들이 어떤 능력을 가져야 하는지'에 대해서 아무런 언급을 하지 않은 것이 된다. 즉, 말하는 사람의 가치관이 개입되지 않은 것이다.

위에서 제시한 '교육'에 대한 분석적 정의에서 가장 중요한 것은, '가르치고', '배워서', '변화를 가져오는 것'이다. 먼저 '가르친다'는 것이 무엇을 의미하는지 살펴보자. 우리는 소매치기하는 방법을 가르치는 것을 '교육'이라고 하지는 않는다. 교육에서는 나쁜 것을 가르쳐서는 안 되기 때문이다. 또한 가르치는 방법 역시 올바른 것이어야 한다. 결국 '교육'이라는 단어를 정의할 때는 아무리 가치관을 배제하려고 해도 가치관에서 완전히 벗어날 수는 없다. 그것은 '교육'이란 이미 가치가 포함된 활동이기 때문이다.

'교육'은 또한 가르치기만 한다고 해서 끝나는 활동이 아니다. 가르친 다음에 학생들이 그것을 배워야 한다. 가르쳤는데도 배우지 않는다면 우리는 교육이 이루어졌다고 말하지 않는다. 한편, 사람은 가르치지 않았는데도 많은 것을 터득하며 산다. 그것을 우리는 '교육'이라고 하지 않고 '본능', '성숙', 또는 '깨달음'이라고 한다. 사실 어디까지가 교육에 의한 '깨달음'이고, 어디까지가 가르침 없이 생겨난 '깨달음'인지를 구분하는 것은 쉽지 않다.

교육은 또한 학습자에게 강제적인 방법을 시도하여 일시적인 변화를 갖게 하는 것을 의미하지 않는다. 학습자의 '자발적인 참여'

에 의해 학습하며 학습결과가 어느 정도 지속적으로 유지될 때 '교육'이 이루어졌다고 한다.

교육은 인간의 행동이 자연적으로 변화해 가는 것보다는 그것을 의도적으로 변화시키는 데에 관심이 있다. '의도'란 바로 그 사회의 가치관이라고 말할 수 있다. 결국 교육이란 그 사회의 가치관을 향해서 행동을 변화시키는 것이다.

'교육'에 대한 규범적 서술

'교육'에 대한 분석적 정의는 말하는 사람의 가치관에 따라 달라지지도 않고 그것을 해석하는 사람에 따라 별 차이가 나지 않는다는 점은 있지만, '교육'이 나아가야 할 방향을 제시해 주지 못한다는 단점이 있다. 따라서 많은 사람들은 '교육'에 대해 정의할 때 규범적 서술방식을 택한다. '교육'에 대한 규범적 서술은 교육의 궁극적인 목적으로 표현된다. 예를 들어, "교육은 민주적 시민이 갖추어야 할 자질을 함양하는 과정이다," "교육은 영원한 진리나 가치로 접근하는 과정이다," 또는 "교육은 인간을 인간답게 형성하는 과정이다" 등이 교육에 대한 규범적 서술의 대표적인 예이다.

그런데 무엇이 교육의 궁극적인 목적이어야 하는가는 시대와 사회에 따라서 달라진다. 또한 같은 시대와 같은 사회에 살면서도 개인의 가치관에 따라 달라지기도 한다. 북한의 학생들에게 가르치는 역사나 사회, 종교에 대한 지식을 어떤 사람은 교육이 아니라 교화라 여기며, 더 나아가서는 세뇌라고 주장하기도 한다. 그러나 당사자의 입장에서는 그러한 것들이 가장 중요한 교육의 목적이 될 수도 있다. 따라서 가르치는 내용이 가치가 있는지는 그 사회에 살고 있는 사람들이 공통적으로 믿고 있는 가치관에 의해 결정된다. 그러나 그 사회의 구성집단마다 서로 가치관이 다르기 때문에 공통적 가치를 합의하는 것은 상당히 어렵다. 어느 사회에서는 각 집단의 다양한 의견이 큰 갈등 없이 받아들여지기도 하고, 또 어느 사회에서는 일부 권력집단의 가치관이나 이익이 전체 사회구성원의 의견을 대신하기도 한다. 이러한 경우에는 일부 집단의 가치관이 교육의 내용에 영향을 끼치며, 어떤 지식이 옳고 또 중요한지를 구별하는 기준이 되기도 한다. 따라서 우리는 교육의 내용을 받아들일 때 그 내용들이 어떤 과정을 통하여 결정되었는지, 그리고 누가 결정하였는지를 들여다보아야 한다.

2. 교육학은 어떤 학문인가?

교육을 어떤 방식으로 정의하든 간에 교육학은 '무엇을 가르치느냐' 의 부분과 '그것을 어떻게 가르치느냐' 의 두 부분으로 구성된다. 즉 교육학에는 '무엇을' 과 '어떻게' 에 관련된 이론적 체계와 활동이 포함된다. '무엇을' 에 해당되는 이론들을 합하여 사변적 영역이라 하고, '어떻게' 에 해당되는 이론들을 방법론적 영역이라 한다. 사변적 영역에 해당되는 이론들을 연구할 때는 철학이 중요한 역할을 하고, 방법론적 영역에 해당되는 이론들은 과학에 의해 관찰되고 검증된다. 즉, 철학은 가치와 관련된 지식의 체계이며, 과학은 가치를 실현시키는 데 동원되는 이론적 체계라고 할 수 있다. 교육은 가치지향적인 활동이기 때문에 철학이 필요하다. 동시에 많은 대상자들에게 실제로 가르쳐야 할 내용을 전달한다는 점에서 과학적 방법 역시 교육학의 중요한 연구분야이다.

'교육학' pedagogy이라는 말을 처음으로 사용한 사람은 19세기 독일의 철학자 헤르바르트Herbart이다. 그는 교육학을 교육목적론과 교육방법론으로 구별하였다. 그에 의하면 교육목적론은 윤리학에 기초하고, 교육방법론은 심리학에 기초한다. 그러나 현대사회에서의 교육학은 다른 여러 학문과 유기적으로 관련되어 있으므로 교육학에 영향을 끼치는 기초학문의 영역은 헤르바르트가 말한 것보다 훨씬 광범위하고 다양하다.

교육에 관한 실증적인 연구를 하고 있는 사람들은 사변적인 교육학이 단순한 사상과 구호에 지나지 않으며, 교육현장에서 생기는 문제를 발견하고 처방하기에는 불충분하다고 말한다. 이들은 각종 검사와 다양한 통계적 방법 등을 사용하여 교육효과를 측정하고 평가한다. 그리하여 교육과 관련된 문제점들을 구체적으로 파악하고 개선점을 제시하려고 한다. 그러나 복잡한 교육현상을 파악하는 데는 이러한 방법만으로는 충분치 않다. 실증적인 연구방법만으로는 교육의 이념이나 본질과 같은 철학적인 문제를 해결할 수 없기 때문이다. 모든 학문이 그러하듯이 교육학에서도 철학과 과학이 동시에 적용되어야만 문제해결에 접근하기 쉽다.

3. 교육학은 어떤 영역으로 나누어지는가?

앞에서 말한 바와 같이 교육학은 '무엇을 가르치느냐' 의 부분과 '그것을 어떻게 가르치느냐' 의 두 부분으로 구성되어 있다. '무엇을 가르치느냐' 를 탐색하기 위해서는 그 시대의 철학에 의존하게 된다. 철학은 교육의 방향을 설정해 준다. 즉, 지식이란 무엇이며, 지식은 어떻게 형성되는가, 그리고 그 지식들 중에서 가장 우선적으로 다루어야 할 것들은 어떤 것인가 등이 중요한 관심사가 된다. 그 밖에도 철학은 도덕이란 무엇이며, 왜 그것이 우리 시대의 도덕으로 받아들여져야 하는지에 대한 이유를 밝히는 데 도움을 주며, 우리가 추구해야 할 '아름다움' 에 대해서도 말해 준다. 이렇게 철학을 교육과 연관지어 교육의 문제를 연구하는 학문영역을 '교육철학' 이라고 한다.

'무엇을 가르칠 것인가' 가 결정되면 그것을 '어떻게 가르칠 것인가' 를 찾아내야 한다. 아무리 그럴듯한 지식과 도덕, 아름다움을 추구한다고 하여도 그것을 가르칠 방법이 가능하지 않다면 교육의 목적은 구호에 그치게 된다. 그러므로 인간이 어떤 과정을 거쳐 학습을 하는지에 대한 연구가 필요하다. 인간은 유아기부터 성인이 되기까지 지적인 사고과정과 도덕발달과정, 그리고 성격형성과정 모두가 변화한다. 나이에 따른 인간의 발달단계를 연구하며, 각 단계에서는 어떻게 학습이 이루어지고, 가장 효율적인 학습지도방법은 어떤 것인지를 연구하는 분야가 '교육심리' 이다.

교육철학에 의해 교육의 방향이 제시되지만 그것만으로는 아직

학교에서 가르쳐야 할 내용이 결정되지 않는다. 학교는 이 사회에서 가장 중요하다고 생각되는 이론과 기술 그리고 문화를 후세에 전달하고 새로운 지식을 개발하는 역할을 해야 하므로, 지식의 체계가 곧 학생들이 배우고 경험하게 될 교육내용이 된다. 또한 학교는 사회의 필요에 의해 만들어진 기관이므로 학교에서 가르치는 내용에는 사회의 요구가 반영되어야 한다. 그런데 어떤 내용을 가르친다는 것은 그것을 가르치는 방법도 가능해야 한다는 것을 의미하므로 가르칠 내용을 선정하고 조직하는 일은 참으로 복잡한 작업이다. 가르칠 내용을 교과로 구분하거나 관련시키고, 그 교과를 나이에 따라 체계적으로 조직하는 데 관심을 갖는 분야를 '교육과정' 이라 한다. 교육과정은 학교에서 가르치려고 의도하는 교육내용이나 경험을 총망라한다. 따라서 교육과정은 교육학에서 가장 핵심적인 연구분야라고 말할 수 있다.

교사는 학생들이 열심히 공부했는지를 평가하기 위해 시험을 치르기도 하고, 학생의 태도를 알아보기 위해 일상생활을 관찰하기도 한다. 그래서 어떤 학생이 더 열심히 노력했으며, 더 우수한지를 구별하고 진급도 시킨다. 이러한 '교육평가' 의 영역은 학생들에 대한 평가에만 국한되는 것은 아니다. 예를 들면, 전국적으로 또는 지역적으로 학생의 학업성취도를 평가하기도 한다. 그리하여 어떤 지역의 학생들에게 교육적 혜택을 더 주어야 하는지, 어느 과목의 학력이 다른 과목에 비해 성취도가 낮은지 등을 알게 된다. 전국적인 학력평가를 통해 학생들의 학력이 해마다 늘어나는지 또는 저하되는지를 알아서 국가적인 계획을 세운다. 최근에는 국제적인 비교를

하기 위해 여러 나라 학생들에게 유사한 검사를 실시하기도 한다. 그 밖에도 '교육평가'의 영역에는 교육과정내용의 적절성이나 교사의 수업방법, 그리고 교육의 결과에 영향을 끼치는 모든 분야에 대한 평가가 포함된다.

학교는 그 사회의 다른 기관들과 밀접한 관계를 갖는다. 동시에 교사나 학생들이 모여 있는 사회적 집단이기도 하다. 그러므로 학교는 다른 기관과 다른 독특한 사회적 특성이 있다. 학교는 다른 사회기관의 영향을 받기도 하고, 국가나 세계 정세가 교육내용에 영향을 끼치기도 한다. 이렇게 학교 안에서의 학생 간, 교사와 학생 간의 관계, 학교와 그 밖의 사회기관들 간의 관계를 연구하고 교육내용을 사회학적으로 분석하는 영역을 '교육사회'라 한다.

교장을 위시한 교육행정가들은 교사들이 학생들을 잘 가르치도록 하기 위해서 여러 가지 정책적인 도움을 준다. 학교 안에서 뿐만 아니라 지역단위별로 그리고 국가단위로 교육정책을 실시하여 교육에 직접적인 영향을 미치기도 한다. 국가적인 교육행정구조가 있으며 학교 안에서의 행정구조도 있다. 구조의 특성에 따라서 교사와 교육행정가의 행동특성이 달라지고, 그러한 특성은 학생들의 학습태도에도 영향을 끼친다. 이러한 분야에 대한 연구영역을 '교육행정'이라고 한다.

위에서 제시한 연구영역 외에도, 교육과 문화의 관계를 연구하며 교육의 문제를 인류학적 관점에서 탐색하는 '교육인류학', 수업에서 활용될 수 있는 하드웨어와 소프트웨어를 도입하여 교육에 관련된 문제들을 통합적으로 해결하려는 '교육공학' 등이 교육학에서 자리를 굳힌 연구영역이며, 학생생활지도, 학생상담 등 교육현장에서 실제 부딪칠 수 있는 문제들에 대한 이론과 사례도 연구한다.

그 밖에도 정치, 경제와 교육의 상호관련성을 연구하는 '교육정치' 또는 '교육경제' 등 새로운 분야가 개발되기도 한다. 연구자들에 따라 교육학의 영역을 달리 나누기도 하므로 위에서 언급된 영역만으로 국한지을 필요는 없다.

제2장

학교에서 학생들은 무엇을 배우고, 또 무엇을 배우지 않는가?

어떠한 과정을 통해 학생들이 교육내용을 경험하는지에 따라 교육과정을 여러 가지로 나누어 볼 수 있다. 즉, 학교에서 설정한 목표를 배우면서 학생들이 경험하는 내용을 '표면적 교육과정' 이라 하고, 학교에서 목표로 세우지는 않았지만 학교생활과 관련되어 학생이 은연중 갖게 되는 모든 경험을 '잠재적 교육과정' 이라고 한다. 교사의 지식이나 신념 등에 따라 교실에서 가르치는 내용은 서로 다른데 이것을 '실제적 교육과정' 이라고 하며, 학생들의 흥미를 고려하여 제공하는 활동을 교과외 교육과정 또는 특별활동이라고 한다. 그 밖에도 학교에서 가르치지 않음으로써 오히려 학생들에게 교육적 결과를 가져오는 영零 교육과정이 있다. 이러한 교육과정들은 서로 영향을 주고받으므로 학생들이 무엇을 배웠는지를 알기 위해서는 이러한 교육과정들을 모두 관찰해야 한다.

우리는 교육과정이라는 말을 자주 접한다. 학교에서 학생들이 배우는 내용을 '교육과정'이라고 말하고, 새 교육과정이 고시될 때마다 〈교육인적자원부〉는 '교육과정'을 발행하여 각급 학교에 보급하기도 한다. 대학생들은 매 학기마다 수강신청할 때 대학이 발행한 '교육과정' 책자를 뒤적거린다. 교육과정이라는 용어는 우리의 일상생활이나 교육학 분야에서 일관성 있게 사용되고 있지 않음을 발견할 수 있다. 교육과정이라는 용어가 교육계 안팎에서 어떤 의미로 사용되고 있는지를 분석하고 그 다양한 의미를 알아보도록 하자.

1. 학교에서 목표로 삼는 교육과정

우리나라처럼 〈교육인적자원부〉가 국가 전체의 학생을 대상으로 교육과정을 만드는 경우에는 〈교육인적자원부〉가 만든 교육과정이 학교에서 가르치는 내용의 기본이 된다. 우리가 보통 '교육과정'이라고 할 때는 〈교육인적자원부〉가 만든, '문서화된 교육내용'을 말한다. 문서화된 교육과정에는 교과서, 〈교육인적자원부〉가 추천하는 인정도서, 교사가 사용하는 교수지침서 등 각종 문서로 인쇄된 내용들이 포함된다. 각 학교는 이 교육과정의 틀에서 벗어나지 않는 범위 내에서 그 학교가 속한 지역의 사정을 감안하여 교과목을 선택하고 교육내용을 정하게 된다.

교육과정을 만들 때는 그 사회가 가치 있다고 공감하는 지식, 태도, 활동들을 근거로 한다. 국가가 교육과정을 만들어야 한다고 생각하는 사람들은 "한 국가의 가치관은 합의를 통하여 도출될 수 있고, 합의된 교육내용은 누구에게나 중요한 것들이기 때문에 그 내용들을 학교의 목표로 삼을 수 있다"고 말한다. 이러한 생각은, 사회는 비교적 동질적인 사람들로 구성되어 있으며, 동질적인 사람들에 의해 합의된 가치들은 모두가 공통적으로 배워야 할 만큼 중요하고도 필수적인 지식이라는 생각에서 나온 것이다.

교사는 학교에서 설정한 목표를 바탕으로 수업을 계획하고, 학생들을 가르치며, 수업결과를 평가한다. 또한 행정가들은 이 목표에 근거하여 교사를 감독하고, 교사들의 수업결과를 비교하기도 한다. 이렇게 정규수업을 통해 학생들이 문서화된 지식이나 기술 등을 배우고 경험하는 교육내용을 표면적 교육과정 또는 공식적 교육과정이라 한다. 학교가 겉으로 드러내어 목표로 삼은 것이라고 하여 '표면적'이라고 부르는 것이다. 표면적 교육과정은 주로 교과와 관련이 있으며 학문적 이론들을 다룬다는 특징이 있다. 또한 표면적 교육과정은 학교에서 진행될 교육활동을 구체적으로 구성하는 문서의 형태를 띠고 있다. 따라서 표면적 교육과정은 교사들이 수업을 계획하고 학생들을 평가하는 교수-학습활동의 근거가 되며, 교사들의 교수활동에 대한 장학과 교육과정의 실행과 결과에 대해 책무성을 묻는 자료가 될 수 있다. 표면적 교육과정은 학생들이 경험해야 할 필요가 있는 건전한 가치관이나 생활습관 등 정규수업에서 기대되는 학습결과를 포함하고 있기 때문에 학교는 표면적 교육과정에 가장 많은 관심을 갖는다.

그러나 표면적 교육과정은 다음에 설명되는 여러 종류의 교육과정에 의해 영향을 받기 때문에 교육을 담당하는 사람들은 표면적 교육과정에만 관심을 둘 수는 없다.

2. 학교의 일상생활에서 배우는 내용

학교의 교육목표가 항상 의도한 대로 나타나는 것은 아니다. 의도한 것 이외의 결과나 의도한 것과는 반대의 결과도 생길 수 있다. 그런데 학교 내에서 학생들이 갖게 되는 모든 활동은 교육적인 것이어야 하므로, 교육을 담당하는 사람들은 학교가 의도한 것 이외의 결과에 대해 관심을 가질 수밖에 없다. 학교의 표면적 기능은 학생들을 가르치는 것이다. 그러나 학생을 가르치는 과정에서 학교는 표면적으로 드러나지 않는 여러 가지 기능을 필요로 한다. 예를 들면, 교사는 조용한 분위기에서 가르치기 위해 학생들을 통제하며, 여러 가지 학습자료들을 분석하기 위해 학생들을 관리하고 평가한다. 이렇게 학교의 표면적 기능 이외에 학생들은 학교가 의도하지 않은 것까지 배우게 된다.

신체를 단련시키는 체육시간에 생각지도 않게 참을성을 키울 수도 있겠고, 협동심을 키우기 위한 운동회에서는 오히려 자신의 역량만을 돋보이기 위한 이기심을 배울 수도 있다. 학교에서 의도한 것이든 아니든 간에 학교의 영향으로 인해서 생기는 학생들의 행동 변화는 당연히 학교의 관심사일 수밖에 없다. 학교에서 목표로 세우지는 않았지만 학교생활과 관련된 학생의 변화 전부를 잠재적 교육과정 또는 비공식적 교육과정이라 한다. 즉, 학교에서 계획하거나 의도하지 않았음에도 불구하고 학생들은 학교생활을 통하여 많은 것들을 경험하게 된다. 이처럼 학교의 드러나지 않은 기능 때문에 학생들에게 영향을 끼치는 교육과정이라고 하여 '잠재적' 이라고 부르는 것이다.

잠재적 교육과정에는 학교가 갖는 특성으로 인해 학생들이 배우게 되는 태도와 기술 등이 포함된다. 예를 들면, 학교에서는 같이 앉고 싶지 않은 친구와 일년 내내 짝이 되는 경우도 있고, 여러 친구들 앞에서 선생님께 꾸중과 칭찬을 듣기도 하며, 친구 간에 경쟁심과 열등감을 갖게 되기도 한다. 잠재적 교육과정에는 부정적인 것만 있는 것이 아니다. 다른 사람들과 어울려 살아가는 데 필요한 사회적 태도와 도덕성이 증진된다든가, 수학시간에 배우는 공식을 통해서 수의 오묘함을 느끼게 되고, 과학적 탐구에 의해 자연세계에 대한 호기심을 갖게 되는 등, 공식적 교육과정에서 배우지 못한 갖가지 사고방식이나 지적 기술도 잠재적 교육과정에 모두 포함된다.

잠재적 교육과정은 표면적 교육과정보다 학생들에게 더 깊고 오래 영향을 끼칠 수 있다. 또한 잠재적 교육과정은 교과 이외의 활동과 학교의 문화풍토와 관련되며, 주로 교사의 인격적 영향을 받는다.

잠재적 교육과정에 대한 두 가지 입장

학교의 순기능을 강조하는 입장에서는, 학교는 중요한 지식뿐만 아니라 사회생활에 필요한 규율이나 도덕 등과 같이 아주 유익한 것들을 가르친다고 생각한다. 왜냐하면 학교는 사회의 규범을 가르치는 장소이며, 교사들은 깊은 학식과 많은 경험을 통하여 학생들을 관찰하고 교육시키기 때문이다. 이 입장에서는 잠재적 교육과정이 학생들에게 성인사회의 권위관계를 합리적으로 배우게 하여 사회화에 도움을 주므로, 학교는 은연중에 도덕을 가르치는 가외의 역할까지도 한다고 주장한다. 그러나 이러한 입장은 잠재적 교육과정의 긍정적인 부분만을 강조하고 사회가 부여한 학교의 기능에만 관심을 가지고 학교 안에서 일어나는 활동에만 관심을 국한시킨다. 반면, 학교와 보다 큰 사회와의 관계, 그리고 학교가 주위환경으로부터 받는 사회적 영향력에는 별로 관심을 갖지 않는다.

학교의 역기능을 강조하는 입장에서는 사회를 동일한 목적을 가진 사람들의 집합이 아니라 서로 다른 이익을 추구하는 여러 집단 간의 갈등이 충돌하는 곳으로 본다. 그래서 각 집단은 학교라는 사회적 기관을 통하여 그들의 이익을 확대하려고 하기 때문에 학교에서 가르치는 내용은 특정 집단, 특히 권력을 차지하고 있는 집단에게 유리하며, 다른 집단에게는 불리하게 작용한다. 학교에서 가르치는 내용에는 학교풍토에서 자연스럽게 생기는 비공식적이고 잠재적인 내용까지도 포함되는데, 학교 주위의 환경, 교사와 학생 간의 관계, 학생들 간의 상호관계가 모두 학교의 풍토를 결정하는 역할을 한다. 그런데 학교풍토는 그 사회의 지배집단에게 유리하도록 되어 있다.

학교의 역기능을 비판하는 사람들은 학교에서의 성공 여부도 학생의 능력이나 태도보다는 사회 · 경제적 배경의 영향을 많이 받는다고 주장한다. 낮은 사회 · 경제적 배경의 학생들은 교사에 의해 자주 저지당하며 그들의 문화나 태도는 고쳐야 할 그릇된 것으로 간주된다. 따라서 낮은 계층의 어린이들은 학교에서 가르치는 내용 때문이라기보다는 낯선 학교생활 때문에 더욱 실패하기 쉬우며, 사회에서도 그 실패는 계속된다. 결국 학교가 사회적 환경을 뛰어넘는 데 도움을 주기보다는 고정시키는 역할을 하게 된다는 것이다.

학자에 따라서는 잠재적 교육과정을 '교육과정'에 포함시키는 것에 반대하는 입장을 갖기도 한다. 왜냐하면 '교육과정'이란 학생들에게 가르칠 가치가 있다고 생각되는 내용을 가르치는 것이기 때문에 학교에서 공식적으로 교육내용에 포함하지 않은 것은 교육과정이라고 할 수 없다는 것이다. 그럼에도 불구하고 잠재적 교육과정에 대해 관심을 갖는 것은 그것이 표면적 교육과정에 끼치는 영향이 크기 때문이다.

3. 교실에서 실제로 가르치는 교육내용

교육과정은 학교에서 실제로 실천되고 있는 교육활동을 가리키기도 한다. 똑같은 교과서를 가지고 수업을 하여도 교사에 따라 교실에서 가르치는 내용은 상당한 차이가 있을 수 있다. 이렇게 교실에서 교사가 직접 가르치는 것, 즉 교사에 의해 해석되어 실행된 교수활동을 '실제적 교육과정' 또는 '실천으로서의 교육과정'이라고 한다. 교사는 자신의 지식, 신념, 태도 등을 중심으로 교육과정을 해석하므로 학생들은 공식적 교육과정보다 실제적 교육과정의 영향을 더 많이 받을 수 있다.

표면적 교육과정은 교사의 해석을 통하여 실행에 옮겨질 때 실제적 교육과정이 된다. 교사는 자신의 철학에 의해 교과서에 없는 내용을 가르치기도 하고, 교과서에 있는 내용을 생략하기도 한다. 교과서에 있는 내용과 교사가 가르치는 내용이 항상 일치하는 것은 아니다. 예를 들면, 교사는 대학에 가는 학생들이 별로 없는 고등학교에서는 생활에 필요한 내용이나 직업을 갖는 데 도움이 되는 내용에 치중하여 가르치기도 하고, 반면에 대부분의 학생이 대학에 가는 경우에는 대학입학시험과 관련된 내용만을 가르치기도 한다.

그 밖에 교사가 학생의 특성에 따라 교육내용을 달리하여 가르치는 경우도 있다. 남녀공학의 학교에서 여학생들은 남학생들보다 수학에 뒤진다고 생각하여 어려운 내용을 가르치지 않는다든가, 남녀 중학생 모두 배우는 〈기술 · 산업〉과 〈가정〉이라는 과목에서 남자와 여자 문화가 다르다고 하여 달리 가르치기도 한다. 이러한 예는 적지 않다. 부유계층의 자녀들이 많이 다니는 학교인지 또는 근로계층의 자녀들이 많이 다니는 학교인지, 실업계 학교인지 또는 인문계 학교인지에 따라 교과내용뿐만 아니라 교사의 가치관, 태도

등이 달라질 수도 있다. 따라서 실제로 학생들이 무엇을 어떻게 배우는지는 직접 교실을 들여다보지 않고서는 정확히 알 수 없는 것이다.

4. 교과목 이외의 활동에서 배우는 교육내용

학교 교과목 이외에 학교에서 학생들이 경험하도록 계획한 모든 활동들을 '교과외 교육과정 또는 특별활동'이라 한다. 특별활동은 학생들의 흥미를 고려하고 자율적으로 참여한다는 점에서 표면적 교육과정과 대조되지만, 잠재적 교육과정과는 달리 공개적으로 인정한 학교경험이라는 점에서 표면적 교육과정과 다르지 않다.

특별활동은 표면적 교육과정에서 얼마나 시간을 지원받는지에 따라 그 비중과 성격이 달라지기도 한다. 우리나라에서는 초등학교에서부터 고등학교에 이르기까지 지식 위주의 교육에 치중하기 때문에 특별활동에 많은 시간을 할애하지 않을 뿐만 아니라 학교의 시설부족, 교장이나 교사들의 인식부족 때문에 제대로 실시하지 못하는 경우도 있다. 또한 시험을 치르기 전에는 특별활동시간을 생략한다든가, 고등학교 2학년 이상은 대학입시 때문에 특별활동시간을 없애는 것도 문제이다.

5. 학교에서 배우지 않는 내용

'영零 교육과정'이란 학교에서 학생들에게 가르치지 않음으로써 교육적 결과를 가져오게 하는 교육과정을 일컫는다. 꼭 필요한 교육과정의 내용인데도 불구하고 생략하고 가르치지 않아서 학생들이 배우지 못한 경우를 쉽게 생각할 수 있다. 예를 들어, 어떤 문화권에서는 기독교에 대해서만 가르치고, 회교에 관해서는 가르치지 않는다. 만일 가르친다고 하여도 기독교의 입장에서 본 회교의 역사만을 가르친다면 학생들은 회교도에 대해서 왜곡된 생각을 가질 수가 있다. 이처럼 필요한 내용인데 배제된 경우를 영 교육과정이라고 한다. 학습은 인간의 사고능력을 확대시킬 수도 있지만 위축시킬 수도 있는 것이다. 무엇을 배움으로 해서 오히려 그것에 대한 편협된 관점을 가질 수도 있다. 따라서 어떤 내용을 배운다는 것은 다른 것에 잘 적용할 수 있는 능력을 갖게도 하지만 때로는 사고의 폭을 좁게 할 수도 있다.

어떠한 내용을 가르치느냐 또는 가르치지 않느냐의 문제도 중요하지만 어떤 내용에 얼마만큼의 시간을 배정하느냐도 중요하다. 예를 들어, 영어 · 국어 · 수학에 시간배당을 많이 주면, 다른 내용에 대해서는 소홀하게 된다. 따라서 교육을 담당하는 사람들은 학생들에게 제공한 내용뿐만 아니라, 그 내용을 제공했기 때문에 배제된 내용이 무엇인가에도 관심을 가져야 한다.

지금까지 배워온 교육내용들 중에는 사람들이 가치 있다고 여겨서 채택된 것이라기보다는 관습이나 권위에 의해 내려온 것도 있을 것이다. 그렇기 때문에 영 교육과정에 대한 논의는 학교교육에서 빠뜨린 것이 없는지를 살펴보게 한다. 또한 영 교육과정은 사회나 시대마다 중요하게 다루어진 내용들과 소홀하게 다루어진 내용들이 어떻게 다른지를 관찰하게 함으로써 각 사회의 문화를 비교하는 데 유용하다.

지금까지 살펴본 바와 같이 우리나라에서처럼 〈교육인적자원부〉의 책임하에 〈한국교육개발원〉이 교과서를 만들었을 때 모든 학교가 그 교육과정을 가르치는 것 같지만 사실 학교 안에서는 항상 갈등이 일어난다. 정해진 교육과정 안에서도 무엇에 가장 우선권을 주어야 하는가? 어떤 교과에 얼마만큼의 시간배정을 해야 하는가? 교과교육 이외의 다른 학교활동에 얼마나 많은 비중을 두어야 하는가? 학생들의 생활지도에 교사들은 어떠한 태도로 임해야 하는가? 등에 대해 교육행정가나 교사는 서로 다른 의견을 가질 수 있으며 학교에서 어떤 입장이 우세한가에 따라 학생들의 학습경험은 달라진다.

대체로 사람들은 표면적 교육과정에 의해 교육의 성과와 실패를 평가하지만, 사실 학교교육의 성패는 위에서 설명한 다섯 가지 종류의 교육과정을 관찰함으로써 알 수 있다.

제3장

서양에서 교육사조와 교육내용은 어떻게 달라져 왔는가?

20세기 초까지 전통적으로 내려온 교육의 형태는 지식의 체계를 존중하며 교사가 기존의 지식을 어린이들에게 전수하는 교과중심 교육과정의 방식이었다. 그 후 '진보주의 교육운동' 이 일어나면서 어린이가 직접 경험하며 배울 수 있는 경험중심 교육과정이 제시되었다. 그러나 경험중심 교육과정은 학문의 질적 저하를 가져오게 했다는 비판을 받으면서, 1950년대 학문중심 교육과정을 출현시켰다. 학문중심 교육과정은 실생활에 도움을 주지 못하는 지식만을 강조하고 일부 우수한 학생들 위주로 교육내용을 구성했다는 비판 때문에 1960년대 말, 학생의 자율성과 개별성을 중시하는 인본주의 교육과정이 나왔다. 1970년대에는 국가 간의 격차나 사회계층 간의 격차가 줄어들지 않는 이유가 무엇인가에 대해 관심을 가지면서 교육을 정치적인 활동으로 보는 재개념적인 입장이 나타나 교육학의 시야를 넓히기도 하였다.

교육내용들은 그동안 인간이 축적해 온 지식의 체계를 중심으로 결정된다. 지식의 체계에는 인간이 자연과 화합하며 살아야 할 기술들을 비롯해서, 사람들이 서로 협동하면서 살아야 할 태도들도 담겨져 있을 것이다. 교육과정에 대한 질문 즉, '우리는 학교에서 무엇을 가르쳐야만 하는가?', '왜 그것을 가르쳐야 하는가?', '그것을 가르치는 이유가 무엇인가?' 등은 그 시대의 가치관에 따라 달라질 수 있다. 가치관은 그 시대에 밝혀진 지식과 기술에 의해 영향을 받기도 한다. 학교에서 가르치는 교육내용에 '가치'가 어떻게 반영되어 있는지를 시대 흐름에 따라 살펴보기로 하자.

1. 교육에 대한 전통적 입장과 진보적 입장

그 시대와 사회에서 중요시되는 문화를 보존하려는 입장을 전통적 입장이라고 한다. 이 입장에서는 우리의 조상들이 진리라고 검증해 온 것들을 가장 가치 있는 것으로 여긴다. 교사는 그 진리를 전달해 주는 가장 적합하고도 중요한 사람이라고 생각하여 사회는 교사에게 절대적인 권위를 부여한다. 그리고 학생들은 검증된 진리를 비판하기보다는 그것을 받아들이는 입장을 가져야 한다. 이러한 입장의 학교에서는 학생들이 비교적 조용한 분위기에서 교사의 지침에 따라 수업을 진행한다. 전통적 입장은 그 후 시대가 달라지면서 그때그때 필요로 하는 사회적 요구를 포함시키기는 했지만 학교에서 가르치는 내용은 결국 인류가 중요시해 왔던 지식의 체계이다.

반면, 진보적 입장에서는 그동안 조상들이 중요시했던 내용보다는 바로 지금 학습자가 필요로 하는 것을 교육의 내용으로 삼아야 한다고 주장한다. 또한 학교에서 학생을 가르칠 때 교사가 중심이 되지 말고 학생이 중심이 되어야 한다는 점을 강조한다. 전통적 입장이 그동안 축적된 문화를 중요시하므로 문화중심이라면, 진보적

그림 3-1 서양에서의 교육사조의 변천과정

전통적 입장의 교과중심 교육과정
교과는 학문의 체계에 의해 정선된 내용을 학생의 발달단계에 맞추어 그 범위를 정한 것이다.

↓

경험적 입장의 경험중심 교육과정
학생이 배워야 할 내용은 체계적인 지식이 아니라 그들이 직접 경험하고 해결해야 할 과제여야 한다.

↓

학문 위주의 학문중심 교육과정
교과의 내용은 각 학문의 독특한 지식의 구조여야 하며, 교육의 방법은 발견학습이어야 한다.

↓

인본주의의 인간중심 교육과정
전인교육과 자아실현을 목표로 삼으며, 각 학습자의 요구와 특성에 적합한 교육과정을 구성한다.

↓

재개념적 입장의 교육이념
지식은 사회적 산물이므로 종래의 교육내용을 다시 재점검하여 각 계층의 문화를 반영해야 한다.

입장은 현재 그 시대에 살고 있는 사람들의 필요나 욕구를 중요시하므로 인간중심이라고 할 수 있다.

전통적 입장이나 진보적 입장 모두 시대에 따라 조금씩 그 내용이 달라지기는 하지만 한 시대가 보수적 입장이 강하면 강할수록 다음 시대의 진보적 입장 역시 그 반동으로 강하게 나타난다. 그것은 시계의 추와 같아서 먼젓번 운동이 얼마나 강했는가에 따라 다음번 운동의 정도가 결정되는 것과 같다. 다음 절에서는 서양교육사조의 변천과정을 살펴보면서 교육사조에 따라 생겨난 여러 가지의 교육과정을 소개한다. [그림 3-1]은 20세기 초 교육학이 학문으로서 자리를 굳힌 이래 나타난 교육사조 중에서 가장 대표적인 사조들을 시간상으로 간략하게 보여준다.

2. 전통적 입장의 교육

전통적 입장에서는 인간이란 이성을 가지고 합리적인 사고를 하는 존재라고 생각하여, 인간의 합리적 사고를 발전시키는 것을 가장 중요한 교육의 목적으로 삼는다. 따라서 그 사회에서 생겨난 문제를 교육의 내용에 도입하기보다는 인간의 능력개발을 중요시한다. 항상 변화하는 사회문제들은 인간의 합리적 사고력을 키움으로써 자연히 해결될 수 있다고 생각하여 그다지 중요시하지 않는다.

전통주의자들은 인간의 육체와 정신은 구별될 수 있다고 믿으며 육체에 대한 정신의 우위성을 믿는다. 인간은 불완전한 존재이므로 아직 성숙하지 않은 어린이는 교사에게 기존의 지식을 전수받아야 한다. 그러므로 교육은 어린이가 흥미를 갖는 것보다는 성인들이 유익하다고 생각하는 것을 중심으로 이루어져야 한다. 어린이의 미성숙한 정신을 올바르게 지도하기 위해서는 엄격한 규범을 설정하여 학생들에게 지키도록 한다. 교사는 중요한 지식, 기술, 태도 등을 가장 잘 알고 있는 사람이며, 학생은 채워져야 할 빈 용기로 간주된다. 그러므로 교사는 일방적인 방식으로 지식을 설명하며 학생은 그것을 될 수 있는 한 많이 받아들이려고 노력해야 한다. 교육과정은 시간이나 장소에 따라 약간의 차이는 있지만 본질적으로 동일한 것이 되어야 한다. 전통교육은 지적 훈련을 가장 중요시하며, 지적 훈련을 통해서 얻어진 지식은 문명세계의 어느 곳에서도 적용 가능하다고 본다.

전통적 관점에서 만들어진 교육과정을 교과중심 교육과정이라고 하는데, 각 분야의 지식을 각각의 '교과' 영역으로 나누어 가르치기 때문이다. 교과란 학문의 체계에 따라 그 내용을 정선하고 어린이의 성장발달단계에 맞추어 그 범위를 정한 것이다. 전통적 관점에서는 학교가 인류문화유산의 조직체인 교과를 학생들에게 가르침으로써 새로운 문제를 해결할 수 있는 능력을 키울 수 있다고 믿는다. 교과중심 교육과정은 "교육과정을 각 교과별로 학습자에게 가르칠 만한 가치가 있다고 생각되는 주제를 열거한 교수요목"으로 정의한다. 이는 가장 오래된 형태의 교육과정이며 현재에도 가장 많이 쓰인다. 앞으로 소개될 모든 교육과정은 결국 교과중심 교육과정의 문제점을 보완하기 위해 만들어진 것이라고 볼 수 있다.

전통적 입장에 대한 비판

전통적 입장을 비판하는 사람들은, 교과중심 교육과정은 교사가 사전에 계획한 대로 수업을 진행하고, 모든 학생들이 똑같은 내용을 배워야 하므로 획일적인 교육이 실시된다고 본다. 그러나 교과중심 교육과정도 여러 가지 장점이 있다. 즉, 새로운 지식이 생겼을 때 쉽게 하나의 교과로 만들 수 있고, 논리적으로 조직된 지식의 체계는 이 세상에서 일어나는 경험을 해석하는 데 효과적일 수 있다. 또한 교과의 조직이 단순하여 누구나 쉽게 이해할 수 있고 학습결과를 쉽게 평가할 수 있으며, 오랫동안 익숙해져 온 방법이므로 교사, 학생, 학부모에게 안정감을 준다.

그러나 교과중심 교육과정은 교과들 간의 관련성이 부족하다. 학생의 흥미나 능력이 고려되지 않으며, 성인들이 설정한 교육내용을 학생들은 아무 비판 없이 그대로 받아들이게 된다. 학생들의 적성을 무시한 채 일률적으로 학생지도를 하게 되고, 교사가 전제적이 되기 쉬우므로 민주적 사회에서 적합하지 않은 수업방법을 채택할 우려가 있다. 수업분위기 역시 수동적이므로 사고력 등의 높은 정신기능을 키우는 데 한계가 있다.

3. 경험주의적 입장의 교육

20세기 초 영국의 실험주의와 과학주의가 미국의 교육현장에 적용되면서 강력한 교육운동이 일어나기 시작하였다. 이러한 운동을 '진보주의 교육운동'이라 한다. 실험주의자들은 세계란 항상 변화하는 것이며, 실재는 어딘가에 숨어 있는 것이 아니라 우리가 경험하는 것이고, 진리는 현재 작용하고 있는 바로 그것이라고 믿는다. 과학적 관찰에 의해 검증되지 않은 이론은 권위와 편견에 의해 만들어진 것이므로 지금까지 전통적 교육에서 중요하게 다루어졌던 내용들은 다시 검증받아야 하며, 또한 전통적 교육방법 역시 학생들에게 가장 적절한지에 대해 과학적 연구를 거쳐야 한다고 여겨졌다.

진보주의는 인간에 대한 억압적인 교육을 비판하는 혁신운동으로 출발하였다. 어린이는 성인의 축소판이 아니고 성인의 세계와는 다른 그들 나름대로의 고유한 세계를 가지고 있다는 것이다. 또한 인간의 정신과 육체는 함께 움직이며, 인간은 이성적 존재이기는 하지만 감정과 육체적 활동도 교육의 중요한 영역이라고 본다. 교사는 어린이들의 자연스러운 성장을 도울 수 있어야 하며 어린이들이 교육내용을 직접 경험하며 배울 수 있도록 해야 한다. 이러한 교육을 아동중심 교육과정 또는 경험중심 교육과정이라고 한다.

경험주의자들은 자명하고 확실한 진리란 없으며 단지 우리가 권위와 관습에 의해 어떤 지식을 진리라고 생각할 뿐이라고 주장한다. 이러한 입장에서는 지식이란 어디엔가 숨겨져 있는 것이라기보다는 이 세계 안에서 이루어지고 있는 현상을 설명하기 위해 인간들이 만들어 낸 것이라고 생각한다. 지식은 인간의 이해와 경험의 폭이 넓어지면서 얼마든지 달라질 뿐만 아니라 누가 그것을 인식했는지에 따라서도 달라진다. 학습의 결과는 어떤 지식을 배웠는가보다는 어떤 경험과 생각을 갖고 있는 학습자가 배웠는가에 따라 달라진다. 그러므로 학습의 과정에서 교사는 자신의 지식을 학생들에게 전달하는 것보다는 학습자 스스로가 지식에 의미를 줄 수 있도록 지도해야 한다.

경험주의자들은 이 세상에는 불변의 지식이란 없기 때문에 오늘 가르치는 내용이 내일에는 타당하지 않을 수도 있다고 생각한다. 가치란 변화하는 것이므로 모든 진리를 가설로 받아들인다. 교사들은 기존의 모든 신념과 선입관을 버리고 그것이 하나의 가설이라는 것을 항상 인식해야 한다. 그러나 이러한 입장은 교사가 '신념 없이도 자신 있게 가르칠 수 있을까?' 하는 문제점을 갖게 하기도 한다.

경험주의 입장에서는 교과목을 구분 짓기보다는 그것들을 통합하여 교과내용이 서로 관련성을 갖도록 한다. 그리하여 학교에서 배운 내용이 직접 학습자의 생활이나 사회문제와 결부되도록 한다. 학생들이 학교에서 경험해야 할 내용은 체계적인 지식이 아니라 학생들이 직접 해결해야 할 문제나 실험해야 할 과제로 구성되어야 한다.

학교에서는 단순히 지식을 가르치는 것보다는 지식을 획득하고 적용할 수 있는 능력을 길러주도록 노력한다. 인류의 발전은 인간이 배워 왔던 지식과 경험을 환경에 맞게 적용한 결과이다. 그러므로 교사는 학생들의 경험의 폭을 넓혀주고 그들의 경험을 필요에 따라 재구성할 수 있도록 도와야 한다. 지식은 그 자체가 배워야 할 목적이 아니라, 인류가 당면한 문제들을 해결하기 위한 하나의 도구일 뿐이다.

재건주의 운동의 출현

교육의 혁신운동으로 교육 분야뿐만 아니라 사회의 새바람을 일으킨 경험중심 교육은 권위와 관습을 물리치고 과학적 사고와 실험에 의해 교육내용을 다시 결정해야 한다는 입장이었다. 즉, 학교교육은 학습자의 경험의 질을 향상시켜야 하기 때문에 학습자에게 흥미가 있어야 하며, 현실 생활과 연관된 학습경험이 교육내용으로 선정되어야 한다는 것이다. 그러나 이러한 의도와는 반대로 경험중심 교육은 낭만적으로 치우치게 되었다. 아동의 여러 가지 개별적인 흥미를 교과로 채택함에 따라 아동들은 교과내용의 난이도가 높고 논리적인 지식에는 소홀하게 된 것이다. 학교가 기본학력을 제대로 가르치지 못한 결과 사회인으로 성장해서도 자신과 사회의 문제를 해결할 수 있는 능력을 제대로 갖지 못하는 사태가 생겼다. 더구나 1920, 30년대의 경제대공황을 계기로 미국인들은 그동안 그들이 실시해 온 교육이 인간으로 하여금 자신이 처한 상황을 헤쳐나가는 데 별로 도움이 되지 않는다는 것을 깨닫게 되었다. 그리하여 교육이 좀 더 강한 영향력을 끼쳐야 한다는 주장을 하기 시작하였다. 그것이 바로 재건주의 운동이다.

재건주의는 진보주의를 계승하면서도 보다 급진적인 경향을 가진 교육철학이다. 한 사회가 강한 추진력을 갖고 발전해 나가기 위해서는 사회구성원들이 공통된 목적을 향해서 함께 나아가야 한다고 주장한다. 재건주의자들은 교육이 사회중심적이고 미래지향적이어야 하며, 사회발전은 혁신적 과정을 거쳐야 가능하다고 주장하면서 그동안의 교육이 사회의 재건에 능동적으로 대처하지 못했다고 비판하였다. 우리가 지금 처한 위기상황에서 벗어나려면, 교육을 뜯어 고쳐야 하며, 사회개조는 정치가 아니라 교육으로 이루어질 때 가능하다고 주장한다. 그러나 재건주의 입장에도 여러 가지 문제점이 있다. 그중에서도 가장 결정적인 것은 사회구성원 모두 위기의식을 가지고 공통된 목적을 향해서 가야 하기 때문에 잘못하면 교사는 학생들을 일방적으로 끌고 가기 쉽다는 것이다. 또한 새로운 사회질서를 확립하기 위한 설계를 누가 어떻게 작성하는지 그리고 교육의 힘만으로 새로운 사회질서를 확립할 수 있는지 등이 논의되지 않으면 안 된다.

경험주의적 입장에 대한 비판

재건주의자들은 진보주의자들이 개인의 자유를 지나치게 강조하고 사회가 개인에게 끼치는 영향을 과소평가한다고 말한다. 그래서 개인은 사회 속에서 자기실현에만 관심을 가질 뿐 그 사회가 얼마나 자신에게 큰 작용을 하는가에 대해서는 관심을 덜 갖는다는 것이다.

경험중심 교육과정에서는 학생들의 능동적인 역할과 참여를 중시하므로 민주시민의 자질을 키우는 데 도움이 된다. 또한 학습현장에서 학생과 교사가 공동계획을 하는 경우가 많으므로 학습형태도 다양하다. 그러나 우리가 학교에서 배워야 할 것 중에는 직접 경험을 할 수 없는 것도 많이 있으므로 경험중심 교육과정만으로는 중요한 교육내용을 다 배울 수 없게 된다.

경험중심 교육과정은 교육내용 간에 일정한 지적 계통이 없으므로 높은 학습단계에 있는 학생에게는 적합하지 않다. 또한 행정적인 관리가 어려우며 미숙한 교사에게는 더욱 어려운 형태의 교육과정이다. 그 밖에도 지식을 하나의 가설로만 받아들이는 태도 역시 교사와 학생 모두에게 안정감을 주지 못한다.

4. 전통문화로의 복귀와 학문중심 교육과정

제2차 세계대전 후 미국사람들은 진보주의가 전통적 문화유산을 경시하고 어린이의 자유와 욕구를 중시한 결과 기본적인 학력을 습득시키지도 못하고 청소년비행만 증가시켰다는 비판을 하였다. 특히 1957년 소련이 스푸트니크 인공위성을 발사했을 때 소련보다 뒤진 이유가 미국의 진보주의 교육의 실패 때문이라고 생각하게 되었다. 그래서 교육학자들뿐만 아니라 일반인들까지도 교육이 다시 전통적 입장으로 되돌아가야 한다고 주장하였다. 이렇게 진보주의 교육을 비판하는 과정에서 교육철학의 한 학파인 본질주의가 출현하였다.

본질주의는 고유한 철학적 체계를 갖춘 새로운 '주의'는 아니며, 여러 입장을 선택적으로 절충하는 성격을 띠고 있다. 그러나 본질주의의 가장 중요한 특성은 과거의 전통과 문화유산을 중시한다는 것이다. 즉 본질주의에서는 이 사회의 모든 사람에게는 공통적으로 가르쳐야 할 문화가 있는데 그 문화를 교육의 가장 중요한 본질로 삼는다. 교육이란 가치 있는 내용들을 어린이에게 습득시킴으로써 개인적으로나 사회적으로 성숙한 사람이 되도록 하는 것이다. 어린이의 흥미와 자발성은 충분히 존중되어야 하지만 학문연마에 필요한 노력과 단련 역시 가치 있는 것이다.

본질주의자들은 진보주의의 문제점을 보여주는 데 공헌하였지만, 많은 사람들은 본질주의 운동을 복고주의라고 비판하였다. 또한 본질주의는 교사가 주도가 되어 체계적인 지식을 전달하는 방식으로 수업을 진행하기 때문에 학생들의 참여의식을 키우지 못하였다. 과거 문화유산에 대한 지나친 강조, 현재와 미래 교육에 대한 소홀함이 본질주의의 또 하나의 비판점이기도 하다.

항존주의 역시 진보주의 교육이념에 정면으로 도전하고 나온 것이지만 이 철학은 이미 1930년대부터 많은 사람들에 의해 주장되어 왔다. 항존주의자로 가장 유명한 허친스Hutchins와 아들러Adler는 「위대한 책들」*Great Books*인 고전을 학생들에게 필수로 읽혀야 한다고 주장했다. 진정한 교육은 과거의 위대한 인물들이 쓴 저서들을 통해 학생으로 하여금 불변의 진리에 접하게 하는 것이라고 하였다.

항존주의자들은 인간이란 이성적인 능력을 갖고 태어난 유일한 존재이므로 교육의 목적은 인간의 지적 능력을 갈고 닦는 것이어야 한다고 주장한다. 이성적인 능력에 대한 기준은 어느 시대에나 똑같은 것이므로 교육은 현재의 필요를 충족시키기 위하여 노력할 것이 아니라 항구적인 가치를 추구해야 한다. 항구적인 가치란 인류 역사가 그동안 쌓아올린 경험 중에서 이미 실천되고 검증되어 진정한 진리로 인정받을 수 있는 학문적 · 문화적 유산을 말한다. 그러므로 교육과정은 이러한 진리들로 구성되어야 한다고 본다. '고전'은 가장 가치 있는 인류의 지혜를 담고 있으므로 항존주의에서는 고전을 교육과정 중 가장 중요한 위치에 놓는다.

본질주의와 항존주의 모두 진보주의를 비판하여 나왔다는 점에서는 같으나, 본질주의는 금세기에 태어난 철학인 반면, 항존주의는 오랜 역사를 가진 철학적 신념이 20세기에 이르러 교육이념으로서 각광을 받게 된 것이라고 볼 수 있다. 본질주의는 진보주의에 부분적으로 동조하면서 비판을 가하는 편이지만, 항존주의는 진보주의를 전면적으로 부정한다. 항존주의자들은 심각한 사회변동에도 불구하고 영원불변하는 진리가 존재하며, 급격한 사회변동을 이겨낼 수 있는 힘도 불변의 진리에서 얻어진다고 믿는다.

교육은 학생의 능력과 특성을 고려하여 그들이 자아실현을 할 수 있도록 도와주어야 하는데도 불구하고 항존주의는 이러한 교육의 목적에 역행하였다는 비판을 받고 있다. 지식교육만을 중요시하여 전인교육을 실시하지 않았고, 고전을 통한 인문교육만을 강조한 나머지, 과학교육이나 직업적인 훈련을 소홀히 생각하였다고 비판받는다. 또한 인류의 문화전달에만 관심을 두었기 때문에 비판하고 사고하는 인간을 육성하는 데 실패하였다.

학문중심 교육과정의 출현

본질주의자들과 때를 같이하여 각 학문분야의 전문가들은(대부분 대학의 교수들) 학문마다 서로 다른 지식의 구조들을 교육내용으로 삼고, 그 지식을 발견하고 탐구하는 과정들을 교육방법으로 삼아야 한다고 주장했다. 이러한 입장에서 만든 교육과정을 학문중심 교육과정이라고 한다. 20세기 중반에 들어오면서 지식이 폭발적으로 증가함에 따라 지금까지의 교과목과 수업방법으로는 계속적으로 늘어날 지식을 감당할 수가 없게 되었다. 따라서 학문중심 교육과정에서는 각 영역마다 가장 중요하고도 기본적인 지식들의 구조만으로 교과를 작성한다.

미국의 학문주의자들은 또한 1950년대 소련이 먼저 스푸트니크 인공위성을 우주에 쏘아올린 것에 충격을 받고, 교육에 관한 전면적인 수정을 가하기 시작하였다. 여러 교과 중에서도 과학과 수학에 관심을 두었는데, 그 이유는 제2차 세계대전 당시 핵물리학자들의 무기개발에 의해 전쟁의 판도가 달라졌고, 과학과 수학이 앞서갈 때 우주경쟁에서도 이길 수 있다고 생각했기 때문이다. 그들은 학력은 곧 국력이라고 굳게 믿었던 것이다. 이 시기에는 우수한 학생들이 결국 국가의 지도자가 될 것이라고 여기고 우수한 학생들을 더 잘 가르치기 위하여 많은 투자를 했다.

전통적인 교과중심 교육과정과 학문중심 교육과정 모두 지식을 중요시한다는 점에서는 같다. 그러나 교과중심에서는 각 교과를 전통적으로 내려온 지식의 영역으로 나누었지만, 학문중심에서는 지금까지의 교과를 없애고 새로운 영역으로 나누었다. 그리고 각 영역에서 가장 중요한 지식의 구조 즉 기본적인 개념, 원리, 아이디어만을 정선해서 가르치자고 하였다. 왜냐하면 그동안의 교과로는 기하급수적으로 증가하는 지식을 모두 담을 수 없으므로 지식을 다시 재정비하여 학문의 영역을 재구성할 필요가 있다고 생각했기 때문이다. 지식의 구조만을 가르치는 것은 가장 핵심적인 내용만을 가르치는 것이 되므로 가장 경제적이고 효율적이라고 하였다.

학문중심 교육과정에서는 학문을 가르칠 때 실용적인 가치보다는 학문적 가치를 강조하고, 발견적 학습이 가능하도록 교육내용의 구조가 표면적으로는 드러나지 않게 구성하였다. 너무 명확하게 지식을 제시하면 학습자의 지적 호기심을 불러일으킬 수 없고 학생들이 지식의 구조를 발견할 수 없기 때문이다. 학문중심 교육과정을 주장하는 사람들은, 교과중심 교육과정은 문화유산의 전달을 목표로 하기 때문에 과거지향적이고, 경험중심 교육과정은 그 사회의 문제해결에 관심을 두므로 현재지향적이며, 학문중심 교육과정은 급격하게 전개될 앞날을 대비한 교육이므로 미래지향적이라고 한다.

학문중심 교육과정에 대한 비판

학문중심 교육과정은 지식을 중시하고 덕에 관한 교육을 등한시하였다. 또한 학문중심 교육과정에서는 교과를 세분화하였는데, 세분화된 교과만으로는 이 세계가 당면한 문제를 해결할 수 있는 능력을 키울 수 없다. 학문중심 교육과정에서 학습자들은 어려운 내용을 힘들게 배웠지만 정작 그 내용들이 실생활에 그다지 도움을 주지 못하였고 졸업 후 생업을 갖는 데도 마찬가지였다. 교사들은 지식의 구조를 학습자의 수준에 알맞게 번역할 수 있도록 충분한 재교육을 받지 못하였으며, 과목 간의 관련성, 그리고 교육내용과 사회문제 간의 관련성이 부족하여 교과내용이 학생들에게 흥미를 주지 못하는 문제점도 있다. 또한 학문의 체계가 비교적 논리적인 수학, 과학, 사회 과科의 몇 영역에는 학문중심 교육과정이 쉽게 적용되지만 도덕, 국어, 예능 과목과 같이 규범적이거나 심미적인 교과에서는 지식의 구조를 발견하기 어렵다는 것도 학문중심 교육과정을 실시하기 어렵게 하는 이유가 되었다.

5. 인본주의 입장의 교육

학문중심 교육과정에서 중요시하는 교육의 목표는 학생의 목표라기보다는 국가의 목표였다. 1950년대 미·소의 우주경쟁 때문에 과학을 중요시했고 영재교육에 관심을 가졌지만 1960년대 후반에는 사회적으로 덜 혜택받은 청소년들의 학력이 더욱 떨어져서 이러한 계층의 자녀들에 대한 교육에 관심을 갖게 되었다. 또한 인간의 속성을 압박하는 사회제도나 기계문명에서 벗어나려는 히피족이 출현하였고, 베트남전쟁의 개입으로 인간의 의무와 존엄성에 대한 생각을 다시 하게 되었다. 그리하여 학교에서는 교육의 인간화에 관심을 갖고 가치나 태도를 다루는 정의적情意的 영역의 교과도 많이 포함시켰다. 1980년대에 들어서면서 대학에서는 시대적 요청을 반영하는 교과목 —예를 들면, 부모역할, 환경오염, 소비자교육 등— 실제생활에 도움을 주는 여러 가지 교과들이 제공되었다. 이 교과들은 그 시대의 지식이나 문화를 보존하기 위해서라기보다는 인간의 필요나 욕구를 중시하는 입장 때문에 생겨난 것인데, 이러한 입장에서 만들어진 교육과정을 인본주의 교육과정이라고 한다.

인본주의 교육과정의 목표는 전인교육과 자아실현에 있으며, 학습자 개개인의 요구와 특성에 적합한 교육과정을 구성하려는 노력이 두드러진다. 이 교육과정의 기본철학은 실존주의에서 영향을 받았으며 인간의 자유와 책임을 강조한다. 인간은 운명이나 환경에 의해 만들어지는 것이 아니라 자기 자신의 선택과 결단에 의해 만들어진다. 누구도 나의 일을 대신할 수 없으며 따라서 인간은 혼자 고독하게 자신의 삶을 헤쳐 나가야 한다. 교육이란 인간으로 하여금 자신을 발견하고 자신의 갈 길을 찾아가도록 하는 것이다.

인본주의 입장은 교사와 학생과의 인간적인 만남을 중시하며 교사는 학습자로 하여금 자신이 누구이며, 어떻게 살아야 하는지, 그리고 무엇을 생生의 목표로 삼아야 하는지 등을 확인할 수 있도록 도와준다. 인본주의 교육과정에서는 교육을 단지 '사회화과정'이라고 보는 시각에서 벗어나 '각자의 목표를 달성시키기 위한 활동'이라고 본다. 사회화를 강조하다 보면 교육은 그 사회의 가치를 전달하는 것을 가장 큰 목적으로 삼게 되고, 학생의 사회적응력만을 키우는 데 관심을 갖게 될 우려가 있다.

인본주의 교육과정은 교육내용보다 학습자 자체에 더 많은 관심을 둔다. 학교는 학습자가 모든 영역에 대해 골고루 생각하고 활동하는 인간이 되도록 하며, 자연스러운 학습분위기에서 자신의 필요에 의해 선택하는 주제나 문제를 배우도록 도와준다. 교사는 각 학생들에게 적합한 내용이나 방법을 고안해 내고, 학생들의 경쟁심을 유발시키기보다는 그들 간의 협동심을 불러일으키도록 노력한다. 교육과정의 효율성이나 학생의 능력을 평가할 때 객관적인 검사보다 교사나 학생의 주관적인 해석과 판단에 의존하며, 학생들의 그림, 시, 담화도 중요한 평가자료가 된다. 인본주의 교육과정을 실시하기 위해서는 학교규모가 작을수록 좋으며, 다양하면서도 활기찬 수업방법과 신축성 있는 시간표 등이 갖추어져야 한다.

인본주의 교육과정에 대한 비판

인본주의 교육은 목표가 단시일 내에 달성될 수 있는 것이 아니기 때문에 교육의 결과를 측정하기가 곤란하다. 교육의 결과를 평가하지 못하면 그 교육과정이 과연 잘 실현되고 있는지를 알 수 없으므로 결국에는 실시할 수 없게 된다. 또한 학습자마다 독특한 학습경험을 갖는다는 것이 현실적으로 가능하지 않으며, 수업방법을 체계화하기도 어렵다. 인본주의 교육과정은 학습자 개인에게만 관심을 둔 나머지 사회가 개인에게 끼치는 영향을 가볍게 보았다. 학교는 학습자가 자아실현을 할 수 있도록 도와주어야 하지만 사회의 불의에 대처할 수 있는 능력도 기를 수 있도록 해야 하기 때문이다.

6. 종래의 교육에 대한 재개념주의자들의 비판

제2차 세계대전이 끝난 후 몇 십 년 동안 이 세상은 냉전 속에서나마 평화를 즐길 수 있었다. 그리고 빈곤층이나 후진국들은 자신들이 열심히 일하면 언젠가 선진국의 국민들처럼 잘살 수 있을 것이라고 생각하였다. 그러나 1960년대를 지나 1970년대에 와서도 국가 간의 격차나 계층 간의 격차는 줄어들지 않았다. 사람들은 그 이유가 무엇인가에 대해 의문을 품게 되었고 그것이 사회의 갈등구조 때문이라는 생각을 하게 되었다.

그리하여 그들은 그동안 당연하게 믿어 왔던 지식이나 이념들이 자신들을 지배하기 위해 지배집단이 만들어 낸 속임수는 아니었나 하는 의심도 하게 되었다. 학교란 과연 우리에게 무엇을 해주었으며, 진리란 정말 존재하는가? 교사는 우리 자녀들에게 어떤 영향을 끼치며, 학교성적은 우리 자녀들의 능력을 올바르게 판단해 주는가? 등의 본질적인 문제를 새로운 시각에서 이해하려고 노력하였다. 이렇게 모든 개념들을 다시 해석하여 재개념화하려는 입장을 재개념주의라고 한다.

재개념주의자들은 교육과정이 모든 사회에서 인정하는 불변의 지식이 아니라 그 사회의 가치관에 의해 만들어진 것이라고 주장한다. 또한 그들은 교육내용이 어떤 과정을 통해 선정되며, 지식과 사회는 어떤 관련성이 있는지를 분석하지 않은 전통주의자들을 비난했다. 재개념주의자들은 사회를 갈등론적 입장에서 보았고(제4장과 제5장에서 자세히 언급된다), 지식이 절대적이라는 것을 믿지 않았으며, 교육과정은 사회를 통제하는 도구라고 생각하였다. 그들은 또한 교육을 사회화의 도구로 사용하기보다는 개인에게 적합하도록 실행되어야 한다는 '교육의 인간화'를 주장하였다.

재개념주의자들은 교육이 계층 간의 이동을 가능하게 하기보다는 계층 간의 격차를 오히려 강화하며, 이러한 교육 불평등은 개인의 능력보다는 교육과정이나 지식이 지배집단에 유리하게 만들어졌기 때문이라고 주장한다. 그들은 종래의 교육이 겉으로 드러난 사실만을 문제시하기 때문에 잠재되어 있는 근본적인 문제에 대해서는 둔감하다고 비판하였다. 예를 들면, 하류계층 학생들의 학업성취가 낮다는 것은 경험적으로 드러난 사실이지만 왜 학업성취도가 낮을 수밖에 없는가는 더욱 근본적인 문제인데도 불구하고 쉽게 드러나지 않기 때문에 많은 사람들은 이를 등한시한다는 것이다.

지식이란 그 사회의 구성원들이 만들어 낸 것인데도 불구하고,

사람들은 언제나 진리인 양 생각하여 따르려 한다. 교육내용에는 이미 그 시대의 정치적 관점이 스며들어 있다. 그동안 이 사회는 학교에서 배우는 내용이 진리라고 가르쳐 왔기 때문에 학생들은 수동적으로 교육내용을 받아들였고, 그동안 배워 왔던 지식이나 이념들이 과연 올바른가를 검증할 수 있는 능력을 배우지 못했다.

재개념주의자들은 전통적인 사회과학자들과는 달리, 교육을 지적인 활동뿐만 아니라 정치적인 행위로 받아들인다. 그들은 교육내용이나 방법, 학교의 기능, 학교와 사회와의 관계 등에 대해 다시 한 번 재점검하도록 도와주었다는 점에서 교육학의 시야를 넓히는 데 공헌하였다.

교육내용을 학생들 삶과 관련 짓는 자서전적 입장

교육과정에 대한 재개념적 입장은 결국 사회구조 때문에 생기는 개인에 대한 억압을 벗겨내자는 것이다. 이러한 억압은 개인의 경험이나 환경과는 상관없이 기득권층에서 만들어 낸 지식을 일방적으로 학생들에게 전달하는 데서 생긴다. 만일 교육내용이 학생들의 삶과 직접적으로 관련이 있다면, 그 내용을 배움으로써 학생들은 자신을 둘러싼 문제들이 어떤 것들이 있으며, 그것들을 어떻게 해결해야 하는지를 알 수 있을 것이다.

학생들의 삶과 관련된 교육내용이 되기 위해서는 교육과정을 반드시 따라야 할 객관적이고 고정된 틀로 보기보다는 교사와 학습자가 교육과정을 만들어 가는 주체로서 함께 참여하여 만들어 가는 생성적 과정으로 보아야 한다. 교육내용을 생성적 과정으로 보고, 학생의 실존적 삶에 의미를 주는 내용이 되어야 한다는 입장을 자서전적 접근이라고 한다. 이들은 교육과정이 실질적으로 어떠한 사회·정치적 기능을 하고 있는가를 따져보지 않는 기존의 경험적·분석적 방법을 비판한다.

자서전적 접근에서는 개인의 삶의 역사는 자신의 과거를 반추하고, 현재를 직시하며, 미래를 계획할 줄 아는 의지와 통찰력에서 비롯된다고 본다. 이들은 인종, 사회경제적 계층, 성의 영향력을 파헤치고 편견으로부터 자유로울 수 있도록 학생들의 의식을 깨우치는 것을 중요 교육목표로 삼는다.

지식이란 역사적·정치적·사회적 맥락 속에서 인간의 주관이 적극적으로 개입되는 가운데 구성되는 것이다. 자서전적 교육과정은 학생을 둘러싼 주변 세계를 새롭게 인식하고 지금까지의 이데올로기를 다시 한 번 재개념화할 것을 촉구한다. 그리하여 개인의 경험 속에 내재된 이데올로기를 반성적 사고를 통해 수정하고, 구체적으로 자신의 의지를 실천할 수 있도록 하는 방법이라고 할 수 있다.

프레이리의 문제제기식 방법

교육과정을 생성적 과정으로 보는 입장도 크게 두 줄기로 나누어 볼 수 있다. 즉, 교육현상을 갈등론적 입장에서 보는 프레이리Freire와 현상학적 · 실존적 입장에서 바라보는 파이너Pinar가 두 입장의 대표적인 학자들이다. 프레이리는 이 사회를 지배-피지배의 관계로 보고, 지금까지의 교육은 피지배계층을 순응시키면서 기존의 계급구조를 영속화하는 기능을 하고 있다고 보았다. 따라서 앞으로의 교육은 지배자와 피지배자 모두를 비인간화하는 계급구조를 변화시키기 위해 개인을 각성시키고 행동하도록 해야 한다고 말한다. 각성하고 행동하는 과정을 학습자가 직접 경험함으로써 사회가 개인에게 가하고 있는 억압적 상황을 극복해 나갈 수 있다고 생각하였다.

프레이리는 이전의 교육방법을 "은행예금식 교육"이라고 규정짓고 앞으로는 "문제제기식 교육"을 실시해야 한다고 제안하였다. 은행예금식 교육이란, 교사는 학생들의 실제 경험과는 상관없는 주제를 놓고 설교하고 학생은 듣기만 하는 전형적인 모습의 교실에서 일어나는 것으로, 교육의 주체(교사)와 객체(학생)가 엄격히 분리되어 있다고 보았다. 교사는 학생들을 채워주어야 하는 빈 그릇으로 간주하며, 학생들은 은행으로, 그리고 교사는 예탁하는 사람으로 본다. 은행예금식 교육은 지식이 있다고 자처하는 사람들이 스스로 아무것도 모른다고 생각하는 자들에게 내리는 일종의 시혜성 선물이다. 다른 인간들이 완전히 무지하다는 교사의 생각 역시 억압된 생각이며, 교사는 탐구과정으로서의 교육과 지식을 부정하는 것이다. 은행예금식 교육을 받은 결과 학생들은 있는 그대로의 세계에 그저 순응하는 것으로 만족하게 되고, 자신의 내부에 예탁된 단편적인 견해만을 갖게 된다.

문제제기식 교육은 프레이리가 브라질의 문맹자를 위해 실시한 교육에서 잘 나타나 있으며, 그의 저서 「억눌린 자들을 위한 교육」에서 그의 정치적 · 철학적 관점을 반영한 교육실천의 원리를 알 수 있다. 그는 억압적 현실에 대한 자각 없이 기존의 질서와 문화에 길들여져 있는 피억압자들을 위한 교육은 피억압자들의 비판적 의식을 자극하고 길러주는 것이어야 한다고 주장하였다. 그리고 이러한 교육의 최종 목적은 인간해방에 있으며, 이를 위해 억눌린 자는 자신의 현실을 정확하게 파악하고 역사의 전면에 나와 현실을 변화시키는 주체로 나설 것을 강조한다. 여기서 인간해방은 억압받는 자뿐만이 아니라 억압자도 포함된다.

문제제기식의 교육에서는 교사와 학습자들이 지역사회에 직접 뛰어들어 주민들과 대화하면서, 그 사회에서 가장 중요한 주제들은 무엇인가를 직접 찾는 것부터 시작된다. 그리하여 교사, 학습자, 주민들과 함께 찾아낸 주제와 관련 자료들이 교육내용으로 사용되는 것이다.

파이너의 실존적 의미를 찾는 방법

파이너는 앞에서 이미 설명한 재개념주의라는 용어를 공식적으로 제기한 사람으로서, 교육의 문제를 현상학적 · 실존적 입장에서 분석하는 데 관심을 가졌다. 그는 학교교육이라는 제도 속에서 억압당하고 있는 구체적인 실존적 존재로서의 개인을 부각시키고, 그러한 억압된 개인을 해방시키기 위해 노력하였다. 즉, 프레이리가 개인에게 영향을 끼치는 사회의 구조적 조건에 초점을 두었다면, 파이너는 물질적이고 기계공학적인 사회체제 속에서 개인이 억압당하고 있는 현실을 극복하기 위해 실존하는 개인의 내부에서 문제의 원인과 극복의 방법을 찾고 해결하는 데 관심을 두었다. 그는 실존주의 철학을 기반으로 개인이 사회 · 문화적 현실 속에서 가지게 되는 경험을 파헤쳐 이해하는 데 초점을 두었다.

그는 교육과정을 가르쳐야 할 고정된 내용이 아니라 학생들이 "경험하는 과정"으로 강조하고 학습자가 학교 교육과정에서 경험하는 내용에 주목하자고 주장하였다. 이를 위한 교육과정 개발접근으로 자서전적 방법을 제안한다. 그는 학습자가 교육경험을 분석하여 자신의 실존적 의미를 찾는 방법을 제시했는데, 이 방법에는 네 가지의 단계가 있다. 즉, 소급, 전진, 분석, 종합이다. 소급의 단계에서는 인간의 삶 혹은 실존적 경험을 자료로 사용하기 위해 자유로운 연상을 통하여 과거를 회상하고 자신의 기억을 확장한다. 전진의 단계에서는 현재 상황을 기초로 하여 설정 가능한 미래를 상상하게 된다. 분석의 단계에서 학생은 과거와 현재를 함께 검토한다. 이때 분석은 현상학적 방법과 유사하게 진행된다. 종합의 단계에서 학생들은 생생한 현실로 돌아가 자기 자신의 목소리를 주의 깊게 듣고, 현재의 의미가 무엇인지를 자문한다.

이 방법을 수업 장면에서 사용할 때는 세 단계로 진행되는 자서전적 방법을 제안하였다. 즉, 자신의 교육경험을 있었던 그대로 쓰기, 교사나 다른 학생들이 말이나 글로써 반응하기, 타인들의 경험을 분석하기 등이다.

재개념적 입장에 대한 비판

재개념주의자들은 기존이론에 대한 비판을 넘어서서 변화를 위한 구체적인 대안을 제시하지 못했고, 실증적 경험을 기초로 하는 과학적 방법을 경시하였다. 그들은 자신의 주장을 제시하는 과정에서도 몇 개의 예를 들어 그것들을 전체로 일반화시키는 경향이 있고, 사회구조가 이러하기 때문에 학생들은 이렇게 될 수밖에 없다는 식으로 학교와 학생의 자율성을 무시한 결정론적인 입장을 취했다. 지난 1970, 80년대 우리나라의 억압적인 정치상황 때문에 재개념주의의 입장이 많은 사람들에게 설득력 있게 들릴 수밖에 없었다. 어떠한 이론도 시간에 따라 서서히 퇴조할 수밖에 없다. 재개념주의가 교육을 비판하기에는 적절하지만 새로운 대안을 제시하지 못했다는 점이 이 입장의 퇴조에 한몫을 하였다.

제4장

학생들의 학업성취도는 왜 차이가 나는가?

같은 교사에게서 수업을 들어도 학생들의 학업성취도는 모두 다르다. 성취도의 차이는 기능론적 관점과 갈등론적 관점, 그리고 신교육사회학적 관점에서 설명될 수 있다. 기능론에서는 학업성취도의 차이가 개인의 능력과 노력에서 기인하기 때문에 학교의 평가결과에 의해 그들의 사회적 지위가 결정된다는 것을 당연하게 받아들인다. 갈등론에서는 학업성취도의 격차가 생기는 이유는 개인의 능력이나 노력 때문이라기보다 이 사회의 구조적 모순 때문이라고 주장한다. 신교육사회학에서 교육과정은 그것을 만들고 정당화하는 지배집단에 유리하게 만들어졌으며, 교사의 태도, 교사와 학생 간의 상호작용, 학생들 간의 상호평가와 같은 학교풍토가 지배계층의 어린이들에게 유리하게 적용된다고 주장한다.

같은 교실에 앉아서 같은 내용의 수업을 들어도 학생들의 학업성취결과는 천차만별이다. 머리 좋은 학생이 열심히 공부하면 좋은 성적을 받게 마련이고, 머리 나쁜 학생이 노력하지 않으면 나쁜 성적을 받게 마련이라든지 학교의 질에 의해서 학생들의 학업성취에 격차가 생긴다는 것 등은 우리가 학업성취에 대해 알고 있는 일반적인 생각들이다. 오랫동안 사람들은 학업성취의 차이가 왜 생기는가에 대한 타당한 이유를 설명하고자 노력해 왔다. 그 이유에 대해 교육학자들은 어떻게 설명하고 있는지 교육사회학에서의 세 가지 주된 견해, 즉 기능론적 입장과 갈등론적 입장 그리고 신교육학적 입장을 중심으로 알아보자.

1. 기능론적 입장의 학업성취도

기능론은 사회를 인간과 같은 하나의 유기체로 본다. 이러한 이론은 스펜서Spencer의 사회유기체설에 기초한다. 즉, 한 사회가 유지되기 위해서는 다양한 기관의 협조가 필요한데 그중 학교는 사회의 유지 및 발전에 가장 중요하고도 직접적인 역할을 한다는 것이다.

기능론에서는, 사회가 안정되고 발전하기 위해서는 그 사회의 구성원들에게 공통적인 문화와 도덕적 규범을 가르쳐야 한다고 말한다. 학교는 그 사회의 모든 구성원들이 합의한 내용을 교육내용으로 선택하고, 학생들이 사회에 적응할 수 있도록 그들을 사회화시키는 역할을 한다. 학교는 개인을 능력에 따라 선발하여 사회에 배분하며, 개인의 사회적 성취 여부는 자신의 능력과 노력에 의해 결정된다. 기능론에서는 학업성취도의 차이가 개인의 능력과 노력에서 기인하기 때문에 학교의 평가결과에 의하여 그들의 사회적 지위가 결정된다는 것을 당연하게 받아들인다. 기능론을 비판하는 측에서는 이러한 주장을 허구적인 업적주의 이데올로기라고 비판한다. 업적주의는 개인의 성취결과를 순전히 개인의 성과 탓으로 돌리고 그러한 업적을 갖게 한 사회구조에 대해서는 외면한다.

기능론자들은 학교의 가장 중요한 역할이 미숙한 어린이를 가르쳐서 복잡한 사회에 적응시키는 사회화에 있다고 말한다. 따라서 학교에서 가르치는 것은 사회구성원 모두가 공유하고 있는 문화에서 추출된 것이어야 한다. 그중에서 핵심적인 것을 선정하여 체계적으로 조직한 것이 교육과정이므로 교육과정은 합리적 지식으로 구성되어 있다. 합리적 지식은 보편성을 띠고 있으므로 집단이나 계층에 따라 달라질 수 없다. 그러므로 교육과정은 모든 학생들에게 똑같은 가치와 의미를 지닌다고 본다.

사회구조가 급격히 변화하는 현대사회는 점점 더 전문인력을 요구하게 되고, 학교는 다양한 분야에 적합한 사람을 선발하고 배치하는 기능을 하게 된다. 현대사회에서 개인의 출세는 능력에 기초한 자유경쟁에 의해 결정되는데 이것은 학교에서도 마찬가지다. 학교는 사회에 나가기 위한 준비과정이므로 사회에서 능력에 의한 자유경쟁을 한다면 학교에서도 자유경쟁에 익숙하도록 준비해야 한다. 자유경쟁에서 뒤떨어진다는 것은 그 사람의 능력이 부족하거나 또는 노력을 하지 않았기 때문이다. 이 사회의 발전을 위해서는 능력 있고 열심히 일하는 사람들에게 중요한 역할을 맡기는 것은 당연하다.

학교에서 가르치는 내용은 그 사회의 가치나 신념에 기초한 것이며, 학교에서 가르치는 도덕적 가치는 사회의 질서유지에 근본적인 역할을 한다. 그러므로 학교에서 가르치는 지식과 가치관을 잘 받아들여 실천하는 것은 좋은 시민이 되기 위한 가장 중요한 일이라고 생각한다. 학교는 서로 다른 배경을 가진 가정에서 자라는 학생들을 모아 함께 가르치기 때문에 사회화에 가장 적합한 장소이다. 학생들을 책임 있는 시민으로 키우기 위해 교사는 엄격한 지도와 훈련을 실시한다.

기능론적 입장에 대한 비판

기능론에서는 가난한 집안의 자녀든 부유한 집안의 자녀든 간에 기회는 능력 있는 자에게 열려 있다고 본다. 그리고 학교는 합리적인 기관이므로 학생들의 학업성취도 역시 공정하게 평가되며, 학생들이 열심히 노력하면 계층이동이 가능하다고 여긴다. 그러나 많은 연구결과를 보면, 교육의 결과는 개인의 능력이나 노력에 의해 좌우되기보다는 학생들의 가정환경이나 기타 다른 요인에 의해 더 많은 영향을 받는 것으로 밝혀졌다.

기능론적 입장에서는 학교에서 가르치는 내용이 모든 학생들에게 중요한 것인지, 그리고 그 내용을 잘 아는 학생들이 과연 능력 있는 사람인지에 대한 생각을 심각하게 하지 않았다. 그 밖에도 사회가 학교에 대해 기대하는 것과 학교가 실제로 수행하는 것 사이에 커다란 차이가 있다는 사실을 간과했으며, 그 이유가 무엇 때문인지에 대해서도 관심을 두지 않았다. 그들은 학교가 사회의 기본적인 가치를 전달한다는 것에만 관심을 가졌을 뿐, 학교에서 가르치는 가치와 사회에서 실제로 존재하는 가치 간의 차이 때문에 생기는 갈등에는 무관심했던 것이다.

그들은 또한 교육의 내용과 목적, 방법 등에 대해서도 집단마다 서로 다른 의견을 가질 수 있다는 사실을 간과했다. 예를 들어, 어떤 집단은 학교가 자신의 자녀들이 고등학교를 마친 후 생업에 종사할 수 있도록 가르치길 원하지만, 또 어떤 집단은 학교가 먹고 사는 데 집중할 것이 아니라 공부에 전념하여 더 좋은 상급학교에 진학하기 위해서 가르치기를 바랄 수 있는 것이다.

학교에서 학생들을 선발하고 배치하는 방식은 대체로 학력고사, 입학시험, 지능검사 등에 의지한다. 그런데 이러한 방식은 중산층 이상의 자녀들에게 유리하다는 것이다. 왜냐하면 학교에서 배우는 지식이나 규범, 그리고 언어표현까지도 중산층 자녀에게 익숙하기 때문에 학력검사나 지능검사에 의한 선발방식이 중산층 자녀에게 유리할 수밖에 없기 때문이다.

2. 갈등론적 입장의 학업성취도

어떤 학생은 경제적으로 윤택한 집에서 부모의 높은 기대를 받고 학교공부에만 전념을 할 수 있도록 가정의 도움을 받는다. 이러한 학생들에게는 교사도 관심을 갖게 되며 열심히 공부하도록 동기를 유발시키게 된다. 그러나 이와 반대되는 환경에서 자라는 학생들은 누구의 관심도 받지 못하여 학교생활에도 관심을 잃고 결국은 학업성적이 떨어져 교사도 관심을 갖지 않게 된다.

마르크스이론을 토대로 1970년대 이후 사회를 갈등구조로 보는 입장에서는 학생들의 학업성취도 차이에 대한 보다 근본적인 원인을 찾고자 하였다. 갈등론자들은 교육이 사회적 계급을 재생산하는 과정이라고 주장하며, 학업성취의 격차가 생기는 이유를 개인의 능력이나 노력 때문이 아니라, 이 사회의 구조적 모순 때문이라고 주장한다. 갈등론은 사회의 드러난 기능보다는 그러한 기능을 갖게 하는 숨겨진 구조에 초점을 맞춘다. 그리고 이 사회는 서로 다른 이익을 갖고 있는 집단 간의 갈등이 충돌하는 곳이라고 본다.

기능론에서는 교육이 사회라는 유기체가 활동할 수 있도록 하는 중요한 기관이며 교육과정은 보편적 가치를 지닌 것으로 생각하지만, 갈등론에서는 교육이 기존의 사회질서를 유지하는 지배장치이며, 교육과정이란 지배계층이 가치 있다고 믿는 내용으로 구성되어 있다고 본다. 즉 기능론에서 교육과정은 누구에게나 의미 있고 가치로우며 보편성을 띤 것이지만, 갈등론에서 교육과정은 정치적 과정을 거쳐 결정되는 사회적 산물로서 사회와 시대에 따라 다르다.

갈등론자들은 학교가 전달하는 교육내용은 대체로 중류계급의 사고방식이나 태도에 적합하므로 중류계층 자녀들의 학업성적이 다른 계층의 어린이들보다 높을 수밖에 없다고 말한다. 결국 학교는 이미 존재하는 불평등을 줄이는 것이 아니라 그것을 강화한다고 본다.

경제재생산이론

우리나라 대학생들의 부모 중 약 70~80%가 대학졸업자라고 한다. 이것은 부모들의 경제적인 위치가 자녀들의 경제적인 위치를 결정지어 준다는 것을 의미한다. 즉 학교는 부모들의 경제적 지위를 그 자녀들에게 재생산시켜 주는 역할을 하는 것이다. 현대의 사회질서는 자본과 경제력이 지배하는 체제이고 미국과 같은 자본주의 사회는 자본을 가진 대기업이 이익이 되는 방향으로 움직이고, 대기업들은 매체를 통제하고 재화의 생산은 물론 분배와 소비까지도 조정한다. 이러한 자본의 힘은 자신들의 이익을 위해 지배나 권위를 의미하는 주도권(헤게모니)을 행사함으로써 그 사회의 구성원에게 큰 영향력을 미치는데 학교가 바로 그 역할을 대행한다는 것이다. 이러한 이론을 갈등론 중에서도 경제재생산이론이라고 한다. 이 입장에서는 학교를 지배계급의 이념에 근거하여 구성된 지식을 재생산하며 사회분업에 필요한 다양한 기술을 재생산하고 분배하는 곳이라고 본다.

학교교육은 상층계급에 의해 지배되어 그들의 이익을 위해 현재의 경제구조를 재생산하는 역할을 한다. 학교가 지배계층을 중심으로 운영되기 때문에 하층계급은 교육에 있어 불이익을 당하고, 이러한 사회구조는 계속 재생산되어 경제적 불이익과 불평등이 계속된다. 결국 학교는 학생의 인격형성이나 지위상승을 위해서 존재하는 것이 아니라 집단의 이익을 위해서 존재하고 현재의 체제를 유지하기 위해서 이용된다는 것이다.

학생들이 졸업 후 사회에서 맡게 될 역할에 따라 학교가 어떻게 그 역할을 재생산하고 있는지 구체적으로 살펴보자. 그 나라의 지도자보다는 중소시민을 키우는 중·고등학교에서는 학생들의 자율적 활동을 극히 제한하여 순종적인 노동력을 키우는 데 관심을 가지며, 그보다 높은 단계인 2년제 대학에서는 좀 더 허용적이고, 엘리트교육을 위한 4년제 대학에서는 학생들이 독립적으로 판단할 수 있도록 고무한다. 또한 실업계 고등학교에서는 학생들에게 규칙을 잘 따르도록 요구하며 학생들을 엄격하게 감독한다. 그러나 대학진학을 목표로 하는 인문계 고등학교에서는 비교적 개방적인 분위기를 조성해 준다. 그 밖에도 학생집단의 사회적 배경에 따라 학교가 강조하는 교육의 내용이 달라지기도 한다. 미국의 경우 흑인 및 소수민족 학생들은 백인학생들과 비교하여 훨씬 통제된 학교생활을 하며, 대도시 빈민지역의 학교나 노동계층의 학교는 부유계층의 자녀들이 다니

는 학교와 다른 행동규범을 제시하고 있다.

문화재생산이론

인간은 경제뿐만 아니라 도덕, 종교, 예술, 학문 등 정신적인 요인에 의해서도 영향을 받는다. 사회구조 역시 단순히 경제적 측면에 의해서 유지되는 것이 아니라 문화를 매개로 하여 지속되어 간다. 갈등론자들 중에는 경제적 재생산론자들과 같이 학교가 경제적 필요에 의하여 이용되는 기관이 아니라 지배집단의 문화를 재생산하고 정당화하는 역할을 수행한다고 주장한다. 이러한 입장을 문화재생산이론이라고 한다. 이 이론에서는 어떻게 집단 간의 권력구조가 그 사회의 구성원들에게 당연한 것으로 받아들여지며 다음 세대로 전수되는가에 관심을 갖는다.

문화재생산이론은 교육과 사회의 관계를 경제적 재생산이론보다 훨씬 폭넓게 관찰하였고, 학교를 정치 · 경제적 제도의 영향에서 어느 정도 벗어난 비교적 자율적인 제도로 보았다. 그 시대의 취미라든가 지식, 언어, 사고와 같은 문화자본과 습성을 지배계층이 결정하므로 사회의 상위문화는 지배계층의 문화와 일치하게 된다. 교육과정은 그 시대의 지배계층의 문화를 담고 있는 문화적 재생산의 도구이다. 한편, 학교는 학생들을 지배계급의 문화로 사회화시키는 것을 깨닫지 못하도록 하고, 사회구조의 불평등은 드러내지 않은 채 능력 있는 자를 선발하는 것처럼 보임으로써 불평등을 합리화한다.

한 사회는 서로 다른 문화를 갖고 있는 집단들로 구성되어 있는데도 불구하고 어떤 특정 계급의 문화를 보편적인 것으로 받아들여야 하고, 사회구성원 모두가 그 문화를 공유해야만 한다는 것은 문화적 폭력이다. 교사와 학생들은 일상적인 일로 바삐 움직이다 보면 자신도 모르게 관료적인 통제 속에 말려들고, 권위의 주체가 요구하는 길로 가도록 요구받는다. 학교에서 이러한 주어진 역할과 지위에 대해 의문을 품거나 도전하는 학생이 있다면 그들에게는 곧 징계가 주어진다. 따라서 학생들은 학교에서 인간의 사회적 관계를 형성하는 근원적인 논리를 배우기보다는 기존의 권위체제 속에서 자신에게 주어진 역할이 무엇인지를 배우고 그들은 다시 사회의 기계적인 한 부분이 되고 마는 것이다.

학교는 가치가 개입된 문화를 공평하고 중립적인 것으로 위장시켜 학생들에게 가르치고, 사회적 불평등을 더욱 조장시키게 된다. 학교는 교육과정을 통하여 특정한 지식을 적법화시켜 준다. 지배집단의 이익에 도움이 되는 지식에는 특수한 지위를 부여하고 그렇지 않은 지식은 하찮은 것으로 규정하여 무시한다. 예를 들어, 예술이나 공예보다는 영어, 수학이 중시되고 역사나 사회 과에서는 갈등 상황보다는 조화와 합의가 강조되는 것이 그것이다. 그런데도 학교는 자율적이고 합리적인 기관으로 인정받고 있다. 그러한 인정 때문에 학교는 마치 보편적 이익을 위한 기관으로 생각되고 따라서 지배집단의 유리한 권력구조는 정통성을 갖게 되는 것이다.

재생산이론을 비판하는 '저항이론'

저항이론을 들고 나온 대표적인 학자 지루 Giroux는 학교교육이 사회의 구조 때문에 어쩔 수 없이 지금의 모습이 되었다고 설명하는 재생산이론에 대해, 학교를 결정론적이고 패배적으로 해석하는 것이라고 비판하였다. 저항이론에서는 학생들의 저항에 관심을 둔다. 그들은 학교에서 가르치는 것과 학생들이 배우는 것은 일치하지 않는다고 주장한다. 이러한 불일치가 생기는 이유는 학생들이 학교에서 가르치는 것을 아무 비판 없이 받아들이는 수동적 존재가 아니기 때문이고, 학생은 주어지는 것에 대하여 저항할 수 있으며 학교가 가르치고자 하는 것과는 질적으로 다른 독특한 문화를 형성하기도 하는 적극적 존재라는 것이다.

재생산이론에서는 학교가 사회적 불평등을 강화한다고 생각했기 때문에 사회변화를 위해 할 수 있는 실질적 대안을 제시하지 못했다. 그러나 저항이론에서는 학교에서 '가르치는 것'은 지배계급의 논리에 의해서 선정되고 조직된 것이지만, 학생들이 '배우는 것'은 학생들 자신의 의지와 판단에 근거한다고 본다. 이들은 학교가 사회를 변화시킬 수 있다고 보고, 학생들에게서 저항의 행동이 나타남을 중시하였다. 그동안 보수적 교육학자들은 '저항'을 일종의 일탈행위이며 치료되어야 할 행위로 생각하고 일탈행위를 나타내는 개인이나 집단은 사회적으로 실패한 것으로 간주하였다. 그러나 저항이론을 주장하는 사람들은 저항이란 일탈행위가 아니라 오히려 의미 있는 비판이며, 정치 및 문화적 가치를 갖는 사회적 활동이라고 말한다.

인간은 이념을 수동적으로 따르기만 하는 것이 아니라 사회구조를 주체적으로 변화시키고 생산한다. 국내외 연구결과를 보면, 학생들은 그들에게 가해지는 여러 형태의 억압에 대항하고 있음이 밝혀졌고, 교사들 역시 학교의 교육과정에서 나타난 지배이념에 대해 도전하는 경우가 있음을 알 수 있다.

갈등론적 입장에 대한 비판

많은 사람들은 기능론에 대한 반발심리로서 갈등론을 무비판적으로 받아들였지만 갈등론 역시 많은 문제점이 있다.

갈등론 중에서 경제재생산이론은 학교를 경제적 기능을 수행하는 기관으로 국한시킴으로써 교육의 다른 측면들을 무시하였다. 그리고 학생들은 학교에서 가르치는 대로 만들어지는 기계적이며 수동적인 존재로 해석하였다. 또한 교수-학습과정을 블랙 박스black box로 취급함으로써 교육현장에서 어떤 일들이 벌어지고 있는가에 관심을 두지 않았다. 문화적 재생산이론도 학생을 결정론적 관점으로 설명하기는 마찬가지다. 그리하여 지배계급의 문화는 노동계급의 문화를 장악하고, 노동계급의 문화는 지배적 문화에 의해 수동적으로 반영된다고 규정한다. 즉 지배계급에 대한 노동계급의 문화적 패배를 필연적인 것으로 간주하며, 노동계급의 문화가 자체의 힘에 의해 변화할 수 있다는 것을 인정하지 않았다.

저항이론 역시 몇 가지 문제점을 갖고 있는데, 예를 들면 학생집단의 저항과 투쟁의 과정을 적절하게 설명하지 못했다는 것이다. 또한 저항이론은 남성과 여성 간의 저항, 종족 간의 저항에 대해서는 거의 설명하지 못하고 남성중심 사회에서 일어나는 계급 간의 저항에 국한되어 있다. 그 밖에도 학생들의 저항을 통해 학교 및 사회를 변화시킬 가능성이 있는지에 대해 확실하게 언급하지 않고 있다. 저항이론에서는 재생산이론에서 주장하는 것처럼 피지배집단이 지배집단에 의한 패배를 의식하지 못하거나 또는 받아들이는 것이 아니라, 그들 특유의 삶을 자신의 의지에 의해 살아가고 있기 때문에 그들의 삶은 패배가 아니라 선택이라고 말한다. 그러나 이러한 설명은 저항이론이 사회를 변화시킬 수 있다는 가능성을 포기하고, 패배자의 변명을 그럴듯하게 포장한 것으로 보여질 수 있다.

갈등론은 학교교육의 역기능에 초점을 맞추었기 때문에 학교교육이 학생들로 하여금 사회의 문제점을 인식하도록 하는 기능도 갖고 있다는 점을 경시하였다. 교육과정이 경제와 문화를 재생산하는 도구라고 하지만, 실제로 가난하고 열악한 환경에서도 공부를 잘하는 학생, 부유하고 좋은 환경에서도 공부를 못하는 학생이 상당수 있는 것을 볼 때 반드시 사회구조적 요인이 학업성취의 격차를 결정한다고 볼 수 없음을 알 수 있다.

갈등론의 영향만은 아니지만 우리나라도 점차적으로 소외계층의 문화에 관심을 갖게 되었다. 예를 들면, 남녀평등 교육을 위해서 남녀 중학생 모두에게 〈가정〉과 〈기술 · 산업〉이라는 과목을 가르친다든지, 교육이 가능한 심신장애자들을 정상적인 학생들과 같은 교실에서 가르치는 등 교육환경이 점차적으로 개선되어 가고 있다.

3. 신교육학적 입장의 학업성취도

기능론자와 갈등론자는 학교와 다른 기관, 예를 들면 국가와의 관련성을 살피면서 교육을 이해하려고 하는 거시적 관점을 취하였다. 이들은 사회에 의해 교육의 결과가 결정된다고 생각했기 때문에 학교내부에서 일어나는 일, 즉 교실에서 무엇을 가르치는지, 학생들을 대하는 교사의 태도는 어떠한지, 그리고 학생들 간의 상호작용은 어떠한지 등에 대해서는 소홀히 하였다. 그들은 학업성취도의 격차를 해결하기 위해 여러 가지 보상교육을 실시하였지만 그 결과는 만족스럽지 않았다. 그래서 일부 교육사회학자들은 학교 내에서 실제로 가르치는 교육과정이나 교사와 학생 간의 상호작용과 같은 일상적인 학교생활의 문제를 해결함으로써 교육의 문제를 풀어나가려는 미시적 관점을 취하였다. 이와 같이 교육의 문제를 학교내부의 문제로서 해결하고자 하는 교육사회학의 새로운 입장을 신교육사회학이라 한다.

신교육사회학의 발전과정에 많은 영향을 끼친 것이 지식사회학이다. 지식사회학자들은 인간은 진리 그 자체를 볼 수 없으며, 다만 진리라고 생각되는 것을 인식할 수 있을 뿐이라고 한다. 진리는 바뀌어지고 상대적인 것이다. 따라서 인간이 인식할 수 있는 것은 진리라고 생각되는 것이지 진리 그 자체는 아니다. 즉, 진리는 인간이 만들어 낸 것이다. 지식사회학자들은 진리나 지식이 어떠한 사회적 과정을 거쳐서 만들어지고 전달되는가에 대해 관심을 가진다. 학교에서 배우는 교육의 내용도 절대적이지 않으며, 교육의 내용은 그것을 만들고 정당화하는 집단에 유리하도록 만들어졌다는 것이다. 지식사회학의 영향으로 신교육사회학자들은 기존의 절대적이고 당연시했던 지식이나 사고방식 등을 다시 재점검하기 시작하였다. 즉, 학교에서 가르치는 내용과 교사의 평가기준 등이 적합한지에 대해 의문을 갖기 시작하였다.

신교육사회학에서는 교사가 판단하는 학생들의 실패와 성공에 대한 기준까지도 모두 사회적 산물로 본다. 교사들은 무엇이 지능이고 무엇이 능력인지에 대한 근거도 없이 학생들의 능력과 지능을 평가하고, 그 결과에 따라서 학생들을 우수하다거나 열등하다고 판단한다. 교사의 판단은 학생들에게 전달되고, 학생들은 교사의 판단에 따라 자신의 능력을 예언하며, 또 그 예언에 맞추려고 하는 '자기 충족적 예언' 에 의해 결국에 가서는 우수한 학생이 되기도 하고 열등한 학생이 되기도 한다.

신교육사회학은 갈등론과 마찬가지로 학교교육의 순기능보다는 역기능에 더 관심을 두고 있다. 그러나 학교 안에서의 활동, 예를 들면 교사와 학생들 간의 상호관계, 학생 서로 간의 평가, 그리고 학교풍토 등이 학업성취 격차를 유발한다고 주장한다. 다음에서 구체적으로 교사나 동료학생들의 태도가 학업성취에 어떻게 영향을 주는지 살펴보자.

교사의 태도

교사는 현 사회의 권위를 위임받은 사람이기 때문에 교사의 권위는 실로 막강하다. 교사에 대한 도전은 사회 권위에 대한 도전으로 간주되며, 교사는 자신의 권위를 지키기 위하여 기존의 질서에 의존한다. 이러한 사회적 풍토 때문에 지배계급의 문화적 환경에서 성장한 어린이들은 학교에서 유리한 위치에 있게 된다. 교사의 기대와 인정을 받으면서 공부를 하게 되고 결국은 사회적으로 높은 평가를 받는 직업을 갖게 된다.

교사가 학생들을 가르칠 때는 지침서에 의해서만 가르치는 것이 아니다. 자신의 판단에 의해 지식의 내용을 선별하고, 학생을 대할 때의 태도도 달라진다. 예를 들면, 교사는 남학생을 가르칠 때와 여학생을 가르칠 때 강조하는 내용이나 수준을 달리할 경우가 많이 있다. 진학지도를 할 때도 마찬가지다. 많은 사람들이 여자고등학교에서는 법대나 의대 등 이른바 합격선이 높은 대학에 지망하는 여학생들이 많지 않다고 말한다. 사실 대부분의 진학지도 교사들은 여학생에게는 합격 가능성이 아주 높은 학과로만 지망하도록 추천한다. 여학생은 재수하기가 어렵다든가, 여자는 직업을 꼭 가져야만 되는 것이 아니라고 생각하여 경쟁이 심한 학과에는 아예 시도조차 해보지 못하게 되는 경우가 많다. 교실에서도 남학생에게는 진취적이며 공격적으로 행동하기를 바라며, 여학생에게는 순종적이기를 바란다.

교사는 또한 공부를 잘하는 학생들에게는 비판적인 시각도 키워 주며, 앞으로 사회지도자로서의 소양을 키우는 데 관심을 가지게 하는 반면, 공부를 잘하지 못하는 학생들에게서는 활발한 학교생활조차도 기대하지 않는다. 또한 한 교실에서 대학에 가지 못하는 학생의 수가 더 많아도 교사는 대학진학을 목표로 가르치기 때문에 공부를 못하는 학생들에게는 관심을 덜 갖는다. 겉으로는 교육의 기회를 갖지만 실제로 교실에서는 제대로 학습을 받지 못하는 것이다. 모든 학생들은 교사의 적절한 관심과 지도를 받을 권리가 있는데도 불구하고 일부 학생들만 지도를 받는 결과가 된다.

교사의 기대

교사의 기대 역시 학생들의 학업성취에 많은 영향을 끼친다. 초·중등학생을 대상으로 실시한 미국의 유명한 연구에서는 학년 초에 학력검사를 실시하여 그 결과를 담당교사에게 알려 주었다. 연구자는 전체 학생의 약 20% 정도의 학생을 무작위로 추출하여 명단을 작성하고, 이 학생들은 앞으로 상당한 지적 성장을 보일 유능한 학생들이라고 교사에게 알려 주었다. 사실 이들은 무작위로 뽑힌 학생들이었지만, 담당교사와 주위 학생들에게는 이런 사실을 알리지 않은 채 실험을 진행했다. 그런데 학년 말에 실시한 지능검사 및 여러 종류의 학력검사에서 무작위로 뽑힌 학생들은 다른 나머지 학생들에 비해 놀라운 수준의 향상을 나타내었다. 뿐만 아니라 담당교사들은 학생들의 태도에 대해서도 높은 평가를 하였다. 그런 반면 과거에는 높은 학업성적을 받은 학생일지라도 유능한 학생의 명단에 들어 있지 않을 경우, 이들은 지적 능력뿐만 아니라 태도에 대해서도 낮은 평가를 받았다.

교사의 출신계층

외국의 연구를 보면, 교사의 출신계층도 학급을 운영하는 방식에 영향을 주는 변수가 된다. 한 연구에 의하면, 교사들은 자신의 출신계층과 유사한 계층 출신의 학생에 대해 더욱 호의적이며, 학교의 전반적인 운영 역시 교사들의 출신계층에서 중요시하는 가치관에 따라 운영된다는 것이다. 또한 학생들을 대할 때는 학생의 사회계층에 따라 달리 대한다. 교사들은 학생들의 사회계층과 인종에 따라 차별적인 사회화를 실시하며, 이러한 결과가 학생들에게 학업성취도의 격차를 초래하게 된다. 노동자계층의 학생들이 다니는 학교에서는 교사들이 학생들에게 대체로 기계적이고 반복적인 활동들을 주로 강조하는 반면에, 중류계층의 학생들에게는 지나치게 비판적인 태도나 강한 호기심의 발동을 제한하는 경향이 있었다. 그리고 전문직 출신의 자녀들에게는 창의적 활동을 권장하고 학생의 특성에 따라 학생활동을 하도록 하며, 상류계층 학생들에게는 분석적인 능력이 발달하도록 권장한다.

동료집단의 가치관

학생들은 자신의 동료집단이 추구하는 가치에 따라 자신의 학업 성취 준거를 결정한다는 연구결과도 많이 있다. 콜먼의 연구를 보면, 미국의 고등학생들은 대개 운동을 잘하는 학생들이 인기가 많고 또한 공부보다는 인기를 중요하게 여기기 때문에 학생들의 성적이 낮다고 주장하였다. 이러한 연구는 학교의 분위기가 학생들에게 어떤 영향을 끼치는지 그리고 교과 이외의 활동이 교과에 어떤 영향을 끼치는지를 잘 말해 준다. 이렇게 동료집단의 가치관은 학생들이 학교에서 은연중에 배우게 되는 잠재적 교육과정에 영향을 끼치게 되므로 교사들이 많은 관심을 갖는다.

신교육사회학에 대한 비판

신교육사회학은 교육의 문제를 해결하기 위해 사회가 아닌 교육 내부로 시선을 돌렸다는 점에서 교육의 자율성을 인정하였다고 볼 수 있다. 그러나 신교육사회학에서 주장하는 것처럼 지식이 사회의 영향을 받기는 하지만, 다른 한편으로는 시간과 공간을 초월하는 보편성도 지니고 있다. 학교에서 가르치는 지식이 중류계급 중심이라고 했지만 지식은 계층을 따지지 않고, 어느 계급의 어린이든 학습해야 할 문화적 가치를 가지고 있는 것도 사실이다. 그들은 또한 학교에서 배우는 지식이 일상생활에서 필요로 하는 지식보다 나을 것이 없다고 했지만, 지식의 상대적 중요성을 인정하지 않을 수는 없다. 학교에서 배우는 지식은 문화의 유산인데, 그것을 부인하는 것은 문화적 전통을 부인하는 것이다. 만일 진리를 상대적이라고 한다면 신교육사회학이론도 마찬가지로 다른 사람이 받아들이지 않을 수 있다는 것을 의미한다.

[그림 4-1]은 이 장에서 설명한 내용을 중심으로 어떤 요인들이 학업성취도의 격차에 영향을 끼치는지를 보여준다.

그림 4-1 학업성취도의 격차에 영향을 끼치는 요인들

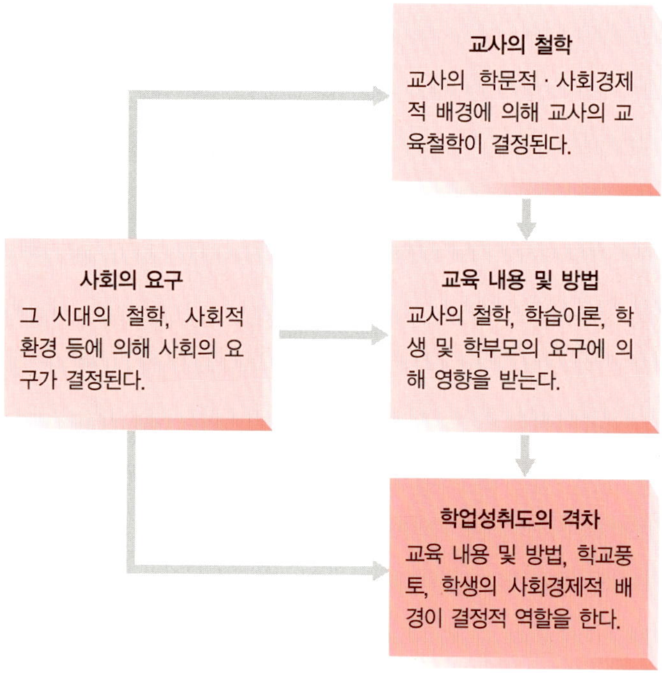

제5장

교육에 있어서 평등이란 무엇인가?

교육의 기회균등에 대한 개념은 시대에 따라 달라져 왔다. 최근에는 결과의 균등에 관심을 갖는다. 결과의 균등이란 자신의 능력이나 가정환경과는 상관없이 자신이 원하는 만큼의 교육을 받을 수 있도록 하는 것을 말한다. 기능론의 입장에서는 능력 있는 사람에게 교육의 기회를 갖게 하는 것을 당연시한다. 그러나 능력 위주의 사회는 각 개인의 특성을 무시한 채 개인이 사회에 얼마나 유용한가로 그 사람의 가치를 매기는 문제점이 있다. 갈등론적 관점에서는, 학업성취도는 학생이 어떤 집단에 속해 있는가에 따라 결정된다는 점을 들어, 특정 집단이 더 많은 교육의 기회를 부여받는다고 주장한다. 이러한 교육의 불평등을 해소하는 방안에 있어서 문화실조론자와 문화다원론자들은 다른 견해를 갖고 있다.

앞에서 소개한 기능론이나, 갈등론, 그리고 신교육사회학 모두는 교육의 평등 또는 불평등 문제에 가장 큰 관심을 보인다. 기능론은 사회를 유지하고 발전시키는 것을 교육의 가장 큰 역할로 생각한다. 이 이론에서는 사회가 발전하는 과정에서 교육의 기회는 확대되고 많은 사람들에게 적절한 직업이 제공되며 각자가 능력에 맞는 일을 함으로써 평등사회를 구현한다는 보수적인 입장을 갖고 있다. 갈등론은 불평등 해소에 대한 뚜렷한 대안은 제시하지 않지만 교육과 사회의 관계를 설명하면서 불평등이 초래되는 과정을 상당히 설득력 있게 보여주고 있다. 또한 신교육사회학은 기능론과 갈등론 같은 거시적 관점들이 지나치기 쉬운 미시적 입장, 즉 학교 안에서 생기는 문제들로 해서 어떻게 불평등 현상이 생기는지를 설명하는 데 많은 공헌을 하였다.

제4장에서는 사회나 학교를 보는 입장에 따라 학업성취도를 어떻게 설명하는가에 대해 논의하였다. 사실 학업성취도가 진학의 기회나 사회적 지위를 보장해 주기 때문에 교육의 기회에 영향을 끼친다. 따라서 학업성취도와 교육의 평등문제는 직접적으로 관련이 있다. 그러나 이 두 가지를 따로 떼어놓은 것은 논의를 간단하고 쉽게 하기 위해서이다.

1. 교육의 '기회균등'에 대한 몇 가지 해석

교육의 기회균등에 대한 생각은 현대에 오면서 점차적으로 타고난 신분과 환경의 불균등에서 벗어나서 모든 사람들에게 교육의 기회를 갖게 하는 쪽으로 변하여 왔다. 일반적으로 교육균등의 개념은 다음 네 개의 발달 단계로 구분된다.

역사적으로 나타난 첫 번째 단계가 허용적 균등이다. 허용적 균등이란 모든 사람들에게 교육받을 수 있는 기회를 법적으로 보장한다는 것이다. 이 수준에서는 신분, 성, 종교, 지역, 인종 등에 따라 제한되었던 교육의 기회를 법적으로 보장하는 단계이다. 학업성취도의 차이로 교육의 기회가 제한되는 것을 당연한 것으로 받아들인다. 그러나 주어진 기회를 얼마나 잘 누릴 수 있느냐의 여부는 개개인의 능력과 상황에 달렸으므로 사회가 책임지지 않는다는 입장이다.

허용적 균등 단계는 이미 오래전부터 많은 나라에서 실시되어 더 이상 이 점에 대해서는 문제가 없을 것 같지만 아직도 심각한 상태이다. 예를 들면 어떤 음악대학이나 미술대학에서는 여학생들이 많이 합격하기 때문에 성적과는 상관없이 남녀의 비율을 정해서 선발하지만 법과대학이나 의과대학 또는 공과대학 등에서는 여자가 적다고 해서 여자의 비율을 늘려야 한다고 주장하는 사람은 없다. 또한 사범대학에서는 특별히 학생들을 가르치는 데 별 지장이 없는 신체장애인의 경우에도 입학을 허용하지 않고 있다.

두 번째 단계는 보장적 균등 단계이다. 이 단계는 교육의 기회균등을 실현하기 위해서 여러 장애요소를 제거해 주는 것을 말한다. 예를 들면, 경제적으로 불우한 어린이들의 경제적 장애를 해소해 주기 위해서 등록금을 면제해 준다든지, 산골이나 낙도의 어린이의 지리적 장애를 해소시키고자 학교를 세워주는 것, 그리고 문화적 장애를 해소하기 위해 농어촌지역의 학생들을 일정비율 입학시키는 것 등이 해당된다.

문화시설도 부족하고 학원도 별로 없는 시골에서 학교를 다니는 학생들은 그들의 능력 때문이 아니라 부족한 학습환경 때문에 학력고사 성적이 낮게 나올 수 있다. 그러므로 지역에 따라 학력수준이 다르다는 것을 알면서도 대학입학 전형자료에 '내신제'를 도입한다든지, 대학입시 전형에서 농어촌 학생에게 혜택을 주는 것은 보장적 기회균등을 위한 제도의 한 예가 된다. 그 밖에도 여성들의 취업을 가로막는 사회적 편견을 해소하기 위하여 공무원에 한해서 여성고용할당제나 점수가산제를 도입하려는 시·도 역시 보장적 균등을 위한 것이다.

세 번째 단계는 과정의 균등이다. 이 단계는 모든 학생들을 될 수 있는 한 똑같은 상황에서 공부할 수 있도록 하는 것이다. 학교 간 또는 지역 간의 교육여건을 똑같게 하여 학생들의 학업에 영향을 끼칠 수 있는 여러 요인들을 같도록 만든다. 구체적으로 말하면 학교시설, 교사의 질, 교육내용, 그 밖의 모든 교육활동을 평준화하는 것이다. 과정의 균등이 보장되지 않으면 학교 간의 교육여건이 차이가 생기고 그 결과로 학업성취도에도 영향을 끼치며, 더 나아가서 사회에의 진출에도 문제가 생길 수 있다.

우리나라는 고등학교 평준화를 실시하면서 학교 간의 교육환경과 교사의 질 등을 균등하게 하려고 노력해 왔다. 그러나 실제로 학교 간의 수준의 차이는 여전히 존재하고 있고, 최근에는 평준화 자체에 대한 문제점도 많이 제기되고 있다. 지금까지는 많은 사람들에게 평균적인 교육을 실시하는 데 관심을 가졌지만 앞으로는 다양한 사회에 대처하기 위해 각자의 특성을 살리는 개성 있는 교육을 실시해야 한다는 것이다. 그래서 과학고등학교나 외국어고등학교, 예술고등학교, 체육고등학교와 같은 특수목적 고등학교를 점차 늘려 나가는 추세이다. 과정의 균등은 이렇게 다양성을 살리면서도 학교의 질을 평준화시켜야 한다는 두 가지 목적을 동시에 달성해야 한다는 데에 어려움이 있다.

기회균등의 마지막 단계는 가장 발전된 단계인 결과의 균등이다. 결과의 균등이란 자신의 능력이나 가정환경과는 상관없이 자신이 원하는 만큼의 교육을 받을 수 있도록 하는 것을 말한다. 극단적으로 말하면, 능력이나 교육환경이 서로 다른 사람들의 학업성취도를 같은 수준까지 끌어올려야 결과의 균등이 보장된 것이다. 이러한 생각은 사회가 개인의 책임과 무관하게 생겨나는 불균등을 줄여 주어야 한다는 주장에서 나온 것이다. 현재 선진국들은 교육의 기회를 결과의 균등으로까지 높이기 위해 많은 노력을 하고 있다.

그러나 모든 사람의 능력이 똑같을 수는 없어서 결과가 같지는 않겠지만, 능력이 부족한 사람은 더 많은 교육의 기회를 받을 수 있도록 하여 결과가 균등해질 수 있도록 노력한다. 평생교육이 바로 이러한 개념을 도입한 것이다. 자신에게 부족한 면이나 더욱 개발하고 싶은 분야가 있으면 대학이나 사회기관에서 언제나 교육을 받을 수 있도록 한다. 최근에 우리나라 대학에서 '학점은행제' 와 같은 제도가 생긴 것은 결과의 균등을 위한 하나의 시도라고 볼 수 있다.

2. 기능론적 입장의 '교육기회'

기능론에서는 사회를 발전시키려면 능력 있는 사람들을 선발하여 중요한 위치에 배치해야 하므로 능력 위주로 교육의 기회를 갖게 하는 것을 당연시하였다. 이 사회는 교육을 통해 사회이동을 할 수 있으므로 누구나 능력 있고 노력만 하면 성취결과에 따라 자신이 원하는 지위를 얻을 수 있다고 본다. 중요한 직위는 유능한 사람들이 차지해야 하므로, 학교에서 높은 성취결과를 보인 사람들에게 중요한 직위를 배분한다. 사회이동이 개인의 성취결과에 따라 일어나도록 하는 것이야말로 사회가 균형 있게 돌아가도록 하는 효과적인 방법이다. 기능론자들은 교육이 신분상승의 기회를 준다는 강력한 믿음을 갖고 있다. 이는 능력에 따라 직업이 결정되고 그래서 중요한 위치는 능력 있는 사람들이 차지해야 그 사회가 발전된다는 의미를 가지고 있으며 공리주의功利主義에 근거한다. 공리주의에 따르면, 교육의 기회를 누구에게 제공하느냐의 원칙은 기회의 제공이 사회 전체에 얼마나 도움이 되느냐에 따른다는 것이다. 그래서 선발의 기능이 사회 전체의 행복이나 유용성을 증가시킨다면 사회적 불평등으로 인하여 특정 집단이 희생되는 것도 정당화될 수 있다고 생각한다. 능력 위주의 교육은 결국 학생 개개인을 위한 교육이라기보다는 사회를 위한 교육이다.

3. 능력 위주 사회의 허점

능력 위주의 사회는 각 개인의 고유한 특성을 무시한 채 '그가 사회에 얼마나 유용한가?' 로 그 사람의 가치를 매긴다. 이러한 사회에서는 개인의 자유보다는 사회의 이익을 더욱 중요시한다. 능력 위주의 사회에서는 능력 있는 사람이 사회에 더 많은 공헌을 한다고 생각하여 그들이 더 영향력 있는 위치를 차지하는 것을 당연시한다. 능력을 중요시 여기는 사람들은 능력을 키우기 위해서는 자유경쟁을 시키는 것이 가장 효율적이라고 생각하며, 교육자원을 배분할 때도 경제적 효용성에 초점을 맞춘다. 그러나 이 세 가지 요소, 즉 '능력주의', '자유경쟁', '경제적 효용성' 이 과연 무엇을 의미하는지 한 번 살펴보자.

능력주의에서는 개인의 능력에 따라 적절한 자리에 배치하는 것을 사회정의라고 생각한다. 그러나 '능력' 을 무엇으로 보는가를 따져보자. 학교에서는 생각하는 사람보다는 외우기 잘하는 사람에게, 그리고 비판적인 사람보다는 순종적인 사람에게 높은 점수를 주고 좋은 대학에 들어갈 수 있는 기회를 주어왔다. 대학만큼은 능력만으로 선발될 수 있는 곳으로 만들기 위해 학력점수 1점의 차이도 정확히 계산하며 그 점수에 상응하는 대우를 해준다는 것이다. 그런데 우리나라 국민들의 대부분은 우리 대학의 선발제도에 행복해 하지 않는다. 그 이유는 무엇일까? 그것은 '능력' 이란 것이 지금 우리가 재고 있는 바로 그러한 것이 아니라는 데 그 이유가 있다. 또한 그 능력을 키우는 것도 경제적으로 윤택한 집의 자녀들에게 더 유리하다. 그래서 일부 사람들은 능력주의가 사회정의를 실현시켜 주는 것이 아니라 사회의 불공평함을 더 깊게 해준다고 생각한다.

자유경쟁이라고 하지만, 이것 또한 그 속을 들여다보면 허구라는 것을 곧 알 수 있다. 지역에 따라 성별에 따라 그리고 경제적 여건에 따라 이미 시작부터 경쟁할 기회조차 주어지지 않는 경우도 허다하다. 독일은 유치원 어린이들에게 부모가 조기특수교육을 시키는 것을 법으로 금지시켰다고 한다. 고소득층과 높은 지위에 있는 부모들의 자녀들만이 누릴 수 있는 특수한 교육은 인간이 같은 조건에서 출발해야 한다는 '출발점 평등의 원칙'에서 벗어나기 때문이다. 스위스에서도 초등학교 어린이들이 가정에서 예습이나 복습을 따로 하지 못하게 한다. 초등학교처럼 어린 단계에서는 가정의 배경과는 상관없이 모두 똑같이 국가가 의무적으로 가르치는 공교육을 받도록 하여 어린이들을 평등한 조건에서 살아가도록 한다.

우리나라는 초등학교에서부터 과도한 숙제와 준비물 때문에 부모의 도움이 없으면 공부를 따라가기 힘들고 교사들의 질책으로부터 벗어날 수가 없다. 매일 일터로 나가야 하고 그렇다고 해서 어린이들의 공부를 돌봐줄 사람도 집에 없는 가정에서는 그 자녀들이 일찍부터 학교에서 실패를 경험하고 자신감을 잃게 되는 것은 당연한 일이다. 이러한 경험은 학년이 높아지면서 학습실패가 누적되어 점점 더 악화된다. 물론 악조건 속에서도 성공하는 사람들이 있다. 그러나 우리는 악조건에 있는 사람들 모두가 슈퍼맨이 되기를 바랄 수는 없다. 교육의 기회는 경제적 효용성의 원칙에 의해 분배하기도 한다. 효용성에 관심을 두는 사람은 수량화될 수 있고 관찰될 수 있는 요인만을 계산하여 효용성을 알아보려고 한다. 최근 우리 정부는 경기도 가평군에 있는 어느 초등학교를 경제적 효용성 때문에 다른 학교와 병합하려고 했지만, 주민들의 거센 반대로 문제가 되었다.

1996년부터 〈교육인적자원부〉의 방침으로 한 학년에 60명이 못 되는 초·중·고등학교들은 폐교 또는 통합되고 있다.

그러나 다른 한편에서는 한 학년이 20~30명 정도가 되는 소규모의 농촌학교를 만들어 자립하고 협동하는 인간, 지식이 생활에 도움이 되는 교육, 환경을 망치지 않고 농촌을 살리는 학교를 만들려는 시도가 있다. 이러한 대표적인 학교로는 이미 1958년에 설립한 〈풀무농업고등학교〉가 있는데, 이와 유사한 학교가 몇몇 뜻있는 사람들에 의해 가까운 시일 내에 더 설립될 것이다. 눈앞에 보이는 투자와 산출의 계산방식으로 효용성을 계산하여 농촌의 학교를 모두 없앤다면 나중에는 농촌이 사라지는 더 큰 문제가 생길 것이다. 농촌의 학생을 도시로 가게 하는 것보다는 오히려 도시의 학생들을 농촌학교로 보내어 농촌도 살리고 도시학생들을 좋은 환경에서 공부할 수 있도록 하는 것이 장기적으로는 더 효과적일 수 있는 것이다.

교육의 혜택은 모든 국민이 누려야 하는데 능력주의는 공부 잘하는 국민만을 우대하는 정책으로 볼 수 있다. 이렇게 능력만을 중시한다면 교육기회의 균등을 달성하는 데는 한계가 있을 것이다. 능력에 따른 자유경쟁은 결국에 가서는 힘센 사람에 의해 지배되는 사회를 만들게 되어 사회정의가 보장될 수 없을 뿐만 아니라, 자유경쟁은 많은 사람들의 실패를 전제로 하므로 장기적으로 볼 때 혜택받은 일부 집단의 자녀들만 계속적으로 많은 교육을 받게 되는 결과를 낳는다. 그리고 나머지는 뒤떨어지게 되어 사회 전체적으로 볼 때는 교육의 질적인 저하와 교육 불평등이 심화될 것이다. 현재 우리나라는 선진국 대열에 들어가야 한다는 일부 지도자들의 급한 생각 때문에 경제적 원칙에 따른 교육투자에 관심을 갖고 있지만, 앞으로는 국민 전체에게 골고루 혜택이 가며 미래에 대비하는 교육정책으로 나아가야 할 것이다.

국가는 적극적으로 불평등을 해소하는 역할을 해야 한다. 장애어린이에 대한 교육기회의 확대, 유치원 의무교육, 특수교육 대상자의 정원외 특례입학제도, 산업체 근무자에 대한 교육기회 확대, 농어촌학생의 납입금 감면 등은 앞으로 가까운 시일 내에 실현되어야 할 일들이다. 이러한 시책은 모두 공리주의에 입각하여 문제점을 해결하고 교육기회의 균등을 달성하기 위한 시도들로 볼 수 있다.

4. 갈등론적 입장의 교육 불평등

학교교육이란 사회지배계층의 이익을 위한 하나의 사회적 장치이고 계층재생산의 방편에 불과하다고 주장하는 갈등론자들은, 교육기회는 사회구조에 의해 결정된다고 본다. 그들은 교육이 사회이동의 도구가 되기는커녕 오히려 방해를 하고 있다고 말한다. 그뿐 아니라 기존의 계층구조를 그대로 재생산하는 역할을 할 뿐이라는 것이다. 갈등론자들은 산업사회 이후에는 혈통 대신 학교가 기득권을 가진 집단의 신분을 유지하고 문화의 주도권을 가질 수 있도록 해주었다고 말한다.

만일 교육기회를 균등하게 주었지만, 가정의 사회 · 경제적 지위나 성별과 같은 요인들이 학업성취에 큰 영향을 준다면 기회균등이 이루어졌다고 말할 수는 없다. 능력이 아닌 사회 · 문화적 요인에 의해서 낮은 학업성취도를 낼 수밖에 없다면, 학업성취도는 이미 학생들의 능력과 노력을 반영한 것이 아니다. 이럴 경우 학업성취도가 높으면 직업성취도가 높다는 말이 사실일지라도, 이것은 기득권을 가진 집단의 사회 · 문화적 지위가 계속 높은 것이 높은 학업성취도 때문인 것처럼 보이게 하는 학교제도의 합법화 때문일 수 있다.

미국의 콜먼은 4천 개의 학교, 6만 명의 교사, 60만 명의 학생들을 대상으로 방대한 연구를 실시한 다음, 그 연구결과를 「교육기회의 균등」이라는 책에서 보여주었다. 그는 종래에 학생들의 학업성취에 영향을 끼친다고 생각했던 요인들, 예컨대 학교시설, 교육과정의 질, 교사의 유능성은 학업성취에 거의 영향을 끼치지 못하고 오히려 가정환경 요인들이 강력한 영향을 끼친다고 결론지었다. 즉, 부모의 양육태도, 포부수준, 교육에 대한 열의 등이 자녀의 성적에 보다 큰 영향을 끼치는 요인이라는 것이다. 여기서 포부수준이란 높이뛰기를 할 때 막대기를 어느 수준에 놓고 뛰느냐와 같은 것인데, 똑같은 사람이라 하더라도 막대기를 약간 높이 놓으면 조금 더 높이 뛰고 낮게 놓으면 약간 낮게 뛰는 것과 같이, 부모의 포부수준이 높으냐 아니면 낮으냐에 따라 자녀들의 성취도가 달라진다는 것이다.

학업성취도가 사회집단에 따라 다르며 어린이가 소속한 집단에 의해 학력이 결정된다고 하면 교육의 기회를 주는 것만으로는 불평등을 해소할 수 없다. 이럴 경우 학업성취도를 높이기 위해서는 학교보다 사회 · 문화적 환경에 주의를 기울여야 한다. 학업성취도에 관한 연구결과에 의하면, 부모의 교육기대수준이 자녀의 학업성취도에 영향을 미친다고 한다. 예를 들면, 중산층 부모들은 자녀에게 미래지향적인 가치관을 갖게 하며 자녀의 미래를 위해 심리적 · 재정적인 지원을 아끼지 않는다. 그래서 그 자녀들은 학업의 난관을 뚫고 미래를 위해 열심히 공부하여 학업성취도가 높아진다는 것이다. 또한 가정에서 자녀들은 부모의 직장생활을 보면서 자신의 부모와 유사한 경제적 지위를 준비하게 된다. 그리고 부모와 비슷한 포부, 자아개념 등을 갖게 된다. 이러한 인성발달은 가정에서 시작되고, 어린이가 학교에 들어가게 되면 학교에서 또 한 번 강화시켜 궁극적으로는 세대 간의 지위를 지속시킨다.

문화실조론자들의 불평등 해소방안

가정의 사회 · 문화적 배경이 학생들의 학업성취도에 영향을 끼치고, 교육의 불평등을 가져온다고 믿는 사람들 중에도 그러한 불평등을 해소하려는 방법에서는 의견의 차이가 있다. 일부 사람들은 하위계층의 어린이들로 하여금 교육내용과 학교풍토에 익숙해지도록 하기 위해서 그 어린이들에게 보상교육 프로그램을 실시해야 된다고 주장한다. 이러한 주장을 하는 사람들을 '문화실조론자' 라고 하는데, 문화실조란 마치 영양실조처럼 문화가 부족하다는 의미로 하위계층의 어린이들이 실조된 문화환경 속에서 산다고 생각한다.

문화실조이론은 1960년대까지 지배적이었던 지능격차이론을 거부할 수 있는 대안적 이론으로서 각광을 받았다. 지능격차이론은 교육성과의 격차가 지능의 차이에 기인하며 지능의 우열은 거의 유전적으로 결정된다는 것이다. 이러한 주장은 교육이 아무런 역할을 할 수 없다는 것을 의미하므로 교육실천가들을 무력하게 만들었다. 문화실조이론은 유전적 결정론을 반박하고 학업성취의 격차가 학교의 잘못보다는 가정의 사회 · 문화적 배경 때문에 생긴다고 하였다. 학교의 잘못이 아니라는 주장은 많은 교육자들에게 안도감을 주었으며, 사회교육의 중요성을 강조하여 결국은 교육의 영역을 넓힌 셈이 되었다.

미국의 취학 전 어린이나 저학년 어린이들에게 실시했던 〈Head Start〉 프로그램은 문화실조론자들이 불우한 교육환경에 있는 취학 전 어린이들에게 문화적 결손을 보충해 주기 위해 기초학습능력을 길러주기 위해 만든 일종의 보상교육 프로그램이다. 그들은 혜택받지 못한 집단의 어린이들이 문화실조를 일으켜서 학업성취도가 낮아진다고 보았기 때문에, 보상교육 프로그램은 궁극적으로 결과의 균등을 갖게 해주는 데 도움을 줄 수 있다고 보았다.

문화실조이론에 대한 비판

문화실조이론은 각광을 받은 지 얼마 되지 않아 혹독한 비판을 받게 된다. 그 비판은 두 가지로 요약할 수 있는데, 첫째는 '문화적 차이'를 '문화실조'로 잘못 해석했다는 것이다. 모든 집단은 독특한 문화를 갖고 있으며 그 집단의 구성원은 결코 자신의 문화로부터 실조되어 있지 않다는 것이다. 그럼에도 불구하고, 그들이 문화실조되었다고 말하는 것은 다른 문화의 기준으로 그들을 평가했다는 것을 의미한다. 둘째는 문화실조이론을 주장하는 사람들의 숨은 의도를 공격한 것이다. 즉, 사회구조 때문에 생기는 문화적 편파성은 편파적 태도를 가진 사람의 잘못인데도 불구하고 편파적 대우를 받는 사람의 개인적 결함으로 몰고 간다는 것이다. 예를 들어, 여성들을 직장에 오래 붙어 있지 못하게 하는 사회의 구조적 문제를 외면한 채 여성들의 이직률이 높다고 비판한다면, 그것은 남성들의 지배 이데올로기에 의한 편파적 태도라고 말할 수 있는 것이다. 이처럼 사회적 모순을 오히려 그 모순에 의해 피해를 받은 각 개인들의 잘못으로 떠넘기는 것이다. 어떤 집단의 문화가 실조되었다고 규정하는 것은 임의로 문화적 기준을 제시하여 다른 집단을 비하하는 지배집단의 문화적 폭력행사이다. 문화실조론자들을 비판하는 측에서는 문화실조를 보상하여 교육기회를 평등화하고, 사회적 평등화와 빈곤의 퇴치를 실현하려는 정책은 허구라고 주장한다. 문화적 '차이'를 '실조'로 보아 보상하려는 정책은 대상집단의 문화를 거부하는 결과를 낳기 때문이다. 예를 들어, 인디언 보호지역에 있는 학교의 백인 교사는 인디언 어린이들이 문화실조의 상태에 있기 때문에 자신들의 문화를 심어주어야 한다고 생각한다는 것이다.

문화실조를 보상하기 위한 교육 프로그램은 그 효과가 기대에 훨씬 못 미쳤다. 보상교육에 참여한 관료들에게 지불하는 금액이 막대하여 실제로 교육을 받는 대상들에게 돌아가는 비용은 아주 적었을 뿐만 아니라, 프로그램의 내용을 중류계층의 문화에 맞도록 만든 것도 실패의 원인이 되었다. 보상교육은 그 교육에 참여한 학생과 부모들이 자신의 문화를 버리고 학교가 지향하는 문화를 따라가야 한다는 것을 의미한다.

문화다원론자들의 주장

보상교육이 실패하는 것을 보면서 교육사회학자들은 집단의 특성에 따라 학업성취도가 차이나는 원인을 재규명하기 위해 새로운 접근을 시도하였다. 그들은 학교의 교육과정이 모두 서구의 중산층 문화에 치중되어 있다는 것을 인식하고 그러한 교육과정에 의해 다른 문화권에 속한 어린이의 학력을 평가하면 학업성취도는 낮게 나올 수밖에 없다는 것을 깨달았다.

그들은 문화에는 하위나 상위와 같은 의미가 있어서는 안 된다고 생각하였다. 인간의 지식이나 사고방식은 자신이 처한 상황에서 생기는 문제를 해결하기 위해서 생긴 것인데, 지식이나 사고방식을

하나의 문화라고 했을 때 어떤 문화가 더 좋으냐 하는 논의는 있을 수 없다. 즉 문화의 '다름' 은 있지만 문화의 '우열' 은 없다는 것이다. 이러한 입장을 가진 사람들을 문화다원론자라고 한다. 이들에 의하면, 집단 간의 사고양식은 각기 다르기 때문에 어떤 집단도 문화적으로 실조되었다고 볼 수 없다. 문화적 상대주의는 각 집단은 독특한 문화를 가지며 그 문화는 다른 문화를 기준으로 하여 평가될 수 없다고 본다. 인디언 문제나 흑인 문제는 인디언이나 흑인 때문에 생긴 문제가 아니고 그들을 통제해 온 다른 사람들에 의해 '만들어진' 문제이다.

문화다원론자들은 교육과정 안에 이른바 '하위계층' 의 문화도 반영해야 한다고 말한다. 그들은 학교의 교육과정이 편향되지 않으려면 다원적인 접근으로 여러 집단의 문화를 포함시켜야 한다고 주장한다. 우리나라에서는 계층 간의 문제보다는 성별의 문제가 더욱 크다. 가정에서나 학교에서, 그리고 사회에서 남녀차별은 아직도 우리의 문화 속에 깊이 자리 잡고 있어서 때로는 자신의 행동이 남녀를 차별하는 것인지 아닌지에 대한 의식을 하지 못할 때도 많이 있다. 가장 공정하고 객관적인 지식이 포함되었다고 생각하는 교과서에도 남녀차별을 나타내는 내용이 많이 있다는 것을 뜻있는 사람들은 그동안 여러 번 지적해 왔다.

고등교육의 단계로 갈수록 남녀차별은 더욱 심해지고 직장에서의 차별은 더할 나위가 없다. 사회에서의 이러한 현상을 보면서 학교에 다니는 여학생들은 사회진출을 시도하기 전부터 동기를 잃게 된다. 또한 많은 기업인들은 여성들이 취직시험에서 남성들보다 낮은 점수를 받는다고 하지만 취직시험의 내용이나 방식부터가 남성문화에 근거한 것들이 많다는 점을 먼저 인식해야 한다.

제6장

인간은 어떤 과정을 통해서 학습하는가?

인간의 학습과정을 설명하는 이론은 여러 가지가 있지만 여기서는 세 가지로 설명한다. 즉, 자극과 반응의 연합에 의해 학습한다는 행동주의 심리학, 주위의 환경을 전체적으로 받아들이며 전체를 부분과 관련지어 자극을 받아들인다는 인지이론, 그리고 인간의 자발적인 동기를 강조하는 인본주의 심리학이다.

행동주의는 백지설을 주장한 로크까지 거슬러 올라갈 수 있으나, 현대 행동주의 심리학의 직접적인 출발은 파블로프의 개를 대상으로 한 실험연구라고 할 수 있으며, 윗슨은 '행동주의' 라는 명칭을 처음 사용하였다. 인지이론은 독일의 형태심리학에 근거하고 있으며, 쾰러는 침팬지를 통한 실험에서 학습은 주위환경을 통찰함으로써 이루어진다고 하였다. 한편, 매슬로우는 인간을 연구하기 위해 동물을 사용하는 것은 인간의 독특한 특성을 무시한 것이라고 비판하며 인본주의 심리학을 발전시켰다.

'학습' 에 대한 논의를 하기 전에 먼저 '학습' 과 '교육' 에 대한 차이를 밝히는 것이 순서일 것 같다. '학습' 과 '교육' 은 모두 '변화' 를 목표로 한다는 점에서는 같으나, '교육' 은 변화의 과정에서 '가르치는 입장' 을 강조하며 또한 가르치는 내용과 방법 모두 규범적이어야 한다. 그러나 '학습' 은 '배우는 입장' 을 강조하며 규범이나 가치에 관심을 두지 않는다. 따라서 '교육이론' 을 연구할 때는 철학과 과학 모두가 필요하지만, '학습이론' 을 연구할 때는 배우는 사람 입장에서 변화의 과정을 설명하기 위한 과학적 방법이 주로 동원된다.

인간은 독립된 생활을 하기 위해 다른 동물보다 훨씬 오랫동안 학습기간을 갖는데, 이것이 결국 인간을 인간답게 만든다. 인간이 어떤 능력을 지니고 태어났는지 그리고 어떤 과정을 통해 학습을 하게 되는지에 대해 많은 이론들이 있다. 그중에서도 크게 두 가지로 나누어 살펴보면, 인간은 환경에 의해 만들어진다는 입장과 타고난 특성에 의해 스스로 배운다고 보는 입장이 있다.

어떤 어린이가 '꽃' 에 관심이 있다고 하자. 인간이 환경에 의해 만들어진다는 입장에서는, 그 어린이는 아마도 꽃을 좋아하고 꽃에 대해서 많이 알고 있는 사람 곁에서 생활했기 때문이라고 생각할 것이다. 그러나 어린이가 스스로 자라고 배운다고 보는 입장에서는 자연에 대한 호기심이나 아름다움에 대한 감정은 인간 본연의 특성이므로 어린이가 꽃에 관심을 갖는 것은 자연스러운 일이라고 말할 것이다.

인간에 대한 이러한 두 가지 상반된 입장을 가진 대표적인 사람으로는 환경론자인 로크Locke와 발달론자인 루소Rousseau가 있다. 17세기 영국의 경험주의 철학자인 로크는 인간이 처음 태어났을 때는 백지와 같다는 백지설tabla rasa을 제안했는데, 백지설에 의하면 인간이 본능을 갖고 태어나는 것은 아니며, 환경의 자극을 받아 지금의 인간이 된 것이라고 한다. 인간은 환경을 수동적으로 받아들이는 수용자로 태어났을 뿐이며, 오히려 환경이 능동적이어서 인간은 그 환경에서 경험한 대로 만들어진다는 결정론적 입장이다.

루소는, 인간은 이미 태어날 때부터 앞으로 어떤 단계를 거쳐 발달해 나갈지에 대한 생물학적 계획을 갖고 있다고 생각하여 사회적 환경의 영향을 크게 생각하지 않았다. 그러므로 어린이를 가르치려는 노력보다는 어린이가 어떻게 스스로 자라고 배우게 되는가에 대해서 관심을 갖는다. 따라서 교육의 가장 큰 역할은 어린이가 나쁜 환경에 물들지 않도록 하여 인간의 본성을 그대로 꽃피우게 하는 것이라고 생각했다. 루소는 다음 장에서 소개할 발달이론의 시조가 된다.

심리학의 여러 학파 역시 인간에 대한 기본입장에 따라 학습과정을 달리 설명한다. 인간의 사고과정을 연구대상으로 삼는 유럽의 인지이론認知理論에서는 루소와 마찬가지로 인간이 환경에 능동적으로 대처한다고 믿었으며, 로크의 환경론을 받아들인 미국의 행동주의 심리학자들은 인간의 '사고과정'을 배제하고 눈에 보이는 '행동'을 연구하게 되었다.

인지론과 행동주의가 발전하는 동안 미국의 매슬로우Maslow와 같은 인본주의자들은 루소보다 좀 더 적극적이고 긍정적인 입장에서 인간의 심리를 연구하였다. 그들은 인간이란 지금까지 인식되어 온 것보다 훨씬 더 자유롭고 창조적인 존재이며, 인간에게는 자기 실현을 위한 역량이 있다고 믿었다. 그들은 고상한 인간상에 대해 관심을 갖고 이러한 인간의 궁극적인 목적이 무엇이며, 인간이 어떤 과정을 통해서 그 목적에 도달하는가를 연구하는 제 3의 심리학, 즉 인본주의 심리학을 탄생시켰다.

심리학의 여러 학파들이 인간에 대한 심리과정을 서로 다르게 설명하지만 이 이론들은 사실 상호 배타적인 것은 아니다. 오히려 각 학파들은 하나의 복잡한 문제를 서로 다른 측면에 초점을 두어 설명할 뿐이다. 따라서 인간의 학습과정을 설명할 때도 대부분 여러 학파들의 이론을 절충하게 된다. 다음에서는 인간의 학습과정을 설명하는 학파 중에서 가장 대표적인 세 학파, 즉 행동주의 심리학, 인지주의 심리학, 인본주의 심리학에 대해 살펴본다.

1. 자극과 반응의 연합으로 설명하는 행동주의 심리학

행동주의는 인간의 행동을 연구하는 학파 중 하나이다. 행동주의 심리학에서는 인간의 내적 작용보다는 겉으로 드러나는 행동을 관찰함으로써 '인간'에 대한 연구를 한다. 행동주의 심리학에서는 인간의 학습이 자극과 반응의 연합에 의해 이루어진다고 본다. 이들은 인간의 심리적 요소들, 예를 들면 의지, 포부, 흥미 등의 개념들을 배제하고 행동을 학습연구의 유일한 대상으로 삼으며, 학습은 곧 외적인 행동의 변화라고 생각한다.

행동주의 심리학은 복잡한 현상을 간단한 기본단위들로 나누어 분석한다. 이렇게 나누는 이유는 부분들이 합해지면 전체가 된다고 생각하기 때문이다. 복잡한 인간의 행동을 이해하기 위하여 하등동물들의 행동을 연구하여 그 이론을 인간에게 적용한다. 그들에게 있어서 인간은 좀 더 복잡한 동물일 뿐이다.

행동주의 심리학의 시조는 인간의 학습과정을 백지설로 설명한 로크까지 거슬러 올라갈 수 있다. 로크는 인간이 선천적으로 선하거나 악하게 태어난 것은 아니며, 인간의 정신은 원래 백지상태로서 어린이의 정신이 무엇이 될지는 거의 전적으로 학습과 경험에 달려 있다고 하였다. 어린이들이 비어 있는 유기체로 태어났다면, 인간은 모두 동등하게 태어난 것이다. 이러한 그의 이론은 계몽주의 사상과 조화를 잘 이루었다. 로크는 처음에는 어린이의 정신을 마치 우리가 원하는 대로 만들 수 있는 진흙덩이처럼 표현했으나, 나중에는 어린이들이 그들 나름의 인지적 역량을 갖고 있어서 어린이들을 가르치는 데는 한계가 있다고 하였다.

로크는 사고와 감정의 많은 부분이 연합을 통해 발달한다고 주장하였다. 두 개의 관념이 규칙적으로 함께 발생하면, 그중 하나를 생각할 때마다 다른 하나도 함께 생각하게 된다. 또한 인간의 행동 중 많은 부분은 반복을 통해서 학습된다. 반복적인 실행을 하게 되면 자연적인 습관이 되어 그것을 실행하지 않으면 불편함을 느끼게 된다. 따라서 좋은 습관을 키우려면 반복적인 행동을 하도록 해야 한다. 또한 인간은 모방을 통해서 학습한다. 주위에 불화를 일으키고 잘 싸우는 사람들이 많으면 어린이는 그렇게 성장할 것이고, 고상한 사람들과 접촉하면 어린이는 또 고상하게 자랄 것이다. 그리고 인간은 자신에게 칭찬과 같은 보상을 가져다주는 행동은 자주 하게 되고, 반면에 비난과 같은 처벌을 받게 되는 행동은 피하게 된다.

파블로프의 고전적 조건형성이론

고전적 조건형성이론은 러시아의 생리학자인 파블로프Pavlov가 개를 대상으로 실험한 연구에서 발전된 이론이다. 그의 연구결과는 1920년대에 미국으로 건너가서 행동주의와 결합하여 조건반사설이라고 불리게 되었으며, 환경을 적절히 조작함으로써 원하는 학습이 형성될 수 있다는 인간의 학습행동을 설명해 주는 이론의 기초가 되었다. 개를 대상으로 한 실험연구로 노벨상을 받았지만, 그는 심리학 분야에 자신의 이론이 공헌하리라고는 예상하지 못했다.

파블로프는 그의 유명한 실험에서 개가 음식물을 먹거나 음식물을 볼 때뿐만 아니라, 실험자의 모습이나 그의 발자국소리만으로도 침을 흘리는 현상을 발견하였다. 파블로프는 개에게 종소리를 들려주면서 동시에 음식을 주었는데, 나중에는 음식물 없이 종소리만을 들려주었을 때에도 음식물을 연상하여 여전히 침을 흘린다는 것을 발견하였다. 이렇게 개가 종소리에 음식을 연합시켜 타액분비로 반응하는 과정을 조건형성이라고 한다. 즉, 종소리는 음식과 아무 상관이 없지만 종소리와 음식을 연합시켜 종소리만으로 침이 나오도록 조건을 형성하는 것이다. 그의 이론을 자극-반응연합설의 초기 이론인 '고전적' 조건형성이론이라고 한다.

고전적 조건형성이론은 학습을 위해 제시한 자극인 조건자극(종소리)과, 생리적 자극인 무조건자극(음식물)을 짝지어서 반복하여 제시함으로써 둘 사이에 연합이 이루어져 어떠한 반응(침의 분비)행동을 습득하도록 하는 것을 말한다. 그는 조건자극을 무조건자극이 제시되기 전 약 0.5초 전에 주었다. 만일 두 자극을 제공하는 시간 간격이 길면 두 조건 간의 연합이 이루어지지 않아서 행동습득이 이루어지지 않는다. 그러나 종소리만으로 침을 흘리는 반응을 습득했다고 하여도 종소리만 울리고 음식물 안 주기를 몇 번 계속하면 침의 분비는 멎는다.

파블로프는 유사한 연구에서, 개의 넓적다리에 자극을 주고 동시에 음식을 주었다. 이러한 일을 여러 번 반복하자, 이번에는 음식을 주지 않고 넓적다리에 자극을 주어도 침이 나왔다. 넓적다리에서 멀리 떨어진 부위에 자극을 주면 그만큼의 침이 나오지는 않았지만 여전히 침이 나왔다. 이렇게 유사한 자극에 똑같은 반응을 하는 현상을 일반화학습이라고 한다. 그러나 이와 같은 시도를 되풀이하는 동안 개는 넓적다리에 대한 자극에만 침을 흘리고 나머지 다른 부위의 자극에 대해서는 침을 흘리지 않는데, 이렇게 자극의 차이를 구별하는 것을 변별학습이라고 한다.

그림 6-1 파블로프의 조건형성이론을 위한 실험

미국 행동주의 심리학의 창시자 웟슨

행동주의 심리학은 파블로프 연구에 근거를 두고 있다. 그러나 미국의 웟슨Watson에 의해 '행동주의'라는 명칭이 주어졌고 이 이론을 발전시킨 사람들이 미국의 과학자들이기 때문에 미국의 학문으로 일컬어진 것이다. 웟슨은 조건화이론을 인간에게 적용시킨 최초의 심리학자이다.

이전의 심리학에서는 인간이 자신의 지각과 감정을 주의깊게 관찰하고 기록하는 자기관찰법을 연구방법으로 사용하였다. 웟슨은 자기관찰법을 사용하여 의식을 연구하는 경우에는, 동물이나 유아

및 정신장애자에 대한 연구는 할 수 없게 된다고 생각하였으며, 따라서 관찰 가능하고 측정 가능한 행동만을 심리학의 연구자료로 삼기로 했다. 만일 심리학이 실제의 행동을 다룬다면 자연과학처럼 여러 연구자들이 실험을 반복할 수 있어서 객관성을 가질 수 있을 것이라고 생각하였다. 그리하여 그는 정확하고 엄격한 방법으로 환경의 자극과 인간행동 간의 정확한 인과관계를 증명하려고 노력하였다.

윗슨은 조건화이론을 인간에게 적용하는 실험에서, 평소 흰 토끼와 놀기를 좋아하는 11개월 된 아이에게 흰 토끼를 보여주었다. 그 다음 흰 토끼 대신 흰쥐를 보여줌과 동시에 요란한 천둥소리를 들려주었다. 이렇게 몇 번 반복하였을 때 흰쥐를 보여주면 아이는 울기 시작하였고 쥐를 볼 때마다 도망을 쳤다. 이것은 흰쥐를 통해 천둥소리를 연상하였기 때문이다. 그 후에는 흰 토끼를 보여주었을 때도 공포감을 보였으며, 심지어는 산타할아버지의 흰 수염까지도 무서워하였다. 천둥소리를 흰 토끼와 산타할아버지의 흰 수염에까지 연합하였기 때문이다.

그는 자극과 반응 간의 연합에서, 연합의 빈도를 많이 할수록 학습이 가능하다는 빈도의 법칙을 제시하였다. 즉, 어떤 자극에 대한 반응이 많을수록 미래에 그 자극이 주어질 때 같은 반응을 나타낼 가능성이 더 커진다는 것이다. 예를 들면 빨간 불이 '정지'를 의미한다는 것을 배운 다음에, 빨간 불과 브레이크를 밟는 연합의 빈도가 증가하면 '자동차를 정지시키는' 학습이 이루어진다.

1920, 30년대 미국의 주부들은 윗슨의 이론에 의해 아이들을 키

웠다고 할 정도로 그의 이론은 시민들의 일상생활에도 영향을 끼쳤다. 심리학이 인간의 행동을 조절할 수 있다고 굳게 믿었던 왓슨은 이 같은 과정을 통해 "건강한 어린이 12명을 데려와 그들을 의사, 변호사, 예술가, 혹은 거지나 도둑으로 만들어 달라고 주문한다면 그대로 만들어 줄 수 있다"고 장담하기까지 했다.

손다이크의 시행착오설

미국의 심리학자 손다이크Thorndike는 자극과 반응이 어떻게 결합되며 강화되는지에 관한 과정을 시행착오설로 설명하였다. 먼저 그가 고안한 문제상자puzzle box를 사용하여 실험하는 과정을 살펴보자.

배고픈 고양이를 문제상자에 집어넣고 빗장을 잠궈 둔 후 문 앞에는 먹이를 놓아둔다. 고양이는 어리둥절해 하면서 문 앞에 놓여 있는 먹이를 먹으려고 애를 쓴다. 고양이는 여기저기 정신없이 돌아다니기도 하고 물어뜯기도 하다가 우연히 빗장장치를 툭 치게 되고 곧이어 문이 열리게 된다. 고양이는 재빨리 밖으로 나와 먹이를 먹는다. 곧이어 고양이를 문제상자 속으로 다시 집어넣어 똑같은 행동을 반복시킨다.

그는 고양이가 어떻게 목적지까지 도달하여 먹이를 먹게 되는가를 관찰하였다. 처음에는 두서없이 행동하다가 실패를 거듭하지만 우연히 기계를 밟는 데 성공하여 먹이라는 보상을 받게 된다. 기계

밟는 행동을 반복적으로 계속하면 성공의 행동이 강화되어서 결국에는 상자 속에 들어가면 기계를 밟아야 한다는 것을 습득하게 된다. 성공하는 과정을 몇 번 되풀이하면 고양이는 점차 우왕좌왕하는 시간이 짧아지고 결국에는 상자 속으로 들어가자마자 곧바로 기계를 밟아 밖으로 나오게 된다. 여기서 '먹이'는 기계 밟는 행동을 하도록 동기를 유발시키는 작용을 한다. '먹이'라는 만족스러운 보상을 받기 때문에 동기를 유발시킬 수 있다. 손다이크는 시행착오 학습이 일어나는 과정을 관찰하면서 시행착오설 이외에도 몇 가지 법칙을 발견하였다. 즉, 자극과 반응이 결합된 다음에 먹이를 얻는 것과 같은 만족스러운 상태를 얻게 되면 자극과 반응 간의 연결강도가 증가하며, 만일 먹이를 얻지 못하는 경우와 같은 불만족스러운 상태가 되면 연결강도는 줄어든다는 것이다. 이것을 효과의 법칙이라고 한다. 또한 작업을 성공적으로 완성하려면 대개 반복적인

그림 6-2 손다이크의 시행착오설을 위한 실험

활동이 필요하며 반복활동을 하지 않으면 망각현상이 나타나는데, 이것을 연습의 법칙이라고 한다.

스키너의 조작적 조건형성이론

스키너Skinner는 손다이크와 왓슨의 이론을 좀 더 발전시켜 인간 학습의 과정을 설명하였다. 그의 연구는 심리학, 교육학, 사회학 등 많은 분야에 영향을 주었다. 스키너는 "인간은 자유의지에 의해 행동하는 것이 아니다"라는 전제하에 인간의 행동을 과학적으로 연구하였다. '과학적으로 연구한다'는 것은 인간의 행동 중에서 객관적으로 측정할 수 있는 것만을 연구대상으로 삼았다는 것을 의미한다. 그래서 그는 측정할 수 없는 인간의 속성, 즉 의식, 도덕, 마음 등은 연구대상에서 제외시켰다.

그는 인간의 행동을 수정하기 위한 이론을 연구하기 위해 하등동물을 실험대상으로 사용하였다. 그리하여 비둘기로 하여금 탁구를 치게 하고 춤을 추도록 훈련시켰으며 병아리를 공놀이하도록 습관화시켰다. 그는 자신의 행동수정이론에 기초해서 *Walden Two*라는 소설을 쓰기도 하였고, 또한 무균의 상자 속에서 어린 딸을 키워 한때 여론의 비판을 받기도 하였다.

스키너는 파블로프와는 달리, 인간은 외부자극에 의하여 단순히 생리적으로 반응하는 것이 아니라 환경을 스스로 조작하면서 반응한다고 하였다. 즉, 파블로프의 실험에서는 음식물을 종소리와 같이 주면 종소리만으로도 반사적 반응인 침을 분비하지만, 스키너의 실험에서는 쥐가 지렛대를 누르는 것과 같은 적극적인 행동을 할 때 먹이를 얻을 수 있다. 지렛대를 누르는 행동은 먹이를 줌으로써 강화된다. 여기서 조작이라 함은 외부의 자극 없이 학습자 자신이 직접 행동하는 것을 의미하고, 이러한 조작을 통하여 학습조건을 형성하는 것을 '조작적 조건형성' 이라 한다.

그는 자신의 이론을 입증하기 위해 스키너 상자라고 불리는 실험 장치를 고안하였다. 대상동물로는 흰쥐나 비둘기를 주로 사용하였다. 그의 전형적인 실험을 보자.

굶주린 흰쥐를 빈 상자에 집어넣는다. 쥐는 정신없이 사방을 돌아다니며 먹이를 찾고 있다. 그러다 우연히 툭 튀어나온 지렛대를 누른다. 그 순간 자동적으로 음식접시에 먹이알 하나가 나온다. 쥐는 먹이알을 집어먹고 다시 지렛대를 누른다. 그렇게 할 때마다 먹이알은 계속 나오게 되고 그 후 점차 지렛대를 누르는 속도가 빨라지게 된다.

배고픈 쥐는 음식이라는 보상을 받기 때문에 지렛대를 누르는 것이 적합한 반응이라는 것을 알게 된다. 음식은 계속 반응하도록 자극하여 반응(지렛대를 누르는 것)의 횟수를 증가시킨다. 이렇게 보상을 조작하는 것을 강화라고 한다. 그리고 쥐가 지렛대를 눌렀기 때문에 '음식' 처럼 기분 좋은 보상을 받아 똑같은 행동을 하도록 유도하는 것을 긍정적 강화라고 한다. 그러나 개에게 칸막이를 뛰어넘는 학습을 가르치기 위해, 바닥에 전기쇼크와 같은 혐오적인 자극을 주어서 전기쇼크가 없는 다른 칸으로 뛰어넘도록 하는 행동을 증가시키는 경우를 부정적 강화라고 한다. 일반적으로 긍정적 강화가 부정적 강화보다 학습을 효과적으로 촉진시킨다. 긍정적 강화든 부정적 강화든 행동에 대한 강화가 제공되지 않으면 지렛대를 누르거나 칸막이를 뛰어넘는 행동이 점차 줄어들어 결국은 없어지게 되는데 이것을 소거消去라고 한다. 이러한 스키너의 이론은 어린이의 습관이나 행동을 수정하는 데 많이 적용된다.

2. 전체와 부분 간의 관련성으로 설명하는 인지주의 심리학

인간의 감각기관을 통해 들어오는 여러 가지 자극들을 다양한 방식으로 전환시키고 기억 속에 저장하며 필요할 때 상기해 내는 정신과정을 인지라고 한다. 인지심리학자들은 인간이 주위세상에서 받아들이는 자극을 적극적으로 처리하고 그 자극들을 새로운 형태의 정보로 전환시킨다고 말한다.

인지이론에도 다양한 학습이론들이 있는데, 이들의 공통적인 특징은 인간의 '행동'이 아니라 인간의 '사고과정'을 연구대상으로 한다는 것이다. 인지이론은 어떤 현상을 요소별로 나누어 분석하지 않고 전체의 구조 속에서 부분들의 상호관계를 파악한다. 예를 들면, 문장을 해석할 때도 단어 하나하나에 의미를 두기보다는 전후의 문장들을 관련지어 전체적으로 해석한다. 인지이론에서는 인간은 주위환경을 적극적으로 받아들이고 상호작용을 하면서 문제를 해결하는 능동적인 참여자로 본다. 또한 똑같은 상황에 처한 사람이라 하더라도 각자의 경험에 따라 받아들이는 상황이 서로 다르다. 인지이론은 형태심리학에 근거하므로 인지이론을 설명하기 전에 먼저 형태심리학에 대해 간단히 살펴보자.

형태심리학이란 무엇인가?

독일의 물리학자 베르트하이머Wertheimer는 필름을 연속적으로 연결시키면 그 속의 정지된 그림이 '움직이는 장면'으로 보이게 되는 과정을 설명하기 위하여 시운동視運動에 관한 연구를 하였다. 연속적으로 보여주는 정지된 장면들이 움직이는 것처럼 보이는 현상은 정지된 장면이 없어진 후에도 계속 나타나는 망막의 지연작용 때문이라고 그는 결론지었다. 그리고 이러한 인간의 시지각에서 나타난 현상은 곧 심리적 현상임을 밝혔다. 즉 인간은 하나하나의 부분을 서로 연결시켜 그것들을 의미 있는 전체의 '형태'로 해석하는 경향이 있다는 것이다. 형태심리학이란 바로 인간이 환경을 바라보는 특성 중에서 이러한 특성에 관심을 갖고 인간의 사고과정을 연구하는 분야이다.

행동주의자들은 전체를 부분으로 나누어 구체적인 행동을 관찰하는 데 관심을 갖는 반면, 형태심리학자들은 전체적인 구조를 파악하고자 한다. 그들은 전체는 부분들의 단순한 총화가 아니고 그 이상이라고 주장한다. 예컨대, "∴"는 세 개의 점들이지만, 이 점들의 총화는 단순히 세 개의 점이 아니라 세모꼴이 된다. 마찬가지로 악보의 음표 하나하나가 모여 멜로디를 구성하게 된다.

형태심리학자들은 인간이 인지하는 환경을 지각장知覺場이라고 하였는데, 지각장은 도형과 배경이라는 두 요소로 구성되어 있다. 문제상황에서 인간이 주의를 기울이는 것이 도형이며 주의를 기울이지 않는 나머지는 모두 배경이 된다. 어느 한 면에 주의를 집중하면 그것의 자세한 특징은 지각할 수 있지만 문제상황의 다른 측면은 볼 수가 없게 된다. 지각장면에서 어느 것이 도형이 되고 어느 것이 배경이 되는지는 각자가 어떤 측면에 관심을 갖고 주의집중을 하는가에 따라 달라진다. 똑같은 상황에서도 서로의 관심이나 경험에 따라 문제를 보는 관점과 해결과정이 다른 것은 바로 이 때문이다. [그림 6-3] 에서와 같이 흰 색을 배경으로 할 때는 두 사람이 마

그림 6-3 배경의 색깔에 따라 꽃병이나 두 사람의 얼굴로 보이는 그림

주보는 모양이 되지만, 분홍 색을 배경으로 할 때는 흰 꽃병이 된다. 똑같은 그림도 어떤 것을 도형으로 삼고 배경으로 삼는지에 따라 전혀 다른 그림이 된다.

쾰러의 통찰설

형태심리학에서는 문제상황을 전체적으로 파악하고 문제해결의 목적과 수단의 관계를 인지하는 과정에서 통찰이 일어나며, 학습은 곧 '통찰'이다.

쾰러Köhler는 침팬지를 통한 실험으로 통찰설을 잘 설명하고 있다. 그는 아프리카에 있는 유인원類人猿 연구소장으로 취임하여 유인원의 행태를 연구하였다. 그의 연구결과를 보면, 침팬지는 새로운 학습에 당면하였을 때 맹목적인 시행착오나 과거의 경험에만 의존하는 것이 아니라 문제를 심사숙고한 다음 해결한다. 즉, 학습자들은 문제해결에 필요한 여러 요소를 생각해 보고 이 요소들을 관련시켜 해결한다는 것이다. 그의 실험을 보자.

침팬지의 손이 닿지 않는 멀리 떨어진 곳에 바나나를 둔다. 침팬지는 바나나를 끌어오기 위하여 손을 뻗치고 애를 쓰다가 잠시 행동을 멈추고 주위를 살핀다. 그리고는 갑자기 앞에 있는 막대기를 들어 바나나를 끌어온다.

이 실험에서 보았듯이 처음에 바나나와 막대기는 아무런 관계가 없는 개별적인 요소들이었다. 그러나 침팬지는 문제를 해결하는 과정에서 여러 가지 가설들을 설정하고 다양한 방법들을 생각하여 올바른 전략을 찾아 통찰을 하게 된다. 통찰이 생기면 문제의 해결은 갑자기 이루어지게 되는데, 이런 이유로 통찰설을 '아하, 경험' 이라고도 한다. 영국의 철학자 러셀Russell이 말한 대로, 미국인이 연구하는 동물들은 몹시 부산스럽게 뛰어다니다가 우연히 목표를 달성하지만, 독일인이 관찰하는 동물들은 조용히 앉아서 생각하다가 내부의 의식으로부터 해결을 찾아내는 방식을 취한다.

쾰러의 실험에서 보면, 문제의 해결은 경험을 재구성하여 전체 구조를 파악하는 과정을 거친다. 통찰은 탐색적인 과정을 통해서 이루어지는데 학습자가 문제상황을 어떻게 인지하느냐와 어떤 경험을 가졌느냐에 따라 통찰과정에 차이가 난다.

통찰학습은 또한 문제상황을 어떻게 배열하는가도 관련이 있다.

그림 6-4 쾰러의 통찰설을 위한 실험

만일 막대기가 바나나 바로 앞에 놓여 있었다면 문제를 더욱 쉽게 풀 수 있다. 통찰에 의한 문제해결은 갑자기 이루어지며 또한 완전하다. 일단 통찰로 해답이 나오면 그것은 즉각적으로 반복될 수도 있으며 상당기간 동안 문제를 해결할 수 있는 능력이 유지된다. 그리고 통찰에 의한 해답은 쉽게 다른 새로운 사태에 적용된다.

레빈의 장이론

독일의 형태심리학자 레빈Lewin은 물리학의 장이론場理論을 적용하여 심리학적 장이론을 제시하였다. 그에 의하면 인간의 행동은 행동을 하는 바로 그 상황에서 경험하는 모든 심리적 사실에 영향을 받으며, 이러한 심리적 사실들은 한 개인의 생활공간, 즉 환경을 이룬다. 따라서 심리적 사실이 변화하면 인간은 자신의 생활공간을 재구성하게 되고 행동의 원인은 계속적으로 변화하게 된다. 이러한 현상을 설명한 것이 심리학적 장이론이다. 다시 말해서 인간의 행동은 그 개인과 환경과의 상호작용으로 결정된다는 것이다. 이때 환경은 개인의 심리적 환경 또는 생활공간을 의미하며, 외면적 힘을 지닌 환경보다는 개인의 태도, 감정, 욕구 등과 같은 내면적 힘을 지닌 심리적 환경이 더욱 강조된다. 따라서 레빈이 제시하는 장場에는 인간을 둘러싸고 역동적인 힘을 가하는 외면적 환경과 생활공간뿐만 아니라 개인 자신도 포함된다.

장場은 각각의 요인이 모인 단순한 종합체가 아니라 상황마다 독자적인 의미를 갖는 통합체이다. 예를 들어 현란한 조명을 단 의상실은 지나가는 사람들 마음에 충동을 불러일으켜 구매욕을 느끼게 할 수도 있지만, 어떤 사람에게는 오히려 혐오스러운 자극이 될 수도 있다는 것이다. 즉, 주위환경에 대해 각 개인이 어떠한 행동의 변화를 일으킬 것인지 그리고 그 변화가 어느 정도가 될 것인지는 각 개인의 주관적 심리상태에 의존한다.

레빈은 학습이란 학습자 자신의 내면적인 힘에 의해 그 방향이 결정된다고 보는데, 이때에 학습자는 인지구조를 변화시켜 가는 능동적인 주체가 된다. 이처럼 레빈은 그의 독특한 행동론에 근거하여 학습의 역동성과 전체성을 강조하고 "학습은 단순한 행동의 변화라기보다는 인지구조의 변화"라는 학습이론을 전개하였다.

톨만의 기호-형태설

기호-형태설은 미국의 심리학자 톨만Tolman에 의해 제안된 이론이다. 톨만은 그의 이론을 통해, 인간은 각각의 자극을 효과적으로 인지하기 위해서 그 자극들을 하나의 의미 있는 '기호'로 통합시키고, 그 기호들을 전체적인 '형태'로 연결짓는다고 설명하였다. 예를 들면 교통신호의 '빨간불', '파란불'이라는 자극은 '교통신호'라는 기호로 통합되고, 여기에 다른 기호들(도로표시나 다른 운전자들의 운전신호 등)이 관련되어 운전자의 판단을 돕는 전체적인 형태를 이룬다. 톨만은 행동주의자들이 행동을 작은 덩어리로 나누어 분석하는 것을 비난하면서, 행동이란 대단위의 움직임으로서 전체적이며 의미 있는 형태를 말한다고 하였다. 그러나 톨만은 그 행동을 객관적인 방법으로 연구할 것을 주장하였다. 따라서 그는 방법론에서는 행동주의자이며, 주제면에서는 전체적인 행동을 강조하는 인지론자라고 볼 수 있다.

톨만은 인간이 환경과 상호작용하면서 일종의 그림형태의 지식체계를 발달시킨다고 말했다. 그는 이것을 인지도認知圖라고 불렀는데 최근에는 도식圖式이라는 용어로 더 자주 사용된다. 인간은 목표에 도달하기 위해 자극 하나하나에 대해 반응을 하는 것이 아니라, 전체적인 상황에 대한 인지도를 발달시켜 가장 경제적인 방법을 선택한다는 것이다. 그런데 인지도는 기대에 의해 형성되고 발달된다. 기대란 어떤 변화가 어떻게 일어날지를 미리 예견하는 것이다. 처음의 기대는 잠정적인 가설이며, 이는 경험에 의해 확인된다. 이때 확인된 가설은 인지 속에 남게 되어 인지도가 형성된다. 이렇게 확인되어진 기대는 신념으로 발전되어 가는데, 이 과정을 통하여 인간은 자기가 어떤 방식으로 행동하면 어떤 결과가 나올 것이라는 것을 알게 된다.

톨만은 쥐가 미로를 찾는 학습과정을 관찰하였는데, 쥐가 처음 몇 번 목표(미로를 찾아 내는 것)에 도달하여도 먹이가 주어지지 않으면 그 다음에는 미로를 찾는 학습이 나타나지 않는다는 것을 알게 되었다. 그러나 먹이가 한 번 주어지면 처음부터 매회 먹이가 주어진 쥐와 똑같은 학습성취 수준을 보여주었다. 이것은 먹이가 주어지지 않은 기간에도 미로의 끝에 무엇이 있을까 하는 기대를 가지고 학습한 것으로서 인지도가 작용하였기 때문이다. 톨만의 이론은 일상적인 생활에서도 자주 적용되는 것을 볼 수 있다. 우리가 운전을 할 때 신호등의 파란불이 켜진 뒤 그 다음 어느 정도의 시간이 흐르면 빨간불이 켜질 것이라는 것을 알게 된다. 그러므로 우리는 파란불이 어느 정도 계속되면 비록 눈앞에 파란불이 켜져 있다고 하여도 빨간불에 대비하게 된다.

3. 자발적 동기를 중시하는 인본주의 심리학

인본주의 심리학에서는 인간을 연구할 때 동물을 실험대상으로 삼지 않는다. 인간을 동물과 구별해 주는 자질인 자유의지와 자기실현을 향한 욕구를 강조하기 때문이다. 인간의 잠재력 개발을 강조하는 인본주의 심리학은 과학보다는 인문학과 더 관련을 맺으며 과학적 방법은 인간성 이해에 별 도움을 주지 못한다고 주장한다.

인지주의 심리학에서는 학습이란 학습자의 외적 환경에 대한 지각과정을 통해 이루어진다고 하지만, 인본주의 심리학에서는 학습이 자신에 대한 지각과 통찰을 통해 이루어진다고 본다. 인본주의는 모든 인간이 환경만 충족된다면 자아실현을 달성할 수 있다는 신념에서 나온 심리학이다. 또한 학생들의 자발적인 동기가 없으면 교사가 어떠한 방법을 사용하여도 학습은 효과적일 수 없다고 주장한다.

인본주의 심리학은 학습이란 외적 자극에 의해서가 아니라 학습자의 자기지시적 동기自己指示的 動機에 의해 이루어지는 활동이다. 인간은 스스로 가치 있다고 느끼는 것들에 대해서는 어려움을 겪으면서까지 해내려 한다. 인간은 이처럼 스스로의 삶에 대한 적극적인 자세를 가진 존재이다.

인본주의 심리학의 근원

인본주의는 특정한 시기에 출현한 사상이 아니라 어떤 체제나 권위에 의해 인간의 존엄성이 침해당한다고 생각될 때마다 나타난 사상이다. 따라서 인본주의 심리학은 역사적 시기에 따라 각기 다른 형태로 나타난다. 인본주의 사상이 가장 강하게 나타났던 시기는 18세기의 계몽주의 시기이다.

계몽주의는 앞에서 언급한 바와 같이 백지설을 주장한 로크에 의해 확실하게 드러났다. 로크 이전의 정치 및 종교 지도자들은, 인간이란 악하게 태어났기 때문에 억압하고 통제해야 한다고 생각하였다. 그러나 계몽주의자들은 인간은 모두 백지의 상태로 태어났기 때문에 사회적 환경에 의해 선하게 되기도 하고 악하게 되기도 한다고 생각했다. 그러므로 훌륭한 인간을 만들기 위해서는 억압이 아니라 좋은 환경을 만들어 주어야 한다고 믿었다.

적절한 환경은 과학을 통해서 만들어질 수 있다고 생각한 계몽주의자들은 과학과 손을 잡게 되었다. 그러나 과학과 심리학의 결합은 그들이 본래 의도하였던 인본주의 사상과 멀어지게 되었고, 결과적으로 행동주의 심리학을 낳게 되었다. 처음에는 행동주의자들 역시 잘못된 인간의 행동을 수정하고 적절한 환경을 만들려는 인본주의적 입장에서 과학적 기법을 활용하였지만 행동주의는 인간의 본질에 대해 극히 일부만을 연구한다는 비난을 받게 되었다. 인본주의자들은 겉으로 드러나는 행동이 인간의 전부가 아니고 인간은 외부환경에 의해 전적으로 지배되지도 않는다며 행동주의를 반대하였다. 인본주의자들은 과학적 탐구 자체를 반대한 것이 아니라, 심리학이 관심을 가져야 할 범위가 인간 전체 경험이라는 것을 주장한 것이다. 이들의 주장은 행동주의가 한창이었던 20세기 중반까지 다른 사람들의 관심을 끌지 못하다가 1950년대 이후에 비로소 심리학에서의 인본주의 운동을 일으키게 되었다.

매슬로우의 자아실현 심리학

현대에 와서 인본주의 심리학을 거론할 때 매슬로우Maslow를 먼저 꼽지 않을 수 없다. 매슬로우는 '인간 이하의 영장동물'에 관한 행동주의 심리학의 연구로 박사학위를 받았다. 그러나 그는 결혼 후 아기가 태어나자 행동주의 심리학을 인간에게 적용할 수 없다고 생각하게 되어 오직 '인간'만을 연구하기로 결심하였다. 그는 그의 전기에서 다음과 같이 진술하였다.

"우리들의 첫 아기가 심리학자인 나를 변하게 만들었다. 그 어린애는 내가 지금까지 그렇게도 열광적으로 연구해 온 행동주의를 더 이상 찾을 수 없도록 만들었다. 나는 이제 행동주의로 되돌아갈 수가 없게 된 것이다."

매슬로우는 능동적이고 전체적인 인간상에 대해 관심을 가졌으며, 신경증 환자들의 행동경험을 근거로 한 프로이트 이론에 반대하여 정상적인 인간의 경험을 기초로 인간의 심리를 이해하고자 하였다. 이런 점에서 매슬로우의 이론을 행동주의와 정신분석학의 대안으로서 '제3 심리학', 또는 '인본주의 심리학'이라고 부른다. 그러나 매슬로우는 자신의 이론이 정상적인 인간의 자아실현과정을 연구하는 것을 목적으로 하기 때문에 '자아실현 심리학'이라고 불리기를 원한다. 자아실현은 잠재적 능력 및 가능성을 실현하는 것이며, 개인이 갖고 있는 능력을 완전히 발휘하는 것을 의미한다. 자아실현이란 인간의 본능을 인정할 뿐만 아니라 그것을 개발하고 표현하는 것이다.

매슬로우는 동기화이론을 제시했는데, 이 이론에 따르면 인간에게는 일곱 가지 욕구가 있다. 즉 생리적 욕구, 안전 욕구, 애정 · 소속 욕구, 자존 욕구, 그리고 자아실현의 욕구, 인지욕구, 심미욕구가 그것이다. 인간은 하위욕구를 충족시키면 다음의 상위욕구를 실현시키기 위해 어떤 행동을 하게 되는 동기를 갖는다.

매슬로우는 자아실현을 위하여 노력하는 것은 심리적으로 건전한 사람의 당연한 특성이라고 말하였다. 그는 자신의 스승인 두 인물들을 모범적인 인간상으로 정하고 그 인물들을 연구하면서 그들이 보통사람들과 구분되는 특성이 있다는 것을 발견하였다. 그 후

그림 6-5 매슬로우의 욕구 위계

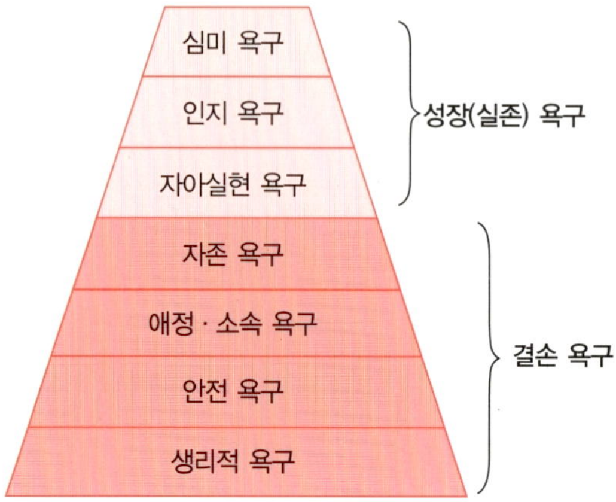

동 시대와 역사적인 인물 49명을 선택하여 연구한 결과 여러 가지 공통점을 발견하였다. 그들의 공통점이 바로 우리가 최선을 다해서 도달할 수 있는 현실적인 목표라는 것이다.

매슬로우는 자아실현한 사람들은 자신이 속한 사회로부터 심리적 독립성을 유지하며 생활한다는 것을 발견하였다. 그들은 다른 사람들의 인정을 받는다면 무엇이든지 하려는 사람들과는 달리, 자신이 중요하다고 생각하는 일을 향해 노력한다. 그들은 판에 박힌 듯한 생활을 하지 않고, 자발적이며 자유스럽게 살아간다. 또한 인습을 무시하지는 않지만, 그렇다고 해서 인습에 얽매이지도 않는다. 그들은 자신의 내적 성장이나 잠재력의 개발, 그리고 개인적인 사명 등에 의해 행동한다. 그가 연구한 자아실현의 인간유형은 전 인구 가운데 1% 정도밖에 되지 않지만, 많은 사람들이 하위의 동기를 차례로 충족하면 결국은 자아실현이라는 이상적인 상태에까지

도달할 수 있다고 하였다.

매슬로우는 행동과학에서 널리 이용되고 있는 통계적 방법을 사용하지 않았다. 통계적 방법은 각 사람들의 특성을 개별적으로 연구하는 것이 아니라 많은 사람들의 특성을 측정한 다음, 그 측정치들을 통계적으로 처리하여 그들의 일반적인 특성을 찾아내는 것이다. 그러므로 결국은 각 개인의 특성은 사라지고 평균적인 인간만 남게 된다. 그렇기 때문에 그는 통계적 방법보다는 사례연구방식으로 각 인물들의 다양한 측면을 전체적으로 설명하였다.

제7장

인간은 이러한 발달과정을 거친다

인간의 발달과정이 태어날 때부터 지니고 있는 생물학적 계획에 의한 것인지, 그렇지 않으면 환경과의 상호작용에 의한 것인지에 대해 다양한 이론들이 있다. 교육학에서는 환경과의 상호작용을 통해 발달한다는 이론을 받아들인다.

인간의 발달과정은 편의상 인지발달, 도덕발달, 성격발달로 나누어 설명되기도 하는데, 인지발달이론 중에서는 피아제의 이론이 중요한 위치를 차지하고 있다. 피아제는 각 인지발달단계는 질적인 변화를 가지며, 단계의 순서는 고정적이고 문화와 상관없이 보편적으로 적용될 수 있다고 주장한다. 콜버그는 도덕발달단계를 여섯 단계로 나누어 설명하였는데, 종단적 연구를 통하여 그의 이론이 동서양에 모두 적용될 수 있다는 것을 보여주었다. 성격발달단계이론 중에서는 에릭슨의 이론이 가장 많이 인용되며, 그가 제시한 단계는 신생아에서부터 노년기까지를 망라한다.

어린이는 성장하면서 많은 변화를 거친다. 이러한 변화는 무엇 때문에 오는 것일까? 이미 태어날 때부터 지니고 있는 생물학적 계획에 의한 것인가, 그렇지 않으면 부모의 영향, 사회와의 상호작용과 같은 환경 때문인가?

이러한 질문에 대한 대답은 많은 분야에서 연구된 다양한 이론들로 설명되고 있다. 행동주의 심리학에서는 인간의 행동이 환경에 의해 강화되고 수정되는 과정을 통하여 발달된다고 한다. 생물학적 성숙론에서는 인간은 태어나면서 이미 생물학적 계획을 갖고 있기 때문에 발달과정에서 받는 환경의 영향은 아주 작은 것으로 설명한다. 인지이론에서는 인간은 종種의 특성과 환경의 상호작용으로 발달된다고 설명한다. 즉, 신생아는 성인이 되면서 나타나게 될 특성들을 이미 갖고 태어나지만 그 발달과정은 모든 사람들에게 똑같은 것이 아니라 환경이나 교육에 의해 달라진다는 것이다. 이러한 관점 때문에 교육학에서는 인간의 발달과정을 설명하는 모형으로 인지론적 발달과정에 관심을 갖는다.

인간의 발달과정에 대해서 논할 때는 대체로 인지적 발달과 정의적 발달로 나누어 설명한다. 인지적 발달 없이는 정의적 발달도 가능하지 않고, 정의적 발달을 할 수 없는 사람은 인지적 발달도 할 수 없다. 그러나 논의의 범위가 너무 넓기 때문에 이 둘을 나누어 설명하려고 한다. 그리고 정의적 발달은 다시 도덕발달과 성격발달로 나누어진다. 이 장에서는 인지적 발달, 도덕 발달, 그리고 성격 발달의 순으로 설명한다.

1. 인지적 발달단계 이론의 출발

상당히 오랫동안 사람들은 어린이는 성인의 축소판이라고 믿어 왔다. 인간은 수태될 때 조그맣고 완전하게 만들어져서 정자나 난자에 이식된다고 생각했다. 인간이 창조되는 순간에 이미 성인과 똑같은 형태로 만들어지며 출생 때까지 크기와 부피만이 성장한다고 믿었다. 과학에서 이러한 생각이 사라지기 시작한 것은 현미경이 만들어진 18세기 후반부터였다. 그러나 사회사상에서는 이러한 이론이 좀 더 일찍 나타나 16세기에 이미 축소인간에 대한 생각이 수그러들게 되었다. 일부 종교인들은 어린이는 처음에는 신이 부여한 순수함을 지니고 이 세계에 태어났지만 나중에는 타락하게 된다고 하였고, 또 어떤 종교인들은 어린이들도 인간의 원죄를 갖고 있다고 하였다.

어린이의 성장에 대해 발달론적 입장에서 처음으로 체계적인 설명을 한 사람은 루소였다. 루소는 어린이가 각 단계의 나이에 따라 서로 다른 능력과 사고방식을 갖고 있는데, 이것은 그러한 발달을 하도록 촉구하는 자연의 계획에 따른 것이라고 하였다. 사회적 영향보다는 자연의 힘을 믿는 루소의 주장은 낭만주의 운동의 기초가 되었고, 자연의 계획으로 어린이가 성장한다는 그의 믿음은 발달심리학의 길잡이가 되었다.

루소는 어린이의 발달과정을 유아기, 아동기, 아동후기, 청년기의 네 단계로 나누어 설명하고, 각 단계가 갖고 있는 특성과 어린이가 배울 수 있는 학습내용을 제시하였다. 자연의 계획을 돕는다는 것은 각 단계에서 어린이가 배울 수 있는 모든 것을 학습하도록 도와주는 일이라고 하였다. 루소의 이론이 현대의 발달심리학자들이 한 것과 같은 실험이나 체계적인 연구를 통해서 발달단계를 제시한 것은 아니지만 그 후의 연구자들에게 연구의 방향을 보여주었다는 점에서 커다란 의미를 갖는다.

루소의 발달이론의 특성을 살펴보면 다음과 같다. 첫째, 어린이의 발달은 생물학적 시간표에 따라 진행된다. 어린이는 성인들의 가르침이나 사회적 강화와 같은 외적인 힘에 의해 만들어지는 것이 아니라, 자연의 계획에 따라 스스로 성장하고 학습한다. 둘째, 발달의 각 단계마다 어린이는 상이한 방식으로 세계를 경험하기 때문에 성인과 다른 그들 나름의 독특한 행동과 사고방식을 갖는다. 셋째, 수업은 어린이의 발달단계에 맞추어 진행해야 한다. 그래야만 어린이는 그들 나름의 경험과 이해력으로 문제들을 판단할 수 있다. 루소의 이러한 철학을 아동중심 교육철학이라고 하는데, 그의 철학은 20세기 초 경험주의 교육에 결정적인 영향을 끼쳤다. 루소의 발달이론은 그 후 많은 사람들에게 영향을 끼쳤지만, 사회적 영향을 무시한 점에 대해서는 많은 비판을 받았다.

2. 인지적 발달단계에 대하여

인지적 발달단계에 대해 여러 학자들이 이론을 펼쳤지만 가장 많이 인용되는 것이 피아제Piaget의 이론이다. 아동의 지적 발달에 관한 방대한 연구를 수행한 피아제는 1896년 스위스에서 태어났다. 유년기에 그는 생물학을 공부하고 10세 때 과학적인 논문을 발표하여 주목을 끌었다. 1918년 생물학에서 박사학위를 받은 후 그의 관심은 심리학으로 바뀌어져서 그 이듬해에 파일에 있는 비네 연구소에서 일하면서 프랑스 아동들의 지능검사의 제작작업을 도왔다. 여기서 그는 지능검사에서 딴 점수 자체보다는 오히려 아동들이 검사문항에 대해 오답을 하는 이유를 알아보는 데 관심을 가지게 되었다. 그는 어린이의 지능발달과정과 인식론을 연구하기 위하여 스위스 제네바에서 심리학을 전공한 그의 부인과 함께 자신의 세 자녀를 연구대상으로 하여 출생 시부터 계속하여 성장하는 과정을 관찰하였고, 그것을 기초로 어린이의 인지발달에 관한 독창적인 이론을 구축하였다.

피아제의 업적은 1960년대까지만 해도 널리 알려지지 않았다. 그 이유로는 그의 연구가 철학, 생물학, 심리학을 합한 것이어서 이해하기가 어려운 면도 있었고, 연구방법이 그 당시 많은 심리학자들이 사용한 통계적인 방법이 아니고 어린이를 관찰한 사례연구였기 때문이다. 그러나 1960년대 이후 그의 연구에 대한 관심이 다시 살아나서 이제 이 분야에서 가장 중요한 위치를 차지하게 되었다.

인지구조는 질적 변화를 거친다

인지가 발달한다는 것은 지식의 양이 점차적으로 많아지는 것이 아니라, 지식을 받아들이는 방식이 질적으로 달라진다는 것을 의미한다. 유아는 태어날 때 인간으로서 독특한 잠재력을 부여받는데 이 능력은 독립적으로 존재하는 것이 아니라 환경과 상호작용을 하면서 발달해 나간다. 실제적인 의미로는 개인이 발달한다는 것은 자기 자신과 그리고 그 주위에 있는 환경으로서의 세계를 구성하는 것이다. 사진기처럼 사물을 있는 그대로 수동적으로 찍어내는 것이 아니라, 능동적으로 감각인상을 변형하고 인지구조 속으로 조직하는 것이다. 이것이 바로 피아제의 중심 명제이다.

어린이는 환경과의 상호작용을 통해 인지적 불평형상태와 평형상태를 반복하면서 발달하게 된다. 평형이란 외부의 자극을 조절하여 자기의 것으로 동화시킨 상태를 말하며, 불평형은 아직 동화되지 못한 상태를 말한다. 동화와 조절은 환경에 대한 적응을 하는 과정에서 서로 보완적인 작용을 한다. 동화는 새로운 지식을 이전부터 가지고 있던 지식에 맞추는 것이며, 이 과정을 통해 새로운 지식이 기존의 인지구조에 동화된다. 조절은 동화와는 반대로 이미 전부터 가지고 있던 개념을 새로운 내용에 맞추어 변경시키는 것이다. 이미 학습된 지식이 새로운 지식에 적합치 않을 때 자신의 인지구조를 변화시킴으로써 그 사태에 알맞게 조절된다. 동화, 조절을 포함하는 조직은 기본적인 과정으로서 전 생애에 걸쳐 일어나는 것이고 전 발달단계에 걸쳐 본질적으로 변하지 않는다. 그래서 이 과정들을 불변적이라고 말한다. 피아제의 이론체계에 따르면 어떤 인지능력이란 경험으로서의 환경요소와 동화 · 조절 등 기능적 불변성과 개인의 인지구조의 산물이다. 이처럼 동화와 조절은 발달에

그림 7-1 동화와 조절을 거쳐 불평형상태에서 평형상태로 되어 가는 과정

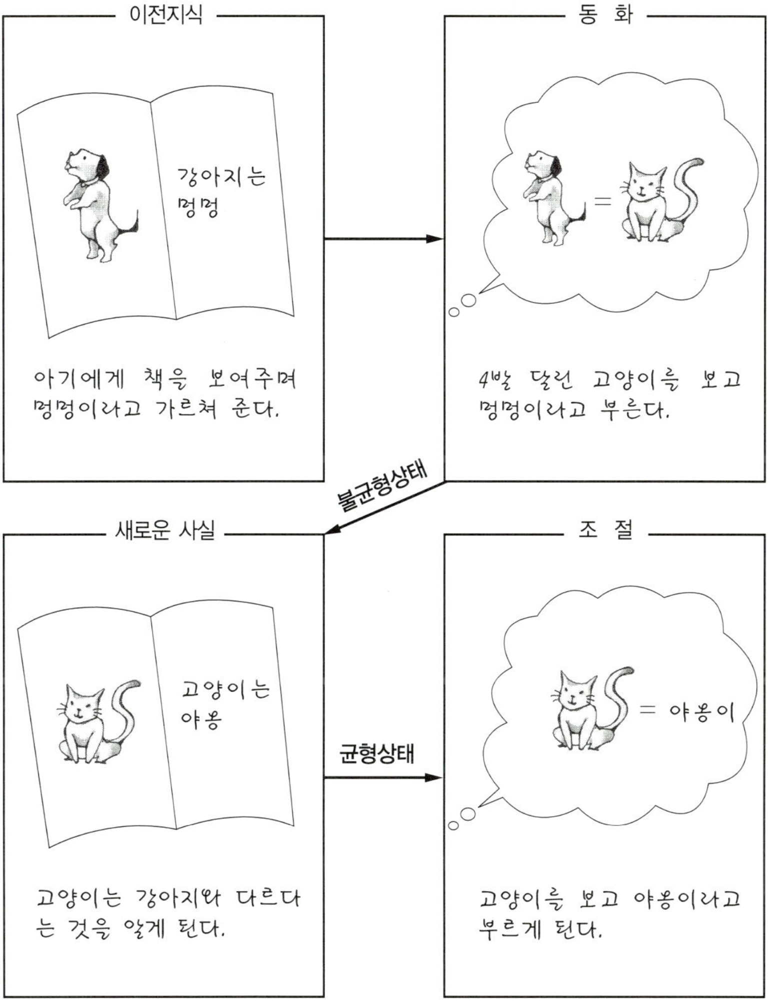

필요 불가결한 것이다.

표 7-1 피아제의 인지발달단계

발달단계	특징	연령
감각운동기	신생아는 반사적 행동과 신체적 감각에 의해 환경에 적응한다. 점차로 자신과 대상을 구별하게 되어 자신의 손발을 응시하며 주위에 있는 물건을 잡으려고 애쓴다. 다른 사람의 간단한 행동을 모방하기도 한다. 8개월 된 어린이는 대상영속성對象永續性을 이해하게 되고, 2세경에는 대상항구성 발달이 완성된다.	0~2세
전 조작기	간단한 기호나 언어를 사용하며 그림을 그릴 수 있고 놀이도 할 수 있다. 아직 조작적 능력이 없으며, 언어발달이 빠르지만 논리의 모순이 많고 정확한 개념이 들어서지 못한 전 개념前槪念 상태이다. 다른 사람의 견해를 고려할 줄 모르는 자기중심적 사고를 하며, 사회성이 발달되지 않아 친구들과 상호작용 없이 놀이를 한다.	2~7세
구체적 조작기	논리적 추리력이 생기고 사고가 일관성이 있으며 조직적이다. 그러나 구체적으로 관찰할 수 있는 사실에만 한정되어 사고한다. 가역성可逆性의 개념을 이해하게 되므로 보존성도 발달되고 조작적 능력이 생긴다. 전환성을 이해하게 되어 등위를 매기는 서열화 능력이 생긴다. 자기중심성이 줄어들면서 사회성이 발달되고, 일상생활에 필요한 대부분의 규범을 습득할 수 있다.	7~11세
형식적 조작기	언어나 기호처럼 형식적 도구를 사용하며, 여러 개념과 상황을 관련시켜 추리할 수 있고 연역적 사고도 할 수 있다. 문제해결을 할 때는 가능한 방법을 체계적으로 검증하여 논리적 결론을 이끌어 낼 수 있다. 자신과 타인의 사고를 객관화시킬 수 있으며 자신의 가치관을 정립하고, 미래에 대한 합리적 계획을 세울 수 있다.	11~15세

조작적 능력이 발달함에 따라 인지구조가 변화한다

피아제는 인지발달을 크게 4단계로 구분하여 설명했다. 그러나 이 단계들은 연속적인 단계로서 흐름을 편의상 나누어 놓은 것이다. 따라서 각 발달단계는 그 출현하는 차례에 있어서도 결코 변하지 않는다. 발달은 누적적인 방식에 따른 계속적인 흐름으로서 새로운 단계는 앞의 단계와 통합된다.

피아제의 이론에서 조작은 아주 중요하다. 조작이란 변형된 경험이나 대상을 원래의 형태로 되돌릴 수 있는 능력이다. 조작은 사물의 가역적인 특성을 이해할 수 있어야만 가능하다. 가역성可逆性이란 사건이 일어났던 것과 반대의 순서로 되돌려도 원래의 성질이 그대로 있는 것을 말한다.

감각운동기의 아동은 언어를 가지고 있지 않다. 따라서 아동은 그가 직접 다루는 사물이 아니면 존재하지 않는 것으로 생각한다. 4, 5개월 된 아동은 공을 가지고 놀다가 그 공이 안 보이는 곳으로 굴러가 버리면 그 공이 자기 손에 쉽게 닿는 가까운 곳에 있어도 그 공을 찾으려고 하지 않는다. 공이 눈에서 사라지면 그 대상 자체가 존재하지 않는 것처럼 생각한다. 모든 것이 자기중심으로, 자신의 심리적 세계로만 존재한다. 따라서 이 단계의 아동은 자기중심적이다. 2세경이 되었을 때 비로소 아동은 대상항구성이라는 개념이 발달하는데, 대상항구성은 그가 직접 체험을 하고 있지 않을 때도 계속 존재한다는 것을 이해하는 것이다.

전 조작기 어린이들의 언어발달은 놀랄 만큼 빠르다. 언어는 다른 사람과 의사소통을 가능하게 하여 사회적 관계를 맺어줄 뿐만

그림 7-2 어린이의 조작능력을 알아보기 위한 피아제의 실험

아니라 개념발달의 기초가 된다. 그러나 이 단계의 어린이들은 성인과 같은 수준의 개념을 사용하지 않는다. 예를 들면 이 시기의 어린이들은 움직이는 것을 가리킬 때 그것이 트럭이든, 승용차든, 기차든, 자전거든 관계없이 모든 것을 '차'車라고 한다. 아직 정확한 개념이 들어서지 못했다고 해서 '전' 개념前槪念이라고 한다. 이 단계의 어린이들이 가지는 또 다른 특징은 자기중심성이다. 이는 감각운동기 아동들과 다르지 않다. 아동은 다른 사람의 역할과 견해를 고려할 줄 모른다. 전 조작기 어린이들은 보존성을 발달시키지 못하였다. 보존성이란 어떤 수, 길이, 물질, 면적, 부피 등을 그 순서나 형태를 바꾸어 여러 가지 다른 방식으로 제시한다 하더라도 그것들은 항상적으로 남아 있고 변하지 않는다는 것을 아는 능력을 말한다.

구체적 조작기의 어린이는 보존성을 이해하게 되지만 여전히 대부분의 조작은 직접적인 경험과 관련이 있을 때에만 가능하다. 그렇기 때문에 '구체적' 조작기라고 하는 것이다. 이 시기의 어린이는 비논리적 사고에서 논리적 사고로 전환하며, 사고가 일관성이 있고 조직적이다. 손가락으로 셈했던 산수과제를 머릿속만으로도 셈할 수 있다. 이 시기의 어린이들은 두 가지 이상의 차원으로 사물을 볼 수 있게 된다.

이 단계에서는 아동의 자기중심성이 약해지고 다른 사람의 생각도 할 수 있게 된다. 따라서 아동의 언어도 사회화되어 간다. 다른 관점을 이해하게 되고 한 사물이 여러 가지 모습으로 보일 수 있다는 것을 이해하게 된다. 수, 길이, 면적, 부피 등의 보존성이 나타난

그림 7-3 전 조작기의 어린이가 서로 다른 좌석에서 본 산의 모양

다. 또한 탈중심화가 가능해져서 한 사물에 대해 여러 가지 차원으로 볼 수 있게 된다. 조작의 가역성을 알게 된다. 예를 들어, 양의 보존을 이해하는 데 있어서 똑같은 양의 액체가 들어 있지만 서로 다른 모습으로 보이는 두 개의 병을 보고 처음의 똑같은 모습을 가졌던 두 개의 병으로의 가역이 가능해진다. 그러나 비록 이 단계의 어린이들이 개념을 발달시킨다고 하지만 아직도 어린이의 사고는 직접 지각하고 손으로 만질 수 있는 구체적인 사물에 한정되어 있다.

형식적 조작기는 약 11세에서 시작하여 15세 전후에 이루어지는데, 그 이후에도 계속 인지적 발달을 한다. 이 시기 이후에 일어나는 변화는 대부분 기존의 구조를 수정하는 것일 뿐 새롭게 첨가되지는 않는다. 이 시기에는 새로운 상황에 직면했을 때 여러 가지 가설을 설정하고 이를 체계적으로 검증함으로써 논리적 결론을 끄집어 낼 수 있다. 형식적 조작기에는 어떤 일을 시작하기 전에 가능한 문제해결책을 미리 따져볼 수 있기 때문에 자신의 능력을 효과적으로 사용한다. 또한 언어나 기호와 같은 형식적인 도구를 사용하여 논리적 사고를 전개시키며, 하나의 결론을 다른 여러 가지 구체적인 상황과 관련시켜 가며 추리할 수 있는 연역적 사고를 한다. 탈중심화, 가역서, 추상적인 사고가 충분히 발달되어 과학자들이 생각하는 것처럼 생각하며, 추상적인 문제를 해결할 수 있게 된다.

이 단계의 어린이는 자아의식이 강하고, 사회적 인정을 중요시하며, 자신의 옷이나 외모에 관한 다른 사람들의 의견에 민감하다. 이것이 바로 10대가 유행에 민감한 이유이다. 이 시기의 청소년은 우정을 중요시하고 성실을 가치 있게 여기며 사람들의 진정한 동기를 이해한다. 이들은 미래의 목표를 계획하며, 성인이 되기 위한 사회적 · 정서적 적응에 필요한 능력을 개발한다.

비고츠키의 인지발달에 대해서

비고츠키Vygosky의 이론은 때론 피아제와 유사하지만 그와는 다른 주장과 이론을 펴기도 하여 피아제의 대안으로도 인식되고 있다. 그는 피아제가 태어나던 해인 1896년에 러시아의 한 유대인 가정에서 태어났으며 부모의 뜻에 따라 모스크바 의과대학에 입학하였으나 한 학기 만에 전공을 법학으로 바꿨고, 문학 · 역사 · 예술 · 철학 등에 관심이 많았다. 1924년 모스크바에서 개최된 신경심리학회에서 파블로프의 조건반사이론을 비판하는 논문을 발표하여 관심을 끌었고 이를 계기로 1924년 모스크바대학 심리학 연구소로 초빙되었다. 그는 다양한 외국어 실력과 문학, 역사, 철학, 예술, 교육, 심리학 등 다양한 학문배경을 기초로 하여 고등정신기능의 사회문화적 기원, 매개, 놀이, 내적 언어, 근접발달지역 등 교육심리학 및 심리학과 관련된 주제는 물론 당시 소련의 실질적인 교육문제였던 소련연방 간 문화차이 해소문제, 정신지체아의 학습장애문제, 대중의 문맹퇴치문제 등도 연구하였다. 그의 연구는 스탈린 치하에서 부르주아적 사고라는 이유로 1936년부터 출판이 금지되었으나 스탈린 사후 1950년대부터 출판되어 서구에 소개되기 시작하였고 1980년대부터는 그에 관한 연구가 많이 이루어지고 있다.

발달은 마음과 행동이 통합하여 일어난다

비고츠키는 헤겔과 막스의 철학을 기초로 하여 마음과 행동을 통합하여 연구하는 새로운 과학적 학문으로서의 심리학 체계와 관심을 세우고자 하였다. 그가 세운 세 가지 가정은 다음과 같다. 첫째,

그는 행동이 생각을 만들어 내기 때문에 아동은 행동에 몰두하고 이 행동으로부터 마음의 내용을 형성한다고 하였다. 즉 정신적 발달은 환경과의 교류결과를 내면화하는 과정이다. 둘째, 그는 변증법을 이용하였는데, 말하자면 아동이 어떤 문제를 풀 때 기존의 해결방식thesis이 언제나 먹히지 않고 대립antithesis이 생기는데 이때 아동은 새로운 해결방식synthesis을 찾게 된다. 따라서 발달은 끝없는 갈등과 해결의 변증법적 과정으로 이루어지며 문제해결과정은 내면화되어 아동에게 지식을 형성한다. 셋째, 그는 사회발달을 문화적 맥락 안에서 일어나는 역사적 과정이자 진화과정으로 보았다. 따라서 이동의 정신기능의 발달과정을 이해하기 위해서는 그 문화의 역사적 배경을 이해하여야 한다.

그는 아동은 주의·감각·지각·기억·의지 등 기본정신기능을 갖고 태어나며, 이 기본정신기능은 사회 또는 문화에 의해 지적으로 새롭고 보다 높은 수준의 고등정신기능으로 발달되어 간다고 보았다. 여기서 사회 또는 문화란 주위 사람들 예를 들어, 부모·교사·친구 등과의 사회적이고 일상적인 상호작용과 대화, 교육활동 등 인간사회에서 일어나는 모든 행위를 말한다.

비고츠키가 제시한 근접발달대란?

고등정신기능이란 논리적 기억, 추상적 사고, 범주 인식능력 등과 같이 복잡한 사고를 가리키며, 이는 인간만이 갖고 있는 문화역사적 발달의 산물이다. 반면, 원시적 정신기능은 자연적으로 타고 난 생물학적 특징을 지닌 심리적 구조로서 자극-반응이나 구체적 경험에 의해서 일어난다. 비고츠키는 원시적 정신기능에서 고등정신기능으로의 변화를 인지발달로 보았다. 그에 있어서 학습과 인지발달 간의 관계는 대단히 중요하다. 그는 학습과 인지발달 간 관계에 관한 전통적 관점들을 변증법적으로 설명하여 부적절함으로 밝힌 후 발달에 대한 자신의 관점을 제안하였다. 첫째, 학습은 발달이 일어난 다음에 와야 한다는 피아제 관점, 둘째, 발달과 학습이 동시에 이루어진다는 행동주의적 관점, 셋째, 어떤 기술을 습득하면 능력이 발달한다는 형식도야설이 그가 부적절하다고 본 전통적 관점이다.

비고츠키는 발달은 두 수준, 즉 실제적 발달수준과 잠재적 발달수준을 제안하고 두 수준 사이의 영역을 근접발달대 the zone of proximal development : ZPD라고 하였다. 실제적 발달수준은 아동이 남의 도움 없이 혼자서 문제를 해결할 수 있는, 현재 발달이 완료된 능력수준을 말하며, 잠재적 발달수준은 성인 등 자신보다 능력이 앞선 사람의 도움을 받으면 문제를 해결할 수 있는 능력수준을 말한다. 이 수준이 고등정신기능의 발달에서 매우 중요한 요소이며 그의 관심의 초점이다.

비고츠키는 근접발달대를 창조한 세 가지 상황을 제시하였다. 첫째 상황은 아동이 혼자서는 못 풀어도 성인이 약간만 도와주면 문제를 풀 수 있는 경우가 많은데 그 능력수준이 잠재적 발달수준이다. 둘째는 아동의 일상적인 행동수준이나 능력 또는 나이보다 위의 놀이수준에서 잠재적 발달수준이 발달된다. 셋째는 혼자서 문제풀이를 하는 상황인데, 이때는 학교에서 교사가 풀었던 방식과 과정을 적용하고 모방함으로써 근접발달대가 만들어진다.

이상의 근접발달대가 만들어지는 세 가지 상황은 모두 성인의 행동을 아동이 모방하는 것이다. 그는 모방을 행동의 기계적인 복사가 아니라 문제풀이와 사고의 과정을 새로운 상황에 구성적으로 적용하는 것으로 보기 때문에 근접발달대를 창조하는 과정으로 간주한다. 아동이 쉽게 모방하려면 현재의 지식수준에서 새로운 수준으로 넘어갈 수 있는 방법을 강구해야 하는 것이다.

3. 도덕성 발달단계에 대하여

도덕은 인간이 사회생활을 해나가는 데 있어서 바람직하다고 생각하는 행동규범으로, 인간행동의 기준이 된다. 따라서 학교에서의 도덕성교육은 사회정의와 행동규범을 명시해 준다는 점에서 중요한 위치를 차지한다.

도덕성발달은 크게 정신분석이론, 행동주의이론, 인지이론에 의해 설명된다. 정신분석이론에서는 도덕성이란 스스로 행동을 평가하고 조정해 나가는 초자아超自我 혹은 양심에 해당된다. 행동주의이론에서 도덕성은 도덕적 행위가 강화나 모방 등을 통하여 형성된 습관적 반응의 총체이다. 인지이론에서는 개인이 사회적 환경을 인식하고 도덕적인 판단을 할 수 있는 능력을 도덕성으로 보고 있다. 정신분석이론에 의한 도덕성 발달이론은 인간을 성적性的으로 억압된 존재로 보기 때문에 정상적 인간에 대한 설명으로는 적절하지 않다. 또한 행동주의이론에 의한 도덕발달 역시 '도덕'이라는 인간의 고상한 속성을 외적 강화에 의한 습관적 반응으로 보았다는 점에서 도덕발달을 위한 충분한 설명이 되지 못하므로 인지이론에 의한 도덕발달이론이 학교에서 많이 적용되고 있다.

피아제의 도덕발달이론

피아제는 도덕발달이란 인지적 발달과정의 일부분이며, 어린이가 도덕규칙을 이해하느냐 못하느냐 하는 것은 그의 사고과정이 어느 수준에 도달하였느냐에 달려 있다고 하였다. 그의 도덕발달이론의 핵심은 도덕발달과 인지발달이 병행한다는 것이다. 그는 어린이의 도덕발달에 가장 영향을 끼치는 요인으로 동료집단에의 참여와 그 안에서의 역할담당으로 보았다.

피아제는 몇 개의 이야기를 만들어서 여러 나이의 어린이들에게 그 내용을 토의하라고 하였다. 그의 전형적인 이야기는 다음과 같다.

줄리앙이라는 어린이는 그의 아버지가 외출한 동안 아버지의 잉크병을 가지고 놀았다. 그러다가 책상보에 '조그만' 잉크자국을 냈다. 그런데 어거스트라는 어린이는 자기 아버지의 잉크병이 비어 있는 것을 알고, 아버지가 외출한 동안 아버지를 즐겁게 하기 위해

잉크병을 채우려다가 잘못해서 책상보에 '커다란' 잉크자국을 만들었다.

피아제는 위의 이야기에서 두 어린이 중 누가 더 잘못했으며, 그 이유는 무엇인가를 여러 어린이에게 물어보았다. 10세 이하의 어린이들은 잘못한 이유나 상황을 생각하지 않고 큰 잉크자국을 만든 어거스트가 더 잘못했다고 대답하였고, 그보다 큰 어린이들은 잘못한 이유를 들어 줄리앙이 더 잘못했다고 대답하였다.

피아제는 여러 이야기를 각 단계의 어린이들에게 들려준 후, 다음과 같은 사실을 발견하였다. 즉, 4~7세의 어린이들은 규칙을 이해하지는 못하지만 그것을 따르려고 노력하였으며, 7~10세의 어린이들은 규칙을 성인이 부과한 신성한 것으로 받아들였고, 11~12세의 어린이들은 규칙을 상호합의에 의해 도달할 수 있는 것으로 파악하였다. 그리하여 피아제는 10세 이하의 어린이들은 규칙을 절대적인 것으로 본다고 결론지었다. 그 나이의 어린이들이 규칙을 절대적인 것으로 보는 이유는 그들이 규칙을 완전히 이해하지 못하였기 때문이다. 11세 이후의 어린이들은 점차 왜 규칙이 필요한지를 파악하였으며, 이 시기의 어린이들은 성인들이 정해 준 규칙보다는 각 상황에 적합한 다양한 규칙을 만들어 사용하기를 좋아하였다.

피아제는 11세 이후를 인지적 발달단계에서 형식적 조작기로 설정하였는데, 도덕발달의 단계도 이 시기를 분기점으로 하여 달라진다고 생각하였다. 10세 이하의 어린이들은 다른 사람들이 자신과 다른 견해를 가지고 있다는 것을 알지 못하여 객관적인 판단을 하지 못하는 자기중심성, 규칙을 목적달성에 필요한 형식적 도구로 생각하지 않고 엄격하게 적용하려는 절대주의, 행동의 동기보다는 결과만을 중시하는 결과주의의 단계에 있는데, 피아제는 이 단계를 '타율적 도덕수준' 이라고 하였다.

어린이가 성장하면서 규칙이란 상호협의에 의해 고쳐지고 만들어질 수 있는 것으로 생각하게 되며, 더 이상 규칙을 외부에서 주어지는 권위가 아닌 하나의 규범임을 자각하게 된다. 그리하여 10세를 지나면서 어른의 권위에 대한 무조건적인 복종에 기초한 타율적 도덕에서 점차로 '자율적 도덕수준' 으로 넘어간다. 이들은 자기중심성에서 탈피하여 다른 사람과 상호작용하며, 공정성과 정의를 생각할 수 있고, 타인의 행동을 판단할 때는 행동의 동기와 주위상황까지도 고려한다. 어린이가 동료집단과 상호작용을 할 수 없는 고립된 상태에서 살거나, 심하게 강제적인 성인과 함께 살아서 전혀 자율적 활동을 할 수 없는 경우를 제외하고는 모든 어린이는 자율적 도덕수준으로 발전한다.

콜버그의 도덕발달단계이론

콜버그Kohlberg는 1950년대에 시카고대학에서 공부하면서 피아제의 연구에 심취하여 그의 연구를 확대시키기로 결심하였다. 콜버그는 피아제가 도덕성을 타율적 도덕수준과 자율적 도덕수준으로 양분한 것에 대해 도덕성발달을 지나치게 단순화한 것이라고 보고,

어린이로부터 어른에 이르기까지 도덕성이 어떻게 발달되어 가는지를 연구하였다. 피아제가 10세 전후에 일어나는 변화만을 중시한 데 비해 콜버그는 어린이의 도덕적 발달은 지적 발달과 마찬가지로 적어도 16세까지는 계속 이루어진다고 생각하여 연구대상을 어린이뿐만 아니라 성인에게까지 확대시켰다.

콜버그는 피아제가 만들어 낸 이야기가 10세 이하의 어린이들에게만 적합하다고 생각하여, 더 나이 든 어린이들에게도 실시할 수 있는 도덕적 갈등사태를 사용하였다. 그리고 그런 갈등사태에서 '어떻게 하겠는가', '왜 그렇게 해야 하는가'를 질문하였다. 그의 도덕적 갈등사태의 예를 들어보자.

한 부인이 특이한 종류의 암에 걸렸는데, 그 병을 치료하는 데는 한 가지 약밖에 없다고 한다. 이 약은 같은 마을의 어느 약사가 만들었는데, 약값이 상당히 비쌌다. 그 부인의 남편은 약값을 구하려고 노력했지만 약값의 반밖에 구하지 못했다. 그 남편은 약사에게 사정을 얘기했으나 냉정하게 거절당했다. 그래서 그 남편은 약방을 부수고 약을 훔쳤다.

이러한 갈등사태를 읽어주고, 어린이에게 남편의 행동이 정당했는지, 만일 그렇게 생각한다면 왜 그렇게 생각하는지를 물었다. 그는 이러한 방식으로 질문을 하고 그에 대한 응답을 분석하여 도덕성 발달단계를 3수준 6단계로 분류하였다.

그는 자신이 설정한 발달단계를 입증하기 위해 20년 동안 시카고 지역에서 10~16세의 청소년을 대상으로 관찰하였다. 또한 발달단계가 문화와 상관없이 적용된다는 것을 보여주기 위해 터키에서도 6년간 연구를 실시하였다. 그 밖에도 서양과 동양의 여러 나라에서 비교·연구하여 서로 다른 문화권에서 살고 있는 어린이들에게도 유사한 발달단계가 이루어진다는 것을 보여주었다.

콜버그는 도덕발달단계의 순서가 문화와 상관없이 보편적이고 고정되어 있으며, 누구나 최상의 단계까지 도달하는 것은 아니지만, 점차적으로 높은 도덕적 단계로 발전해 나간다고 하였다. 피아제는 어린이가 형식적 조작기(11세 이후)에 들어갈 때까지 자율적 도덕수준의 논리를 이해하도록 도와줄 수 없다고 했지만, 콜버그는 적절한 교육을 실시하면 어린이의 도덕수준은 자신의 나이보다 높아질 수 있다고 보았다.

콜버그의 도덕발달단계

인습 이전의 수준

사회인습을 이해하기 전이며, 도덕적 규칙과 선악의 개념을 알고 있으나, 선악을 권위자의 힘, 또는 자신의 개인적 욕구충족을 기준으로 판단한다.

단계 1 : 벌과 복종에 의해 판단한다. 도덕적으로 옳은 일이란 권위자의 압력이나 벌을 피하고 권위에 복종하는 것으로 생각한다.

단계 2 : 도구적 상대주의에 의해 판단한다. 도덕적인 행위란 자신의 욕구를 충족시키고, 경우에 따라서는 다른 사람의 욕구도 충족시켜 공평하게 혜택을 받는 것으로 생각한다.

인습의 수준

사회인습으로 행동을 판단하며, 자기중심적인 사고에서 벗어나 다른 사람의 입장을 고려한다. 타인지향적이어서 질서유지에 적극적이고 엄격하게 규칙을 적용한다.

단계 3 : 조화로운 대인관계에 중점을 두고 판단한다. 다른 사람을 기쁘게 해주는 것이 도덕적으로 옳은 행위라고 생각하며, 가장 심한 벌은 존경받는 어른이나 동료로부터 인정받지 못하는 것이다.

단계 4 : 법과 질서 지향의 관점에서 판단한다. 법과 질서는 그 사회의 지혜를 문서화한 것이고, 사회를 안정성 있게 만들어 주므로 법과 질서를 잘 지키는 데는 예외가 있을 수 없다고 생각한다.

인습 이후의 도덕수준

사회인습으로부터 자유로운 성숙된 수준이며, 행동에 대한 판단은 사회의 법보다는 인간으로서의 기본적 양심, 권리 등에 따른다.

단계 5 : 사회계약정신의 관점에서 판단한다. 정의란 대다수의 사람에게 이익을 가져다주는 것이며, 법이란 인간답게 살기 위해 있는 것이기 때문에 합의에 의해 법도 바뀔 수 있다고 생각한다.

단계 6 : 보편적 도덕원리의 관점에서 판단한다. 도덕이란 스스로 선택한 도덕원리, 양심에 따라 행동하는 것이다. 또한 도덕은 인간의 계약이나 규정을 벗어날 수 있는 신념에 의한 윤리법칙이다.

콜버그는 약을 훔치는 도덕적 갈등사태의 연구결과에서, 어린이들의 나이에 따라 똑같은 결론이라 하더라도 서로 다른 이유를 갖고 있다는 것을 보여주었다. 단계 1에서는 약을 훔치는 것은 벌을 받게 되기 때문에 잘못이라고 판단하며, 단계 2에서는 약을 훔쳐서라도 자기 아내의 생명을 구해야 한다고 판단한다. 단계 3에서는 약을 훔치는 것은 약사의 권리를 침해하여 남에게 해를 끼치기 때문에 옳지 못하다고 판단하며, 단계 4에서는 법은 어떤 경우에도 지켜져야 하기 때문에 남편의 행동은 정당하지 못하다고 판단한다. 단계 5에서는 약을 훔친 것은 잘못이지만 인명을 구하기 위한 일이기 때문에 용서해야 한다고 판단하며, 단계 6에서는 법이나 관습 이전에 인간생명의 가치는 무엇보다 우선해야 한다고 판단한다.

콜버그의 단계를 분석해 보면, 단계 1, 2에서는 자신에게 직접적으로 어떤 영향을 미치는가에 따라 옳고 그름을 판단하므로 자기중심성이 나타난다. 단계 3, 4에서는 그 영향이 대인관계나 사회 전체로 어떻게 확대되는가에 관심을 갖는데, 이것은 어린이의 사회중심성과 규칙절대주의를 보여준다. 단계 5, 6에서는 도덕적 판단근거 자체가 타당한지에 대해 합리적으로 생각할 수 있으며, 어떤 행위가 구체적으로 어떤 결과를 가져왔는지보다는 보편적인 도덕원리에 의해 그 행위의 도덕성을 판단한다.

콜버그의 연구에 의하면 7세 이하의 어린이들은 대부분 단계 1,

2에 있으며, 13세 이후에는 단계 3, 4에 많이 머물러 있었고, 성인이라 하더라도 대부분은 이 단계에 있었다. 그리고 16세 이상의 피험자 중 10% 이하만이 단계 5, 6의 도덕적 판단을 할 수 있었다.

4. 성격발달단계에 대하여

교육학에서 성격발달단계이론을 언급할 때 가장 많이 인용되는 이론은 에릭슨의 이론이다. 에릭슨의 이론은 프로이트의 이론을 기초로 하였지만 프로이트의 이론보다 더욱 다양한 요인들을 관련시켜 성격발달과정을 설명하였다. 발달의 시기에 있어서는 프로이트가 청년기까지 다룬 것에 비해 에릭슨은 노년기까지 다루었기 때문에 교육학이나 심리학에서 에릭슨의 이론을 적용할 수 있는 범위가 훨씬 넓다.

프로이트는 금세기의 가장 위대한 사상가 중의 하나이며, 그의 업적은 대단하지만 어느 심리학자들보다 신랄한 공격을 받아 왔다. 그의 연구방법에서의 결정적인 문제점은, 어린이의 성격발달과정을 연구하기 위해 정신병을 치료 중인 성인들의 기억이나 환상을 기초로 했다는 것이다. 그러나 에릭슨은 정상적인 어린이와 비정상적인 어린이를 모두 관찰하였고 또한 성인에 대한 연구에서도 다양한 환경에 처해 있는 사람들을 분석하였기 때문에 인간의 성격발달을 설명하는 데 있어서 더욱 타당한 이론으로 받아들여지고 있다. 에릭슨의 이론을 설명하기 전에 그의 이론의 기초가 된 프로이트의 정신분석이론을 우선 간단히 소개하는 것이 적절한 순서일 것 같다.

프로이트의 정신분석이론

현대 성격이론은 프로이트Freud에 의해 시작되었다고 볼 수 있다. 그는 의대에 들어가 신경학을 연구했지만, 그 후 정신장애에 의한 히스테리에 관심을 갖기 시작하였다. 그는 히스테리 환자들이 감정을 의식으로부터 억압 또는 차단하고 있다고 보았으며, 이렇게 억압된 에너지가 신체적 증상으로 나타난다고 생각하였다. 따라서 치료는 무의식 속으로 들어간 감정을 끌어내어 이를 풀어주어야 하는데, 프로이트는 그 시대의 정신과 의사들이 사용하던 최면술을 사용하지 않고 자유연상법이라는 새로운 방법을 개발하였다. 이 방법은 환자들로 하여금 긴장을 풀게 하고, 마음속에 떠오르는 모든 생각을 순서나 관련성 등을 생각하지 않고 그대로 이야기하도록 하는 방법이다.

프로이트는 환자를 치료하면서, 갈등이란 신경증 환자뿐만 아니라 모든 인간에게서 나타나는 공통된 특징이라는 것을 발견하게 되었다. 그는 환자들을 치료하면서 의식을 억압하고 차단하며 갈등을 갖게 하는 것이 결국은 성性이라는 결론을 내리게 되었다. 프로이트는 환자들의 묻혀버린 기억들을 캐 가면서 성에 관한 갈등이 아동기에서부터 연유된다는 것을 인식하게 되었다. 처음에는 프로이트 자신도 자신이 발견한 이론에 당황하였고 그 이론들을 이해하기 어려웠다. 그러다가 자신의 아버지가 사망했을 때 느꼈던 자신의 혼돈된 생각을 돌이켜보면서 그 이론을 받아들이기 시작했고, 자신의 꿈, 기억, 어린 시절의 경험들을 분석하기 시작했다. 이러한 분석을 통하여 그는 아동기의 '오이디푸스 콤플렉스' 이론을 제시하였다. 오이디푸스 콤플렉스는 모든 어린이들은 이성부모에 대한 애정 때문에 동성부모에게는 강한 경쟁의식을 느낀다는 것을 말한다. 이 이론은 후에 많은 비판을 받았고, 그의 제자들은 '오이디푸스 콤플렉스' 현상이 보편적으로 나타나는 것은 아니라고 수정하게 되었다.

프로이트는 인간의 성격이 원초자아, 자아, 초자아로 구성되어 있으며, 원초자아는 무의식에 해당되는 것으로 쾌락원리에 의해 지배된다고 하였다. 자아는 이성과 분별을 뜻하며, 현실을 고려하므로 현실원리에 따르는 합리적 사고방식이다. 초자아는 양심 또는 이상적 자아를 말하며, 우리에게 하지 말아야 할 것을 일러 주고, 그러한 요구를 어겼을 때 죄의식을 갖게 한다.

순진한 어린이가 성적 욕구를 경험한다는 그의 주장은 많은 사람들로 하여금 프로이트를 성도착증 환자로 보게 하였다. 그는 이런 반응 속에서 고립감을 느끼며, 자신의 진로와 자신감을 잃어버릴까 두려워하였다. 그러나 그의 이론에 매혹된 젊은 학자들의 호응으로 다시 연구에 몰두하게 되었고, 병마로 마지막 16년을 고통 속에서 보내면서도 자신의 이론을 계속 수정 · 발전시켰다.

프로이트의 성격발달단계

프로이트는 의학을 공부했던 경험에 기초해서 인간의 성격발달을 생물학적으로 설명하였다. 각 발달단계마다 각기 다른 신체부위에 정신적 · 성적 에너지가 집중되어 나이가 들어감에 따라 생물적인 욕구뿐만 아니라 심리적인 욕구도 달라진다. 프로이트는 성性의 개념을 폭넓게 적용하여 신체에 쾌감을 주는 모든 행위를 성이라고 받아들였다. 그는 일반적인 성적 에너지를 리비도libido라고 하였는데, 이 에너지가 집중된 신체부분은 나이에 따라 다르다는 것이다. 그는 신체부위에 대한 성적 관심에 따라 성격이 발달하는 과정을 구강기, 항문기, 남근기, 잠복기, 생식기로 구분하였다.

첫 번째 구강기(생후 1년) 단계로 이 시기의 유아는 성적 에너지가 입과 그 부위에 집중되어 있으며 먹는 것을 통해 만족을 구한다. 구강기의 모든 경험은 먹는 것과 관계되며, 구강기는 거의 원초자아에 의해 지배된다. 이 시기의 경험은 언어로 표현될 수 없으므로 무의식 속에 영원히 남는다. 그래서 이 시기의 경험들은 긍정적이어야 하며 구강기에서 생기는 갈등은 될 수 있는 한 줄여야 한다. 구강적 자극은 먹는 것 이외에도 빨기, 씹기, 그리고 물기를 통해 얻어진다.

두 번째 단계인 항문기(2~4세)는 항문 주위의 자극에 민감하다. 대변의 배설은 어린이에게 긴장과 불쾌를 감소시키는 아주 유쾌한 감각이 된다. 어린이는 배변기능을 거의 통제하지 못하지만 사회는 자발적인 배변통제를 요구한다. 그러므로 배변훈련이 필요한데, 배변훈련이 성공적일 때 유아는 사회적 승인을 받게 되며 그 승인은 쾌락을 가져다준다. 항문기는 배설에 의해 쾌락을 느끼는 단계와 배설물을 보유하기 때문에 갖는 만족의 단계로 되어 있다. 어린이는 배변훈련과정을 통해 한 개인으로서의 정체감을 확립하기 시작하며 이러한 과정은 기본적인 자아형성에 필수적이다. 항문기의 어린이가 너무 엄격한 배변훈련을 받으면 건전한 심리발달에 부정적 영향을 받는다. 이 시기의 어린이는 만족이란 마음대로 얻어질 수 없으며 사회적 규준을 따르지 않으면 여러 가지 불이익이 따르는 것을 인식하게 된다.

세 번째 단계인 남근기(4~6세)에서는 정신에너지가 생식기관에 집중되며, 쾌락은 생식기관을 자극함으로써 일어난다. 이 시기가 어린이의 성격발달에 가장 중요하다. 이 시기에 남자아이는 '오이디푸스 콤플렉스'를 경험하고 여자아이는 오이디푸스 콤플렉스에 대응되는 '엘렉트라 콤플렉스'를 경험하게 되며, 이러한 갈등을 통해 적절한 성역할을 발전시킨다. 남자아이는 오이디푸스 콤플렉스 때문에 아버지가 자신의 성기를 거세할 것이라고 두려워하며, 너무나 두려운 나머지 어머니에 대한 욕망을 포기하고 아버지와 자신을 동일시하게 된다. 여자아이는 '엘렉트라 콤플렉스'에 의해 '남근선망'을 하게 되고 자신에게 남자의 성기관이 없는 것은 어머니에게 책임이 있다고 가정하지만, 남근소유가 불가능하다는 것을 깨닫고 어머니와 자신을 동일시하여 아버지에 대한 자신의 욕구를 만족시킨다. 프로이트는 남자아이가 자신의 생식기를 자극하여 성적 욕구

그림 7-4 프로이트의 성격발달단계

를 만족시킨다고 서술한 반면에, 여자아이는 생식기에 대한 열등감을 갖는다고 하여, 이 과정에서의 남녀의 특성을 아주 다르게 해석하였다. 남근기의 끝 무렵에 어린이는 심리적으로 지치게 되어, 여러 가지 문제와 갈등은 잠시 잠재되고 성적 욕구는 '청년기'에 부활하게 된다.

네 번째 잠복기(약 7~12세) 단계는 성적 쾌락을 느끼는 신체부위에 대한 민감성을 억제한다. 이 시기는 남근기의 갈등을 해결하게 되는 약 7세에 시작된다. 이 단계는 성적 발달이 느려지며, 지금까지 갈등해결에 투입되었던 많은 정신에너지는 부모에 대한 애정을 발달시키고, 동성의 어린이들과 사회적 유대를 확립하는 데 집중된다. 프로이트는 이 단계에 대해서 거의 관심을 갖지 않았다.

다섯 번째 생식기(청년기) 단계는 약 12세에 시작되며 격렬한 정신활동을 하고, 정신에너지를 재분배하는 것이 특징이다. 생식기에는 성역할에 대한 정체감이 확인되는데, 오이디푸스 콤플렉스와 엘렉트라 콤플렉스를 적절하게 해결하지 못하면 동성애가 나타나기도 한다. 그러나 최근의 프로이트이론에서는 동성애를 좀 더 복합적으로 서술한다. 청년기에 자아와 초자아는 심한 갈등을 느끼며, 자아와 초자아가 적절하게 발달하지 못하면 자살이나 청소년비행, 그리고 심각한 정신적 불안의 원인이 된다. 이 시기는 또한 정신적 투쟁의 시기이며 성인으로서의 성숙한 성격구조가 형성된다.

에릭슨의 성격발달단계이론

프로이트의 제자인 에릭슨Erikson은 정신분석이론을 적용하여 인간의 전 생애에 걸친 성격발달단계를 제시하였다. 에릭슨은 히틀러시대에 미국으로 건너가서, 유명 대학에서 강의도 하고 다양한 사람들을 대상으로 심리치료를 하는 경험을 하게 되었다. 미국의 인디언보호구역에서 인디언을 관찰하였고, 정상적인 어린이와 비정상적인 어린이를 비교 · 연구하였으며, 제2차 세계대전 동안에는 군인들의 심리치료사로 일했다. 에릭슨은 프로이트와는 달리 많은 다양한 대상자들과 접촉했기 때문에 사회적 · 문화적 요인이 어떻게 신념이나 사고 등을 형성하는가를 연구할 수 있었다.

에릭슨은 프로이트가 고려하지 않은 사회 · 문화적 요인을 성격발달과 연관지었으며, 정신기능의 중심요소로서 자아自我를 강조하였다. 프로이트는 성격발달이 사춘기에 완성된다고 보았으나, 에릭슨은 노년기에 이르기까지 성격발달이 이루어진다고 보았다. 에릭슨의 전 생애에 걸친 발달이론은 최근 관심이 높은 평생발달심리학과도 잘 부합이 되어 높이 평가받고 있다.

에릭슨의 성격발달과정

에릭슨은 태어나서부터 노년기에 이르기까지 여덟 단계로 나누어 각 단계마다의 일반적인 문제점과 여러 가지 갈등에 대해 언급하였다. 각 단계는 고정된 순서로 전개되며, 각 단계에서 나타나는 문제나 갈등은 문화와는 상관없이 공통적으로 나타난다. 에릭슨의 발달단계가 피아제나 콜버그의 단계와 다른 점은 어느 한 단계를 성공적으로 통과하지 못해도 다음 단계를 경험하게 된다는 것이다. 예를 들면, 제4단계에서 '근면성'을 얻지 못한 소년도 사춘기가 되면 다음 단계의 '정체감' 문제를 경험할 수 있다. 그래서 사람들은 앞 단계를 잘 통과했든 안 했든 간에 모든 단계를 경험하게 되는 것이다. 물론 앞 단계의 성공 여부가 다음 단계의 성공에 영향을 미치는 것은 당연하다. 에릭슨이 주장한 각 단계별 특징은 다음과 같다.

제1단계 : 신뢰감 대 불신감(출생 후 1년)

부모나 주위 세계의 일관성 있는 지지를 받으면 신뢰감을 얻을 수 있지만, 주위의 보호가 부적절하면 불신감을 갖게 된다.

제2단계 : 자율성 대 수치 및 의심(2~3세)

부모나 주위의 분별력 있는 도움과 격려는 자율성을 키우게 되지만, 과잉보호나 부적절한 도움은 자신의 능력을 의심하게 한다.

제3단계 : 주도성 대 죄책감(4~5세)

주변 세계를 탐색할 수 있는 기회와 자유는 어린이의 주도성을 발달시키지만, 그렇지 않으면 자신의 행동에 죄책감을 갖게 된다.

제4단계 : 근면성 대 열등감(6~11세)

무엇을 성취하도록 기회를 부여받으면 그 결과 근면성을 갖게 되지만, 비난이나 좌절감을 경험하면 열등감을 갖게 된다.

제5단계 : 자아정체감 대 역할혼미(12~18세)

정서적 안정과 좋은 성역할의 모델이 있으면 자신에 대한 통찰과 자아정체감을 갖게 되지만, 그렇지 않으면 직업선택이나 성역할, 가치관의 확립에 있어 심한 갈등을 야기시킨다.

제6단계 : 친밀감 대 고립감(청년기)

부모, 배우자, 동료 등과 좋은 인간관계를 발전시키면 친밀감을 갖게 되지만, 그렇지 못하면 타인에 대한 두려움과 고립감을 느낀다.

제7단계 : 생산성 대 침체감(장년기)

자신에게 몰두하기보다는 자녀와 직업을 통해 생산적인 활동에 참여하게 되는데 만약 그렇지 못하면 사회심리적으로 침체에 빠진다.

제8단계 : 통합성 대 절망감(노년기)

지금까지의 인생에 만족하면 생의 유한성도 수용하지만, 그렇지 않으면 공허함과 초조함을 느끼며 절망감에 빠진다.

에릭슨의 위기해결에 관하여

에릭슨은 성격발달이 전환기의 연속이며, 각 전환기는 바람직한 것과 그렇지 않은 것으로 나누어진다고 하였다. 두 특질 중에서 긍정적인 부분이 부정적인 부분보다 많으면 그 사람의 심리사회적 발달은 잘 진행되고 있다고 본다. 각 단계에는 특유의 과제가 있으며, 각 단계의 위기를 성공적으로 해결했을 때 성격발달이 제대로 이루어진다.

에릭슨은 자아의 중요성을 강조하였으며, 자아는 위기를 해결하는 가장 중요한 요인이라고 생각하였다. 자아에 문제가 있어서 위기를 제대로 처리하지 못할 때 발달은 좌절되어 성공적으로 진행되지 못한다. 그는 성격발달과정에서 프로이트처럼 생물적 질서를 중요시했지만, 사회적 압력과 힘을 더 중요하게 생각했다. 위기의 극복은 개인이 사회와 어떤 관계를 갖고 있는가에 달려 있다고 전제하여 사회의 영향을 중요시하였다. 그는 인간관계를 가족, 사회, 문화의 관련 속에서 보다 포괄적으로 설명하고 사회문화적 영향을 강조하였기 때문에, 에릭슨의 성격발달이론을 심리사회적 발달이라고도 한다.

프로이트는 인간이 본능적 욕구를 충족시키지 못했을 때 심리적 장애를 일으킨다고 보고, 발달과정에서 병리적 원인을 밝히는 데에 역점을 두었다. 그러나 에릭슨은 모든 인간은 심리사회적 위기를 극복할 수 있는 잠재력이 있으며, 위기극복을 통해 성장할 수 있다고 보아 인간발달을 긍정적인 면에서 바라보았다.

에릭슨은 부모들이 어린이를 양육하면서 부딪치는 문제들에 관심을 가졌다. 경험이 부족한 부모는 자신의 양육태도에 대해 불안해 하고 확신을 갖지 못하는데, 부모들이 불안해 하면 자녀에게 안정감을 주지 못하기 때문에 그것은 심각한 문제라고 말했다. 또한 부모들은 자신의 자녀가 잘못 행동하면 그것이 전적으로 자신의 책임이라고 생각한다. 그것 또한 올바른 생각이 아니라는 것이다. 왜냐하면 자녀가 성장하는 것은 부모의 영향에 의해서만이 아니라, 일부는 그들이 태어날 때부터 갖고 있는 성숙의 시간표에 따라 성장하기 때문이다. 건강한 어린이는 반 정도만 보살펴 주면 내적인 발달법칙에 따라 성장하게 된다. 부모들은 자녀를 지배하려는 충동을 억제해야 하는데, 그 이유는 자녀를 지배한다는 것은 가능하지도 않을 뿐더러 그러한 시도를 하는 부모는 자녀를 무력하게 만들기 때문이다.

제8장

동기유발을 통한 학생지도

동기유발의 방법은 학습자의 자발성에 의한 것인지 아닌지에 따라 내적동기유발과 외적동기유발로 구분된다. 인간은 원래 지적 호기심과 성취욕구를 갖고 태어났다고 보는 인본주의 심리학에서는 내적동기유발을 중시하고, 인간은 아무것도 모르는 상태에서 지식을 축적해 나간다는 백지설과 인간의 행동수정에 관심을 갖는 행동주의 심리학에서는 외적동기유발을 강조한다.

내적동기는 학습자로 하여금 학습활동에 자발적으로 참여하게 하는데, 수업내용에 대한 흥미, 노력의 결과로 나타날 성과를 예상하는 기대, 그리고 잘 진술된 학습목표 등이 내적동기유발에 도움이 된다. 외적동기유발의 방법으로는, 많은 교사들이 즉시적으로 효과를 볼 수 있는 상과 벌, 사회생활에서 필수적인 협동과 경쟁, 그리고 자신이 잘하고 있는지를 가리키는 성적 등이 있다.

학생의 수업지도를 위해서나 생활지도를 위해서 교사가 학생들을 잘 동기유발시킬 수만 있다면 학생지도는 거의 다한 것이나 마찬가지이다. 동기유발은 모든 활동을 긍정적으로 받아들이고 참여하게 하여 좋은 성과가 날 수 있도록 하는 데 필수적이다.

학습자를 동기유발시키는 데는 두 가지 방법이 있다. 하나는 학습자가 자발적으로 학습하려는 의욕을 갖게 하는 것이고, 다른 하나는 학습자의 학습의욕을 불러일으키기 위한 자극을 외부에서 제공하는 방법이다. 첫 번째 방법은 동기유발이 학생 자신한테서 나온 경우인데 이를 '내적동기유발'이라 하고, 두 번째 방법은 학생의 자발성보다는 외부의 자극을 통하여 학습의욕을 불러일으키게 되므로 '외적동기유발'이라 한다.

어떤 방법의 동기유발을 중요시하는가는 인간의 본성을 어떻게 보느냐에 따라 달라진다. 인간은 원래 지적知的 호기심과 무엇을 성취하려는 욕구를 갖고 태어났다고 보는 입장에서는 내적동기유발을 중시한다. 이러한 입장에서는 인간의 동기를 외적으로 유발시키는 것은 효과가 즉시 나타나기는 하지만 곧 없어지며, 또한 인간의 자유의지를 인정하지 않는 처사라고 비판한다. 인간의 자발성과 자유의지를 중시하는 인본주의 심리학에서는 내적동기유발을 강조한다. 그러나 인간은 경험에 의해 지식을 축적해 나간다고 믿는 백지설이나 또는 인간은 그대로 두면 아무렇게나 행동하는 존재라고 생각하는 성악설에서는 인간의 행동을 통제하고 강화하는 외적동기유발의 방법을 사용한다.

행동주의 학습이론은 외적 보상과 강화를 강조한다는 점에서 백지설이나 성악설에 기초하며, 인지주의 학습이론은 지적 호기심과 같은 내적동기를 강조한다. 성숙한 인간일수록 내적동기유발이 효과적이다. 교사는 학생에게 지시적인 방법을 사용하기보다는 자발성에 호소함으로써 학생의 내적동기를 충족시키는 방법을 택하는 것이 좋다.

1. 내적동기유발에 관하여

내적동기유발은 학생의 흥미를 유발시켜 학습활동에 자발적으로 참여하게 하는 자연적인 동기유발이다. 학습과제가 학생에게 의미 있다거나 그 중요성이 인정되는 경우, 내적으로 동기유발이 되기 쉬우며 학습자는 의욕적으로 학습에 임하게 된다. 내적으로 동기를 유발시키는 요인으로는 흥미, 기대, 그리고 학습목표 등이 있다.

흥 미

흥미란 주의와 관심이 어느 일정한 대상에 향하고, 그 다음 그 대상에 대해 쾌·불쾌의 정서적 반응이 일어나며, 쾌의 반응이 일어나는 대상에 접근하여 집착하는 행동경향이라고 할 수 있다. 즉, 흥미는 어떤 특정 대상이나 활동에 적극적으로 접근하여 선택하고 추구하는 정서상태를 의미한다.

교사가 수업을 하는 동안에 수업내용이 학생에게 지적 호기심을 불러일으켜 자연적으로 흥미가 생기면 그 학생은 내적으로 동기유발되었다고 말한다. 자발적인 흥미는 외적동기유발에 의한 경우보다 오래가지만 그 흥미를 유지시키기 위해서는 외적으로 동기를 유발시키는 방법을 사용하여야 한다. 흥미는 내적동기와 밀접한 관계를 맺고 있으므로 학생의 흥미에 부합된 학습과제일수록 내적동기유발에 도움이 된다. 내적동기유발을 위해서는 학생의 능력, 학습과제의 난이도와의 관계를 적절하게 결합시킴과 동시에 학생의 흥미를 끌 수 있어야 한다. 학생으로 하여금 문제해결에서 오는 만족감을 체험시키는 것이 중요하다.

기 대

중요한 내적동기유발의 요소로 '기대' 를 들 수 있는데, '기대' 란 소기의 노력을 하면 어떤 성과가 나타날 것이라고 예상하는 신념을 말한다. 이러한 기대가 즉시적이고 구체적이면 외적동기유발이 되고, 그 기대가 먼 후에 나타날 성과에 대한 것이거나, 기대의 성격이 일반적이면 내적동기유발이라고 할 수 있다. 예를 들면, 어린이가 자기 장난감을 잘 정돈해 놓으면 엄마의 칭찬을 받을 것이라고 기대한다든가, 학교에서 100점을 받으면 공책을 받을 것이라는 기대를 하여 공부를 열심히 한다면 그 기대는 외적동기유발이 되지만, 먼 훗날을 위해 열심히 공부한다면 그것은 내적동기유발이 된 상태라고 말한다.

학 습 목 표

모든 행동은 목표를 지향하므로 목표를 뚜렷하게 인식시켜 주는 것은 내적동기를 유발시키는 데 크게 도움이 된다. 행동주의 심리학에서는 구체적으로 진술된 학습목표가 학생이 어떤 방향으로 수업을 해야 할지를 가르쳐 주고, 현재 수업을 잘 진행하고 있는지를 알 수 있게 해주므로 동기유발에 효과적이라고 한다. 학습동기는 학습목표와 결부된 동기라고 할 수 있으므로 학습목표를 학생들에게 실감 있게 인식시키도록 힘써야 한다.

학습장면에서 목표와 관련되는 학습동기는 소속욕, 승인욕, 성취욕 등과 같은 사회적 욕구가 더 효과적인 경우가 많다. 그리고 그 목표가 학생들이 당면한 문제해결과 결부되거나 또는 생활에 필요한 지식을 얻으려는 욕구 등과 결부되면 가장 효과적인 학습동기가 된다. 그리고 그 목표가 명확해짐에 따라 학습의욕도 높아진다. 이것이 가장 직접적인 내적동기를 이루게 된다.

기타 요소

학급이 비교적 비슷한 능력의 학생들로 구성되고 학생수도 적으면 교사는 학생들의 능력수준에 맞게 수업을 할 수 있으므로 학생들은 흥미를 잃지 않고 수업을 할 수가 있다. 그 밖에도 조금 높은 수준의 내용을 배울 때 학생들은 도전을 느끼며, 또한 수업내용이 약간 덜 구조화되어서 학생들이 구조를 탐구할 수 있을 때 내적동기유발이 가능하다고 한다.

내적동기유발을 일으키는 방법은 간접적일 수밖에 없다. 또한 학생들의 성격도 다양하므로 어떤 방법이 학생의 동기를 자극하는지는 학생에 따라 달라진다. 그래서 학교에서는 직접적이고도 효과가 즉시 나타나는 외적동기유발에 관심을 갖는다.

2. 외적동기유발에 관하여

성숙한 사람도 자신을 계속 동기유발시키는 것은 그리 쉽지 않다. 따라서 주위 사람들에 의한 동기유발이 필요하다. 이것이 바로 외적동기유발이며, 그 방법으로 가장 많이 사용되는 것이 상과 벌이다. 상이나 칭찬은 학습자로 하여금 만족감을 갖게 하고 '사회적 승인'이라는 욕구를 충족시켜 주기 때문에 좋은 행동을 자주 할 수 있도록 하는 역할을 한다. 그러나 벌이나 질책은 학생들에게 불쾌감이나 공포감을 불러일으켜 불필요한 행동을 억제할 수 있다.

상 벌

상벌은 그 효과가 즉시 나타나서 많은 교사들이 손쉽게 사용한다. 상은 성공감, 만족감을 주고 사회적 승인의 욕구를 충족시켜 주기 때문에 학습을 촉진시키고 동기유발에 도움이 된다. 교사의 승인과 상장 및 포상은 이런 점에서 의미가 있다. 반면, 벌은 부인, 질책, 행동의 금지와 같은 형식으로 주어진다. 학생의 불쾌감과 공포감을 자극해서 불필요한 학습을 방지하고 필요한 학습을 의무적으로 하도록 만들 때 많이 이용하는 강제적 수단이다.

어떤 교사는 상이란 좋은 것이라고 하여 상을 많이 준다. 그러나 이 방법은 상이 특별하다는 것을 느끼지 못하게 하므로 항상 좋은 방법은 아니다. 벌을 주는 것이 나쁘다고는 하지만 많은 학생들을 대할 때 벌을 사용하지 않을 수도 없다. 그러나 적당한 처벌은 효과적일 수 있지만, 인격적 모독이나 신체적 체벌은 절대로 사용해서는 안 된다.

교사의 체벌은 교사의 감정이 섞여 있을 수 있고, 그것을 받아들이는 학생들의 반응도 각기 다르다. 따라서 교사가 의도했던 체벌의 효과는 없어지고 학생의 주관적인 반응만 남아 있게 된다. 더구나 교사의 신체적 체벌은 처음에는 학생에게 모멸감을 느끼게 하지만 나중에는 자기존중감까지 없어지게 한다. 특히 우리나라에서는 남학생의 경우 강하게 키워야 한다는 생각에 체벌을 많이 사용한다. 아마도 그러한 풍토가 길거리에서나 가정에서 쉽게 몸싸움을 하는 사람을 많이 보게 하는 이유가 될 것이다.

일반적으로 상벌의 효과는 학생들의 성격과도 관련이 있다. 즉 외향적인 성격의 학생들에게는 칭찬보다 질책이 학습효과가 크고 반대로 내성적인 학생들에게는 칭찬이 효과가 크다고 한다. 그러나 어떤 사람이 외향적이라고 해도 모든 문제에 대해 개방적인 생각을 가질 수는 없다. 따라서 생각하지도 않은 조그만 질책이 커다란 모욕감이나 죄책감을 느끼게 할 수도 있다.

인본주의 입장에서는 모든 종류의 상벌이 인간의 자발성을 저해한다는 점에서 반대한다. 상을 주기 때문에 원하지 않는 행동을 하게 되고 벌을 주기 때문에 하고 싶은 것을 하지 못하게 된다는 것이다. 이러한 입장에서는 구체적인 목표를 설정하는 것 역시 인간을 어떤 특정한 방향으로 몰고 간다는 점에서 바람직하지 못한 처사라고 비난하기도 한다.

협동과 경쟁

협동과 경쟁은 모두 적극적인 동기유발의 방법이다. 경쟁은 다른 사람보다 높아지려는 인간의 특성 때문에 학습효과에 좋고, 협동은 집단의 상호과정을 통해 생산성을 높일 수 있다는 점에서 효과적이다. 그러나 한 집단 내의 경쟁은 구성원의 분노와 질투 등을 초래하여 비능률적이 될 수도 있다. 즉, 정복과 승리를 위해서는 수단을 가리지 않는 이기주의나 영웅주의를 조장하게 되고, 성패의 결과는 질투심이나 대립의식의 원인이 되기 쉽기 때문에 선의의 경쟁이 되도록 각별히 주의하지 않으면 안 된다. 더욱이 경쟁의 과다한 사용이나 오용은 학생들이 독자적으로 학습하려는 능력을 기르는 데 부정적인 결과를 야기할 수 있으며, 또한 그로 인해 자아의 위축이나 부정적 자아개념이 형성될 소지가 있다.

경쟁에서 살아남는 사람에게 주는 상은 대단하지만 경쟁만으로 이 사회를 살아갈 수 없다는 것 역시 자명하다. 현대의 복잡한 과학시대에서는 각자가 할 수 있는 일은 점점 적어진다. 옛날에는 집안의 일은 모두 우리가 할 수 있었다. 농기구를 고치는 일부터 심지어는 집도 우리 손으로 지을 수가 있었다. 그러나 지금은 내가 할 수 있는 일이 그리 많지 않다. TV나 다리미가 고장 났을 때 우리는 전문가의 협조를 받지 않으면 안 된다. 따라서 학교에서 경쟁을 강조하는 것은 이 사회에서 잘살도록 하는 것이 아니라는 것을 명심해야 할 것이다.

경쟁이 동기유발에 가장 효과적이라고 믿는 사람들이 있지만, 경쟁에서 이길 수 있는 사람에게만 동기유발이 될 뿐 그렇지 않은 사람에게는 환멸을 가져오고 오히려 낙담시킬 수도 있다. 또한 경쟁이 강조되면, 도덕이 무너지고 목표달성을 위해 수단방법을 가리지 않는 사회가 된다.

협동은 공동목표 달성을 위하여 다른 사람과 더불어 행동하는 집단지향적 행동이다. 따라서 협력에 의한 동기유발의 효과로서 협력집단이 경쟁집단보다 집단과정을 통해서 집단의 생산성을 높일 수가 있고, 같은 문제해결이라 할지라도 경쟁을 통해서 얻는 결과와 다른 만족감, 성취감 등을 느낄 수 있다. 따라서 교사는 협동적 학습상태에서 학습할 수 있는 환경을 조성함으로써 학생들이 학습과제를 성공적으로 해낼 수 있도록 하여야 한다.

성 적

성적은 자신이 잘하고 있는지를 가리키는 하나의 방법이 된다. 교사가 성적을 학생에게 알려주고 학생은 그 결과를 스스로 평가하고 검토해 보는 일은 동기유발을 높여주는 방법 중 하나이다. 즉, 성적이 좋은 경우에는 어느 정도의 성취감을 맛볼 수 있기 때문에 그 학습을 더욱 강화하여 다음 학습에 대한 의욕을 일으키도록 도움을 준다. 그러나 성적이 좋지 않은 경우에는 열등감을 갖게 되어 자신감을 잃게 되는 경우도 있다. 이 세상의 어떤 기관도 학교만큼 사람을 공공연하게 평가하고 비판하며 실패를 맛보게 하는 장소가 없을 것이다. 가장 예민한 나이에 인격적인 모욕감을 맛보고 능력의 부족함을 통감하게 하고 자신의 열등감을 그대로 지적당하는 생활을 십여 년씩 지탱하고 난다면 그 성격이 어떻게 될 것인지는 쉽게 짐작할 수 있다. 그러한 고통이 훌륭한 사회인을 만들고 정신적으로 무장하게 한다는 것은 그릇된 생각이다. 공부의 수준이나 훈련의 수준도 학생들에게 적절해야 하며, 왜 그렇게 힘들어야 되는지의 이유를 학생이 긍정적으로 받아들일 수 있을 때만이 그것이 도움이 될 수 있다. 실패감에 젖어 있을 경우에는 적절한 방법으로 격려하여 다음 학습을 위해 의욕을 재환기시켜 주어야 한다. 실패의 결과가 개인에게 주는 타격을 극복할 수 있도록 지도하는 방안을 마련하는 것이 더욱 중요한 일이다.

교사가 학생들에게 주는 피드백은 성적뿐만 아니라 그러한 결과를 초래하게 하는 원인과도 함수관계에 있으며, 아울러 교사의 성적에 대한 피드백은 학생들의 계속적인 과제수행 및 학습향상을 위한 동기유발에 영향을 미칠 수도 있다. 교사는 성공한 학생들 중에서도 노력에 의한 성공일 때 많은 보상을 주고, 실패한 학생들에게는 노력하지 않았기 때문이라고 격려하여 줌으로써 성취결과를 노력에 귀인하도록 해주어야 할 것이다.

제9장

그 동안 우리는 이러한 교육과정을 거쳐 왔다

우리나라에서 교육과정을 개발하는 일은 〈한국교육개발원〉이 맡고 있지만 최종 관리와 책임은 〈교육인적자원부〉가 맡는다. 즉 국가가 나서서 전 국민을 대상으로 한 국가수준의 교육과정을 만든다. 우리나라 정치 · 사회적 상황을 볼 때 국가수준의 교육과정을 만든다는 것은 이해할 수 있는 일이기는 하지만, 지역마다 똑같은 교육과정을 실시한다는 것은 무리이다. 우리나라도 지방자치제가 실시되기 시작하였고 지역의 관심이 학교교육과정에 나타날 수 있도록 개정되고 있다.

우리나라의 교육과정은 정치적 변혁에 따라 교육에서 강조하는 내용이 계속 바뀌어 왔으며, 외국사조 중에서도 미국의 교육사조에 많은 영향을 받아 왔다.

교육과정을 만드는 일은 상당히 복잡한 일이다. 그것은 끝없이 계속되는 일이고 아무리 노력을 하여도 완전한 교육과정을 만들기란 힘들다. 교육과정은 그 나라의 이상을 실현하기 위해 만들어질 뿐만 아니라 그 나라 국민 하나하나의 이상을 실현하는 과정에도 도움을 줄 수 있어야 한다. 아무리 잘 만들어진 교육과정이라도 모든 학교에 적절할 수는 없다. 그리고 한 학교에서도 어떤 아동에게는 적절한 교육과정이 다른 아동에게는 그렇지 않을 수도 있다. 그러므로 교육과정은 학교마다 적절하게 만들어져야 하며 아동들의 개인차를 고려하여야 한다.

교육은 그 사회의 모든 사람과 관련이 있으므로 교육과정을 계획하는 일에 가능한 한 많은 계층의 사람들을 참여시켜야 한다. 그럼으로써 그들의 의견이나 이해관계를 골고루 반영할 수 있을 뿐만 아니라, 교육과정의 의도를 여러 사람들에게 이해시킬 수 있다. 어떤 교육과정이 훌륭한지는 그 교육과정이 사용되는 상황과 대상에 대한 적합성에 따라 결정된다. 교육과정은 그 지방의 특성과 관련되어야 하고 교육자원을 활용할 수 있어야 하며, 교육과정의 의도가 직접 학생들에게 실현될 수 있어야 한다.

어떤 시대의 교육제도를 이해하기 위해서는 그 시대의 인간을 이해하여야 하고 그 시대의 인간을 이해하기 위해서는 그 시대의 교육제도를 이해하여야 한다. 우리 학교교육의 원형이 어느 특정 시대에 갑자기 등장한 것이 아님을 명심하고 우리 학교교육과정의 변천을 학교에서 가르친 교과목의 명칭 및 내용 변화를 중심으로 살펴보고자 한다.

1. 우리나라는 국가 주도의 교육과정을 만든다

국가가 나서서 전 국민을 대상으로 하여 만드는 교육과정을 국가수준 교육과정이라 한다. 국가수준의 교육과정이 필요하다고 생각하는 사람들은, 교육과정이란 아주 중요하고 어려운 작업이므로 지식에 대한 통합적인 안목과 사회의 흐름을 아는 전문가들만이 국가의 교육목표에 합당한 교육과정을 만들 수 있다고 주장한다. 더구나 현재와 같이 유동적인 사회에서는 학생들이 자주 전학을 하게 되는데, 만일 지방마다 서로 다른 교육과정을 사용할 경우 학생들은 상당한 혼란에 빠질 것이라고 본다.

국가수준의 교육과정은 잘못하면 특정 집단에 대한 이익에 치우칠 가능성이 높다. 교육과정 속에 국가정책에 영향을 주는 집단의 가치관이 반영될 뿐만 아니라, 그들의 영향력을 계속 행사할 수 있도록 사회체제를 고정시킬 가능성 또한 크기 때문이다. 또한 국가수준의 교육과정을 만들 때는 전국적으로 초·중·고등학교 학생들이 사용할 교과서를 다시 만들어야 하므로 한꺼번에 교과내용이 달라진다는 점이 문제가 된다.

교육과정을 계획하고 만드는 과정에는 될 수 있는 한 많은 사람들이 참여해야 한다. 왜냐하면 교육과정에는 각계 각층의 의견이 반영되어야 하며 그러는 과정에서 많은 사람들이 새 교육과정의 의도를 더 잘 이해하게 되므로, 교육과정이 실시될 때 학교나 지역사회의 도움을 받을 수 있기 때문이다. 그런데 국가수준의 교육과정을 만들 때는 대체로 전문가들이 모여 만들고, 비전문가들의 의견을 듣는다 하더라도 그리 많은 사람들의 의견을 들을 수가 없다.

우리나라의 정치 · 사회적 상황으로 볼 때, 국가수준의 교육과정이 만들어진다는 것은 이해될 만한 일이기는 하다. 그러나 아무리 잘 만들어진 교육과정이라 할지라도 모든 학교에 적절할 수는 없으며 지역마다 똑같은 교육과정을 실시하는 일은 사실상 무리이다.

2. 우리나라 교육과정의 변천과정

해방 후 교수요목시기 : 1946~54년

해방 후, 남한에서는 약 3년 동안의 미군정이 실시되었고, 교육 분야에서도 미국의 영향을 받았다. 일제의 잔재를 없애고 독립국가로서 자주적 민주주의 교육을 실시해야 한다는 염원만 강했을 뿐, 그 의도가 교실에까지 미치지는 못했다. 이 시기의 가장 중요한 사실은 교육법을 제정하여 공포하였다는 것이다. 1949년 제정된 교육법 제155조에 따르면, "대학, 사립대학, 각종 학교를 제외한 각 학교의 학과, 교과는 대통령령으로, 각 교과의 교수요목 및 수업시간 수는 문교부령으로 정한다"라고 하였다. 1954년 문교부령 제35

호로 '초등학교, 중학교, 고등학교, 사범학교 교육과정 시간 배당 기준령'을 제정 · 공포하였고, 이듬해 1955년 각급 학교 교과과정이 정식으로 제정 · 공포되었다.

우리나라 교육과정사에서는 1954년 4월 20일 문교부령 제35호로 공포된 교육과정을 '제1차 교육과정'으로 부르고 있다. 따라서 1948년 대한민국 정부수립 이후부터 1954년 4월까지 이루어진 우리의 교육은 미군정기에 형성된 교육이 지속되었다. 이런 이유로 미군정이 시작된 1년 후인 1946년 9월부터 1954년까지를 '교수요목기'라고 부르는 것이다.

제1차 교육과정 : 1954~63년

제1차 교육과정은 1954년 4월 20일 공포된 「교육과정 시간 배당 기준령」과 1955년 8월 1일에 공포된 초·중·고·사범학교 「교과과정」을 말한다. 이 시기의 주된 교육과정 사조는 생활중심교육이었다. 여기서 생활중심교육이란 교과중심교육을 극복하기 위한 것으로 현실적인 경험과 생활을 교육내용의 소재로 삼아 실제 생활을 개선하려는 교육이다. 이러한 생활중심교육은 1952년부터 1962년까지 약 10여 년간 미국이 우리나라에 파견한 '미국교육사절단'의 조언 아래 '문제해결학습'과 같은 교수법의 확산으로 나타났다.

이 시기의 초등학교 교과목의 수는 국어, 산수, 사회생활, 자연, 보건, 음악, 미술, 실과 등 8개였다. 이전과 비교할 때, '이과'가

'자연' 으로, 5, 6학년 여자에게만 부과되던 '가사' 가 4학년부터 남녀 모두에게 '실과' 라는 이름으로 변경되었다.

중·고등학교는 단선제로 운영되었는데, 이는 중·고등학교에서 인문계와 실업계를 구분하면 실업계 학생이 대학에 진학하려고 할 때 인문계 학생에 비해 불이익을 받게 될 것을 우려하였기 때문이다. 또 하나의 특징은 중·고등학교에서 필수과목과 선택과목을 두어 학생들이 각자의 적성 및 취미에 따라서 과목을 선택할 수 있도록 한 것이다.

제2차 교육과정 : 1963~73년

제2차 교육과정은 1963년 2월 15일 초등학교 교육과정이 공포된 이후 1973년에 공포된 3차 교육과정이 적용될 때까지 시행된 교육과정이다. 1961년 박정희 정권이 들어서면서 교육계의 화두는 '반공' 과 '가난극복' 이었다. 이 시기의 주된 교육과정 사조는 문서상으로는 생활중심교육, 경험중심교육이었다. 그러나 실제로는 지독한 가난으로부터 벗어날 수 있는 모종의 기능과 지식을 가진 성인을 육성하는 데 교육의 초점이 있었기 때문에 이 당시 교육과정의 특징은 '사회적 행동주의' 라고 볼 수 있다.

이 시기의 초등학교 교과목은 '보건' 이 '체육' 으로 대체되었고 반공·도덕 과목이 신설되었다. 중학교의 경우는 선택과목이었던 '외국어' 와 '실업가정' 을 필수과목으로 하고 선택과목제도를 폐지하였다. 초등학교와 마찬가지로 반공 · 도덕 과목이 신설되었다.

고등학교는 고등학교 1학년까지는 공통된 내용을 배우다가 2학년부터 '문과계열', '이과계열', '예능계열', '취업계열' 로 나누어 공부를 하도록 하였다. 또한 일반 고등학교와 별도로 실업계 고등학교를 설치하여 직업교육을 강조하였다. 이는 단선제를 포기하고 복선제를 선택한 것이다.

1968년 12월 5일에 발표된 '국민교육헌장' 이념의 구현과 한글 전용이라는 정부시책에 따라 국어과에서 한자교육을 하지 않게 된 것도 이 시기에 일어난 일이다.

제3차 교육과정 : 1973~81년

제3차 교육과정은 1973년 2월에 초등학교 교육과정이 공포된 이후 1981년 공포된 제4차 교육과정이 적용될 때까지 시행된 교육과정이다. 유신체제기의 주된 교육과정 사조는 학문중심 교육과정이었다. 브루너의 「교육의 과정」이 1973년 번역 소개되어서 '지식의 구조' 에 대한 교육학자들의 관심이 높았다. 하지만 이 당시 정치가들은 교육당국에 10월유신에 동의하고 그 과업을 완수할 수 있는 인력과 조국의 근대화를 앞당길 기술인력 양성을 요구하였는데, 이러한 요구는 지적 탐구를 중심으로 하는 학문중심 교육과정과는 어울리지 않는 것이었다.

이 시기 초등학교 교과목에 '도덕' 이 정규과목으로 편성되었다.

사회교과 속에서 국사를 가르치는 기존의 방식을 유지하면서 아울러 5, 6학년에서는 국사 교과서를 사회 교과서와 별도로 제작하였다. 중학교는 도덕과 국사가 정규교과로 독립 편성되어 중학교의 총교과는 도덕, 국어, 국사, 사회, 수학, 과학, 체육, 음악, 미술, 한문, 외국어 등의 11개가 되었다. 이 11개 외에 남학생은 기술, 여학생은 가정을 필수로 배웠고, 농업, 공업, 상업, 수산업, 가사 중 하나를 택하여 공부해야 했다. 당시 중학생들은 총 13개의 과목을 배웠다.

고등학교는 외국어와 한문 교육이 강화되었다. 대신 예체능 과목은 수업시간 수를 상당히 감축하였다. 또한 국어교과 속에 포함하여 가르치던 '한문'을 독립과목으로 설정하였다. 1960년대에는 한글전용 정책에 따라 국어교과에서 한자를 가르치지 못하게 되었었는데 불과 10년도 못 되어 '한문'이 독립과목으로 부활하였다.

제4차 교육과정 : 1981~87년

제4차 교육과정은 1981년 12월 31일에 공포된 후 1987년 공포된 제5차 교육과정이 적용될 때까지 시행된 교육과정이다. 이 시기의 교육과정 사조는 어느 한 이념만을 반영하는 교육과정이 아닌 종합적이고 복합적인 성격을 띠었다. 4차 교육과정의 특징은 학생의 부담을 줄이기 위해 교과목을 축소하였다는 데에 있다.

초등학교 1, 2학년은 교과통합을 시험적으로 실시하였다. 예를 들어, 도덕, 국어, 사회 교과의 교과서를 따로 편찬하지 않고 '바른 생활' 이라는 이름의 한 권의 교과서로 묶었고, 체육, 음악, 미술 교과를 묶어 '즐거운 생활' 이라는 교과서로, 산수와 자연 교과를 묶어 '슬기로운 생활' 이라는 교과서를 편찬하였다.

중학교는 국어와 한문을 통합하여 '국어' 로 하였고 독립교과였던 국사를 사회에 통합하는 등 전반적으로 교과의 수를 줄였다. 고등학교는 국사가 사회로 흡수되는 것을 제외하고 큰 변화가 없었다.

제5차 교육과정 : 1987~92년

제5차 교육과정은 1987년 초·중학교 교육과정이 공포된 후 1992년 공포된 제6차 교육과정이 적용될 때까지 시행된 교육과정이다. 이 시기에는 제4차 교육과정에서 '교과서 통합' 형태로 시작하였던 초등학교 저학년 통합교육을 본격화하였다. 그리하여 초등학교 1, 2학년의 경우, '국어', '산수', '바른생활', '슬기로운 생활', '즐거운 생활' 등의 다섯 개 교과와 입학 초기 3월 한 달간 학교적응을 위해 제공되는 '우리들은 1학년' 활동 등으로 편성하였다. 5차 교육과정의 특징은 초등학교에서 '1교과 다교과서' 체제를 도입한 것이다.

제6차 교육과정 : 1992~97년

제6차 교육과정은 1992년 학교급별로 고시되어 시행되었던 교육과정이다. 즉, 초등학교는 1992년 9월에 고시되어, 1, 2학년은 1995년 3월 1일부터, 3, 4학년은 1996년 3월 1일부터, 그리고 5, 6학년은 1997년 3월 1일부터 시행되었다. 이 시기의 가장 큰 변화는 1941년 이래 사용해 왔던 '국민학교' 라는 명칭을 '초등학교' 로 변경한 것이다.

제6차 교육과정의 특징은 '중앙집권형 교육과정' 을 '지방분권형 교육과정' 으로 전환한 것이다. '우리들은 1학년' 의 경우, 활동의 목표와 내용을 더 이상 국가수준에서 획일적으로 제시하지 않고 그 권한을 시·도교육청에 넘겨주었다. 또한 연간 34시간의 '학교재량시간' 을 신설하여 각 단위학교의 특수한 교육적 필요나 학생의 요구를 반영하여 교육과정을 구성할 수 있도록 하였다.

초등학교의 경우 통합교과에 약간의 변화가 있었다. '사회' 와 '자연' 을 합하여 '슬기로운 생활' 로, '음악', '미술', '체육' 을 합하여 '즐거운 생활' 로 통합하였다. 특히 주목할 변화는 '산수' 를 '수학' 으로 그 과목명을 변경한 것이다. 이는 '계산' 중심에서 '논리적 사고와 문제해결 중심' 으로의 세계적인 추세에 따라 변경한 것이다. 초등학교에 '영어' 교과를 신설한 것도 이 시기이다. 당시 교육부는 '세계화' 라는 국가적 목표에 부응하기 위해서 3학년부터 주당 평균 2시간씩 영어수업을 실시하기로 교육과정을 개정하였다.

제7차 교육과정 : 1997년 이후

제7차 교육과정은 1997년 12월 30일에 고시된 것으로 2000년도부터 적용되고 있는 교육과정이다. 제7차 교육과정에서는 획일성으로 특징지어진 학교교육을 다양성을 존중하는 학교교육으로 전환하기 위하여 '학생중심 교육과정'을 표방하고 '국민공통기본교육', '수준별 교육과정', '재량활동' 그리고 '선택중심 교육과정 편성'이라는 특징을 지니고 있다.

국민공통기본 교육과정은 초등학교 1학년에서 고등학교 1학년까지 10년 기간을 설정하여 학교급별 차이에 따른 연속성이나 연계성 부족문제를 극복하고자 한 시도이다. 교육과정의 변화로는 선임교과가 '도덕' 교과에서 '국어' 교과로 바뀌었고, 초등학교에서 '자연' 교과의 명칭이 '과학'으로 '영어' 명칭이 '외국어'로 바뀐 것을 들 수 있다.

수준별 교육과정이란 학생들의 능력수준에 따라 교육의 내용이나 방법을 달리하는 교육과정을 가리킨다. 수준별 교육과정은 학생의 흥미와 적성에 따른 교육기회 제공, 자기주도 개발, 교육의 수월성 추구, 학습 부진 및 결손 방지 등의 목적을 가지고 있다.

제7차 교육과정의 특징 중 하나는 재량활동을 하나의 교육과정 영역으로 학교급에 따라 신설 또는 확대한 것이다. 초등학교의 경우는 제6차 교육과정에서 이미 3~6학년에 주당 1시간 정도로 신설되었던 '학교재량시간'을 전 학년으로 확대하면서 주당 2시간으로 증가시켰다. 중학교와 고등학교의 경우는 재량활동 영역을 처음 신설하여 중학교는 학년별로 주당 4시간을 배당하고 고등학교는 1학년에만 12단위를 배당하였다.

선택중심 교육과정 도입은 공급자 중심의 획일성, 경직성에서 벗어나 학생들의 능력, 흥미, 관심, 적성 등을 중시하여 다양한 선택과목을 개설하고 학생이 선택하게 함으로써 학습자 중심의 수월성을 추구하기 위한 체제이다.

3. 2007 새 교육과정

2007년 2월 28일 '2007 새 교육과정'이 고시되었다. 이로써 우리는 모두 8번째 개정된 국가 교육과정을 지니게 되었다. 2007 새 교육과정은 2009년도부터 시행되어 2013년 초·중·고등학교 전체에 적용이 될 것이다. 아직 연구단계에 있는 교육과정을 논하기는 참으로 어려운 일이다. 따라서 이번 절에서는 새 교육과정 특히 초·중등학교 교육과정의 개발 중 논쟁사항을 중심으로 기술하고자 한다.

〈교육인적자원부〉는 현행 교육과정을 근본적으로 검토하고 각계 각층의 다양한 의견을 수렴하여 교육과정 문제점을 개선하고 교육과정 개정방향을 설정하고자 '국가교육과정포럼'을 기획·운영하고 있다. 국가교육과정포럼은 1개의 총괄팀과 4개의 분과팀으로 나누어서 포럼을 운영할 수 있도록 구성되었다. 총괄팀은 분과팀

포럼 운영에 앞서 각 분과의 주제를 총괄할 수 있는 대주제를 선정하여 사회여론 주도층 인사들을 패널로 초청하여 제1차 국가교육과정포럼을 개최하고, 각 분과팀은 분과별 주제로 제1차에는 여론주도층 인사, 제2차에는 교육계 인사, 제3차에는 교육과정 전문가를 패널로 초청하여 총 3차에 걸친 국가교육과정포럼을 연속적으로 개최한 상태이다.

초·중등학교 교육과정 체제구조, 어떻게 바꾸어야 하는가?

7차 교육과정은 국민공통기본 교육과정과 선택중심 교육과정의 2원화 체제로 구조화되어 있다. 이러한 국가 교육과정 체제는 초등학교 1학년부터 고등학교 1학년까지는 필수중심의 교육과정을 운영하고 고등학교 2, 3학년에서는 선택중심의 교육과정을 운영하는 것을 골자로 한다.

교육과정 편성에 있어서 필수냐 선택이냐의 문제는 학생들이 학교에서 갖게 되는 학습경험의 폭과 깊이에 큰 영향을 미친다. 교육과정 분야에서 각급 학교별로 그리고 학년에 따라 필수와 선택 과목의 비율을 얼마로 정할 것이며, 그 대상과목들을 어떻게 정할 것인가는 쉬운 문제가 아니다. 그러나 우리나라는 대체로 초·중학교 저학년 단계에서는 필수를, 중학교 고학년과 고등학교에서는 선택이 강조되는 경향이 있다. 또한 우리나라에서 필수과목에 해당하는 국민공통기본 교과는 도덕, 국어, 수학, 사회, 과학, 영어, 실과, 음악, 미술, 체육 등의 10개 교과로 구성되어 있으며, 선택교과 또한 이러한 국민공통기본 교과의 영역을 기준으로 편성하고 있다. 그러나 미국을 비롯한 외국의 경우를 살펴보면 우리나라처럼 10개 교과가 모두 필수과목으로 지정된 것은 아니라는 점에서 필수과목에 대한 우리의 인식이 지나치게 전통과 관습에 매여 있다고 할 수 있다.

양질의 교육내용에 대하여 최소한의 공통적인 학습경험을 모든 학생들에게 제공하는 것이 옳은가, 또는 학습자의 다양한 능력과 적성에 부합하도록 교과목에 대한 선택권을 전적으로 학생에게 부여하는 것이 옳은가라는 질문에 답하기는 쉽지 않다. 따라서 새로운 교육과정을 개발할 때 학교급과 학년에 따라서 필수와 선택의 비율을 얼마로 할 것이며, 필수와 선택의 내용을 무엇으로 할 것인가에 대하여 서로 다른 입장들을 비판적으로 검토하고 합리적인 기준을 마련할 필요가 있다.

국가교육과정포럼에서는 초·중등학교 교육과정 체제구조 변화의 문제를 국민공통기본 교육기간의 조정, 통합교육과정의 확대 도입을 위한 필수과목 수의 조정, 도덕교과 필수교과 폐지, 고전 및 한문 교육을 통한 중등학교 인문소양교육 강화, 시민교육을 통한 인성교육 강화, 중학교 생활외국어 교과의 선택과목 배제, 고등학교 선택과목의 진로계열별 구분 등으로 보고 이들의 문제를 집중적으로 토론하고 있다. 이러한 토론결과가 어떻게 교육과정에 반영될지는 지켜보아야 할 문제이다.

제10장

교사는 어떤 수업방법을 사용하는가?

교사가 학생을 가르칠 때는 교과의 내용만을 가르치지는 않는다. 그 내용을 가르치면서 교사는 의도적이든 또는 의도적이 아니든 간에 자신의 생각이 드러난다. 그리고 교사는 전문가들이 제시한 수업방법을 시도하면서 자신에게 적합한 방법을 점차로 개발한다. 수업방법은 교사의 성격 외에도 학생이나 교과의 성격, 그리고 학교가 제공할 수 있는 시설이나 도구 등에 따라서 달라진다. 한 교과에는 다양한 수업목표가 있으므로 한 교과를 가르칠 때도 다양한 수업방법을 적용해야 하며, 한 시간의 수업에서도 그 안에 몇 개의 수업형태를 도입할 수 있다.

이 장에서는 다양한 수업방법 중에서 학교에서 자주 사용되는 몇 가지 수업방법과 최근의 정보화사회에서 사용될 것으로 기대되는 멀티미디어를 사용하는 수업방법에 대해서 간단히 소개한다.

수업授業과 교수敎授에 대해서 어떤 이는 영어의 'instruction'을 수업으로, 'teaching'을 교수로 엄격히 구분해서 사용하기도 하지만, 많은 사람들은 수업과 교수를 서로 혼용하고 있는 실정이다. 실제적으로 교수와 수업의 사전적 정의를 살펴보면, '학문이나 기술을 가르치는 행위'를 나타내는 말로서 그 의미가 크게 다르지 않다. 이 책에서는 두 가지 의미를 구분하지 않고 사용하기로 한다.

수업방법이란 수업목표를 성공적으로 달성하기 위하여 선정된 학습의 내용을 학생들에게 효과적으로 전달하기 위한 수단을 의미하며, 수업매체(또는 교수매체)는 수업내용을 전달하는 단순한 기기를 의미한다.

수업방법의 분류는 교수-학습에 대한 철학이 무엇이냐, 교수-학습과정을 누가 주도하느냐 등에 따라 구별된다. 예를 들어, 학습이 학습자 스스로의 자발적인 발견에 의해서 가능하다고 보는 입장과 수업을 설명-수용의 과정으로 파악하여 학습자의 발견보다는 교수자의 설명식 강의를 중시하는 입장이 있을 수 있다. 라이거루이스Reigeluth에 의하면, [그림 10-1]과 같이 다양한 수업방법이 있으며 새로운 수업이론에서는 학습자들이 다양한 수업방법과 전략을 선택하고 진보된 테크놀러지를 활용할 뿐만 아니라 학습자들 자신이 팀단위로 협동하여 주도권을 가지고 공부할 수 있도록 융통성 있는 지침을 제공하여야 한다. 따라서 이 장에서는 종래 수업이론에서 간과하여 온 문제해결학습, 프로젝트학습, 시뮬레이션과 게임 등을 포함하는 수업에 대한 다양한 접근을 제시하였다.

그림 10-1 주요 수업방법

	방 법	강 점
강의/ 프리젠테이션		효율적, 표준적, 구조적
시범/모델링		용이성, 적용성
개인교수		맞춤식, 학습자 책임성
연습	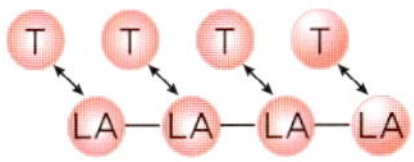	자동화, 숙달
독립적/ 학습자 통제	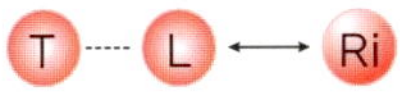	융통성 있는 실행
토론, 세미나	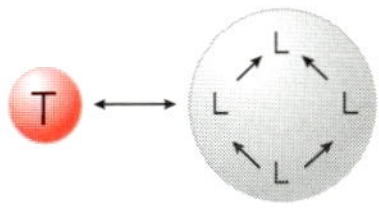	학습자에게 유의미적, 현실적, 자기 소유적, 맞춤화
협동학습	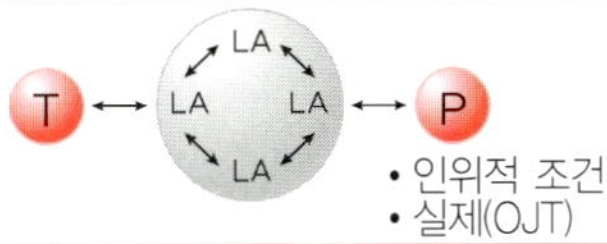	소유권, 팀 빌딩
게임 (인위적 규칙)	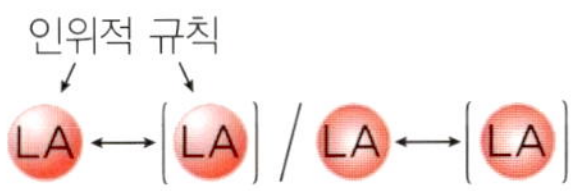	높은 전이, 높은 동기
시뮬레이션		
발견 • 개인		
• 그룹	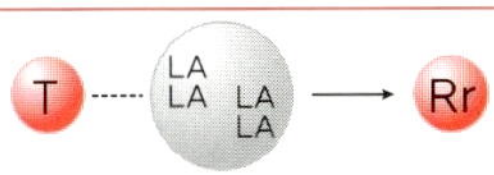	
문제해결/Lab	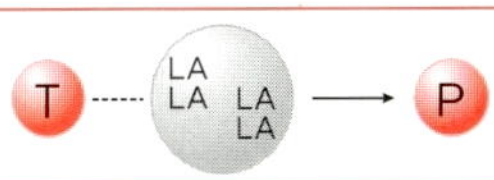	비구조화된 문제에 있어서 높은 수준의 사고

T=교사　L=학습자　Ri=(교수적) 자원　------ = 간접 개입
P=문제　LA=학습활동　LA=(가공하지 않은) 자원　⟶ = 통제의 방향

1. 지식이나 학문을 중시하는 수업방법

강의법

교사는 수업내용이 한 분야의 체계적 지식에 대한 것일 때 강의법을 자주 사용한다. 또한 강의법은 교사가 그 방면에 대해 많이 알고 있다고 생각하여 단시간에 많은 학생들에게 많은 지식을 전달하려고 할 때에 효과적이다.

강의법은 교육에 대한 전통적 입장을 가진 사람들이 즐겨 사용한다. 이 방법은 가장 오랫동안 사용되어 온 수업방법 중의 하나로서 지식이나 정보를 전달하고 이해시키기에 가장 적합하다. 강의법은 설명식 수업방법이라고도 한다. 강의법은 문자, 어구, 문장 등의 해석을 통하여 정보를 전달하고 개념을 설명하는 데 많이 사용하므로 새로운 단원을 도입할 때 사용하는 것이 좋다. 학생들은 수업내용을 들으면서 사실에 대하여 생각하고 요점을 정리할 수 있는 힘을 기를 수 있다.

그러나 강의법은 대체로 교사가 설명하고 학생은 그것을 받아들이는 방식이기 때문에 교사의 권위가 없으면 학생은 수업내용을 받아들이기 어렵다. 수업의 질과 성패 여부는 교사의 지적인 능력과 수업수행 능력에 의존하게 되므로 학생의 능력보다 교사의 지식이 절대적으로 영향을 주게 된다. 그러므로 교사는 권위적이 되기 쉽다. 그리고 강의법은 학생의 참여도가 낮고 학생 개개인의 흥미나 능력을 고려할 수 없으며 사고력을 키우는 데에는 부적합하다. 강의법은 수업의 내용이나, 시험을 치르는 방식, 평가기준 등을 모두 교사가 결정한다. 대부분 이러한 것들을 교사가 결정하는 것에 대해 당연시 여기지만 그래야 될 필요는 없다. 교사와 학생이 함께 수업과정을 모두 의논하여 결정하는 방식을 취하는 것도 아주 효과적이기 때문이다.

발견학습

발견학습은 대체로 과학이나 수학에 자주 사용되는 방법이다. 이 방법은 얼핏 보아서는 논리성이 없고 구조화되지 않은 학습내용에서 가장 중요한 개념과 원리, 또는 기본 아이디어를 찾고, 그 개념들 간의 관계를 알아내는 것이다. 즉 지식의 구조를 탐색하는 것이다. 따라서 교사는 학생 스스로 구조를 발견할 수 있도록 기회를 충분히 제공해야 하며, 학습정보를 많이 알고 있어야 한다.

발견학습은 교과의 내용이 지식의 구조로 되어 있을 때 가능한 학습방법이다. 발견학습은 학습과정이 정해져 있지 않다. 그러나 대체로 다음의 네 단계를 거친다. 첫째는 과제를 파악하여 문제의 방향을 인식하고 학습의욕을 갖도록 한다. 발견학습은 문제의식 없이는 가능하지 않다. 둘째는 과제를 해결하기 위해 가설을 설정하는 것이다. 수집된 자료를 가지고 가설을 세우며, 셋째는 실험이나 자료분석 등에 의해서 가설을 검증하는 단계이다. 이 단계에서는 논리적 사고와 경험적 자료의 분석이 중요하다. 마지막 단계는 가설의 검증을 통해서 나온 결론을 일반화하기도 하고 여러 상황에 적용시킨다.

발견학습은 교과내용에서 발견해야 할 지식의 구조가 너무나 명백하게 드러나게 되면 학습자가 발견할 것이 없어지므로 적용시키기 어렵다. 따라서 어떤 교재를 사용하는지가 중요하다. 발견학습은 원래 과학교육의 혁신을 위해서 제시된 수업방법이지만, 사회과목의 교육에도 적절하게 사용될 수 있다. 그러나 예능과목과 같은 심미적인 교과나 규범적인 교과에서는 드러낼 만한 지식의 구조가 미약하거나 너무 많아서 발견학습을 적용하기가 곤란하다. 이 방법은 학생의 내적동기유발에 도움을 주고 학습태도에도 도움을 주는 바람직한 방법이지만 학습에 소요되는 시간이 너무 길고, 많은 학습자료와 실험도구가 있어야 하며, 교사 자신이 교과에 포함되어 있는 지식의 구조를 잘 알고 있어야 하므로 교사에게는 부담스러운 학습방법이다.

2. 토론을 강조하는 수업방법

토의법

토의법은 교사와 학생들이 공동으로 참여하는 학습형태로 민주적인 수업방식이다. 많은 교과영역에서 자주 사용되는데 이 방법은 학습자가 혼자의 힘만으로는 문제를 해결할 수 없는 경우, 서로 의견을 교환하고 집단사고에 의하여 문제를 해결하게 하는 방법이다.

토의를 실시하기 위해서는 우선 토의목적이 분명해야 한다. 토의목적을 교사가 설정할 수도 있지만 교사와 학생이 합의하여 정하기도 하고, 학생들끼리만 결정할 수도 있다. 토의의 목적이나 내용은 어느 정도 구체적이어야 하고 실행 가능해야 한다. 또한 토의내용이 사회적으로 의미 있는 문제일 때 학생들은 더욱 적극적으로 참여하게 된다. 수업은 모든 학생들을 위해서 실시하는 것이므로 토의내용은 모든 학생들이 관심을 갖는 것이어야 하며, 그래야만 그 수업이 성공적일 수 있다. 토의법은 문제해결과정을 배우는 것이기 때문에 의견차가 있더라도 상호 간의 의견을 존중하고 최선의 결론으로 이끌어 가도록 해야 한다. 교사는 의견대립이 커지거나 소극적인 진행이 될 때만 참여하는 것이 좋다.

토의법은 여러 가지가 있다. 토의할 문제에 대하여 대립된 견해를 가진 대표 몇 명과 일반청중으로 구성하여, 대표들의 토의를 듣고 청중들은 자기 나름대로 의견을 조성하는 방식이 있고, 몇 사람의 연사가 강연한 다음에 청중들이 질의를 하는 경우, 그리고 몇 명의 연사가 같은 주제를 각기 다른 입장에서 발표한 다음 청중의 질의응답을 받고 종합적 의견을 모으는 방식 등 다양하다.

토의법 유형

소집단 토의

스스로 토의를 이끌어 갈 수 있는 학생들에게는 소집단 토의가 효과적이다. 먼저 학생들을 몇 개의 소집단으로 나누고, 각 집단별로 토의를 진행하며 주요 논점을 정리한다. 정리한 논점은 전체 학생들에게 발표할 수 있는 기회를 부여함으로써 다양한 견해를 경험한다. 교사는 각 집단의 토의상황을 지켜보고 때때로 적절한 질문을 제시하여 학생들이 특정 문제에만 집중하지 않도록 유도해야 한다.

배심토의

토의문제에 관해 지식과 경험이 풍부한 전문가(패널) 4~6명이 사회자의 사회 아래 청중 앞에서 자유롭게 토의하는 방법이다. 배심토의는 패널토의라고도 한다. 발표자들은 서로 이야기를 나누기에 편리하고 청중들이 쉽게 보고 들을 수 있도록 장소의 한가운데에 자리한다. 이 토의법은 참여자의 사고를 향상시키는 데 이용되며 형식적인 결론을 맺는 것을 목적으로 하지 않는다. 의장은 토의를 진행하며 균등한 참여가 이루어질 수 있도록 해야 한다. 배심토의는 주제에 대한 준비가 충분하고 자유롭게 의사를 표현할 수 있는 학생이 많은 경우에 효과적이다. 배심토의는 공식적인 발표나 강의를 하지 않고 다소 비공식적인 대화를 중심으로 이루어지기 때문에 논리적이고 체계적인 정보의 제시가 어려울 수 있다.

심포지엄

심포지엄은 상당한 부분이 배심토의와 흡사한 점이 있지만 배심토의보다는 좀 더 형식적이다. 서로 다른 의견이나 견해를 가진 대표자 4~5명이 각기 다른 입장에서 10~15분 정도 강연을 하고 그 후에 일반 참가자가 질문을 하거나 의견을 진술하여 종합적으로 의견을 집약하는 방법이다. 이러한 심포지엄은 주제에 관한 전문적인 견해, 사고방식을 능률적으로 제시하고 이해를 돈독히 하는 데 아주 적합한 집단토의 방법이다. 그러나 한 가지 주제만을 다룬다는 단점도 있다. 발표자, 청중 모두 그 주제에 대해 다양한 지식이나 경험 등을 가지고 있어야 한다.

공개토의

포럼이라고도 하는 공개토의는 특별한 주장을 가진 1~3명이 자신의 의견을 청중 앞에서 발표하고 발표한 내용을 중심으로 여러 명의 청중과 질의응답하는 방법이다. 이 방법은 청중이 토의에 직접 참여하는 것이 특징이다. 따라서 사회자는 주제를 소개하고 연설자와 청중이 주제와 관련된 내용으로 질의응답을 할 수 있도록 토의를 진행해야 한다. 연설자는 청중의 학습 정도와 필요 정도를 고려하여 간결하고 논리적으로 의견을 발표하는 것이 좋다.

버즈학습

버즈학습이란 벌들이 윙윙거리는 것과 같이 여러 명의 학생들이 집단을 편성하여 서로 의견을 교환하면서 학습하는 방법을 말한다. 이 학습법의 목적은 학급 내의 인간관계를 개선하고, 학생의 기초 학력을 향상시키기 위해 고안된 토의학습의 한 유형이다. 대표적인 방법은 필립스Phillips가 고안한 '6·6방식' 이다.

6·6방식은 한 분단을 6명으로 편성하고 6분간 토의한 뒤 토의결과를 가지고 다시 전체 학생이 토론하는 형태이다. 분단조식 방법으로는 친구끼리 조직, 남녀혼합으로 조직, 성적에 의해서 조직, 흥미나 관심사 등을 중심으로 조직하는 방법 등이 있다. 그리고 분단조직은 학습에 따라 1~2주 또는 1~2개월마다 개편하는데 대체로 1개월마다 개편하는 것이 바람직하다.

브레인스토밍

브레인스토밍은 '돌연한 정신착란' 또는 '돌연한 묘안' 이라는 의미를 가지며, 주제나 문제점에 대하여 학생들이 자기의 의견이나 아이디어를 자유롭게 제시하도록 하는 교수방법을 말한다. 보통 6~7명의 그룹에서 다음 네 가지 원칙을 가지고 실시한다. 첫째, 아이디어나 의견을 거리낌 없이 자유분방하게 낸다. 둘째, 타인의 아이디어나 의견을 비판하지 않는다. 셋째 질보다 양의 발상에서 다수의 아이디어나 의견을 낸다. 넷째, 타인의 아이디어나 의견을 조합시켜 새로운 아이디어를 만든다. 이와 같은 규칙을 인지한 다음 과제를 설정하고 리더의 주도 아래 차례대로 아이디어를 낸다. 이 방법의 단점은 다른 사람에게 의지하여 진지하게 생각하지 않는 참가자가 생길 수 있다는 것이다. 특히 남 앞에서 발언을 잘하지 못하는 사람의 경우는 자신의 능력을 발휘하지 못할 수도 있다.

3. 문제해결력을 강조하는 학습방법

문제해결학습법

문제해결학습은 문제를 매개로 하여 문제를 바르게 해결할 수 있는 능력을 기르기 위한 학습형태이다. 이 방법은 듀이Dewey에 의해 제안된 것으로 학습자가 일상생활에서 부딪치는 문제를 스스로 해결해 가는 과정을 경험함으로써 사회에서 능동적으로 살아갈 수 있는 능력과 태도를 기를 수 있다. 문제해결학습은 학습자의 자발적인 활동을 통해 학습의 자율성과 능동적 태도를 기를 수 있으며, 교재의 논리적 체계에 얽매이지 않고 학습자의 심리적 계통에 따라 학습이 되기 때문에 흥미에 맞고 이해하기 쉽다는 장점이 있다. 문제해결학습을 효율적으로 하기 위해서는 자율적인 학습 분위기를 형성하도록 해야 하며, 학습자가 생각할 시간과 기회를 충분히 갖도록 배려하는 것이 중요하다.

프로젝트방법(구안법)

진보주의자들은 아동들이 지식을 배울 때는 수동적으로 받아들이기보다 실지로 행하면서 배운다고 생각하였다. 그래서 교육과정은 교과로 구성되기보다는 프로젝트의 형태를 지녀야 한다고 주장하였다. 즉, 어떤 과제나 문제를 해결해 나가는 과정에서 필요한 지식을 획득하는 방법과 문제해결과정을 학생들이 모두 직접 경험해 보는 것이다.

이 방법을 주장하는 사람들은 지식이 중요한 것은 그것 자체로서 중요한 것이 아니라 그 지식을 통해 일상생활이나 사회생활에서 일어나는 문제를 해결할 수 있기 때문이라고 보았다. 이 방법은 미국에서 개발된 것으로서, 20세기 초 학교에서 배운 농업지식을 학생들이 자기농장에서 실지로 활용해 가며 배우는 과정에서 나왔다. 이것이 발전되어 학생들이 특정한 목적을 가지고 다양한 지식을 총동원하여 구체적인 활동을 하면서 문제를 해결하는 방식을 프로젝트방법이라고 한다.

이 방법은 현장에서 실제로 작업을 하는 학습이기 때문에 학생들의 행동을 지나치게 강조한 나머지 낭만적인 아동중심주의에 빠지기 쉽고, 과학적 지식의 계통적 학습에 적용하기 어렵다는 단점이 있다. 특히 교사의 적절한 지도가 없다거나 학습할 준비가 되어 있지 않은 아동들에게는 비효과적이다. 그러나 이 방법은 학생들의 사고와 행동을 모두 요구하므로 학습동기유발에 효과적이고 자신의 일을 스스로 처리할 수 있는 능력도 생길 수 있다는 장점이 있다.

시뮬레이션 게임(모의학습)

시뮬레이션은 현실세계에서 이루어지는 어떤 현상의 과정 또는 역동성을 선별적으로 재현시키는 방법이다. 시뮬레이션 게임은 일반적으로 학습자들이 늘 경험하고 있거나 혹은 부딪칠 수 있는 실제상황을 간단하게 제시하며, 게임의 방식을 통하여 학습자가 문제해결에 도달하는 과정과 결과가 적절한가를 본다. 이 방법은 지식전달 위주의 학습에서 탈피하여 학생들로 하여금 경험을 통해 지식과 문제해결력을 키울 수 있도록 하며, 좀 더 현장감을 주는 흥미있는 수업이 되도록 한 것이다.

시뮬레이션은 두 종류로 나눌 수 있다. 첫째, 기계나 도구를 사용하여 실지상황과 비슷하도록 조작한 다음, 기계를 통해 학습자의 문제해결과정이 맞는가를 알아보는 것이다. 예를 들면, 뇌수술과정, 원자탄제조방법, 그리고 전쟁수행방법 등은 직접 실시하기에는 위험성이 많거나 불가능하기 때문에, 실지 상황과 가장 비슷한 상황을 만들어 놓고 비교적 적은 비용으로 문제해결방식을 배우는 것이다. 제1차 세계대전 중에도 시뮬레이션을 사용하여 군사교육을 실시하였으며, 1963년에는 군사훈련을 위한 게임모형이 200개나 작성되었고, 이제는 보편화되었다. 둘째, 정책결정이나 문제해결력을 키우기 위해 실제 있었던 일 또는 가상적인 상황을 설정하고 그 상황에서 학습자가 어떠한 행동을 할 것인가를 생각하게 하는 것이다. 예를 들면, 노사간의 문제를 보여주고 학생들을 몇 개의 집단으로 나누어 각기 경영주, 근로자, 소비자, 관료 등의 입장에서 문제를 토론하게 하는 것이다. 이 방법은 다른 입장에 있는 사람들을 이해하여 포용력을 넓히고, 지도력을 키우며, 다른 사람과의 갈등을 풀어나가는 데 도움이 된다.

교육에서 시뮬레이션 기법을 활용하는 것은 실제경험보다 몇 가지 점에서 유리하다. 우선 쉽게 이해할 수 있도록 하기 위해 매우 복잡한 상황을 단순화시킬 수 있고, 실제상황에서는 매우 위험한 경험도 안전하게 훈련할 수 있다. 그리고 모든 학생들이 공통적인 사태나 문제상황을 경험할 수 있으며 또한 실제상황에서는 너무 경비가 많이 들어 하기 힘든 것도 경험할 수 있다. 컴퓨터와 같이 기계를 통한 게임은 경쟁에 지더라도 정신적인 부담감이나 위압감을 주지 않는다는 장점이 있다.

게 임

게임에 의한 수업은 학습자가 학습내용과 관련된 규칙 내에서 경쟁적인 요소를 첨가하여 학습목적이 달성될 수 있도록 재미있게 구성한 경쟁적이고 도전적인 특징을 갖는다. 따라서 게임은 단순히 학습목적에 해당하는 가시적인 목적 외에 사람들과의 의사소통기술, 참을성과 경쟁심, 호기심, 규율에 대한 존중감 등을 습득할 수 있도록 한다는 점에서 활용도가 높다.

앞에서 살펴본 시뮬레이션도 컴퓨터를 활용한 게임이 적지 않다. 얼마 전까지만 해도 컴퓨터에 의한 시뮬레이션 게임은 대부분 오락 수준에 머물러 있었다. 또한 컴퓨터 게임은 학생들의 학업에 지장을 주고 전자파와 같은 유해한 물질 때문에 건강에 나쁜 영향을 주며 혼자 게임에만 집중하여 또래집단과 어울리지 않는다든가 하는 부정적인 점만을 생각하게 했다. 그러나 최근 컴퓨터가 급속도로 발전되면서 다양한 게임뿐만 아니라 문화활동, 예술, 교육 등에도 두루 사용되고 있다. 그리하여 컴퓨터 게임은 오히려 재미와 교육적 효과를 동시에 만족시킬 수 있는 도구로서 각광받기 시작했다.

물론 컴퓨터 게임으로 인해 발생되는 문제점 또한 많을 수 있다. 우선 아무리 게임을 실제에 가깝도록 정교하고 복잡하게 만들었다 하더라도 실제상황처럼 만들 수는 없기 때문에 문제를 너무 단순하게 받아들일 수도 있다. 또한 컴퓨터 사용은 창의력과 상상력을 감소시킬 수 있다. 얼마 전 프랑스는 컴퓨터 교육이 어린이의 창의력을 감소시킨다고 하여 컴퓨터 교육을 중지시킨다는 결정을 한 바 있다. 그러나 이제는 과학기술의 발달로 교육적 효과를 높이는 다양한 프로그램이 많이 제작되기 때문에 컴퓨터 게임을 받아들일 것이냐 아니냐를 논하기보다는 어떻게 만드느냐에 관심을 가져야 할 것이다.

역할놀이

역할놀이는 타인의 역할을 연기를 통해 경험해 봄으로써 자신과 타인을 이해하는 데 도움을 주고자 하는 극화된 놀이방법으로, 흔히 있는 인간관계 문제를 해결하기 위하여 선발된 집단성원들이 어떤 사건이나 상황을 자발적으로 연출하도록 한 것이다. 역할놀이는 1930년대 이후 더욱 적극적으로 사용되기 시작하였다. 당시 심리학자와 정신과 의사, 그리고 사회학자들은 다양한 상황에 처한 인간의 행동을 연구하기 위해 역할놀이라는 방법을 사용하였다. 특히 정신병 치료를 위한 요법으로, 역할놀이를 적용한 심리드라마가 시도된 것은 역할놀이를 활성화하는 데 커다란 계기가 되었다. 그러나 이러한 드라마기법이 학교의 정규수업에 등장한 것은 1940년대 미국에서이며, 1960년대 이후 수업방법으로서의 가치가 있다고 생각되어 많이 사용되었다.

역할놀이는 학생들로 하여금 주위 사람들과의 상호갈등에서 일어나는 공통적인 문제가 무엇인가를 이해하도록 도와준다. 그리하여 학생은 문제에 효과적으로 대처할 수 있는 능력을 기를 수 있다. 또한 역할놀이를 통해 학생들은 자신의 행동과 타인의 행동에 영향을 미치는 개인의 가치, 충동, 두려움 또는 다른 외적 영향력이 무엇인가를 깨닫게 된다. 모의된 상황에서 학생들은 자신의 생각을 행동으로 시험해 볼 수 있으며, 가상적으로 어떤 역할을 행함으로써 문제나 상황의 핵심을 깊이 이해할 수 있다.

역할놀이의 예를 들면 학생들에게 교사의 역할, 부모의 역할, 고용주의 역할 등 다양한 역할을 해보게 함으로써 상대방의 감정과 태도를 이해하도록 하며, 동시에 내가 앞으로 어떠한 태도와 가치관을 가져야 할지에 대해 새로운 입장에서 생각하게 해준다. 역할놀이가 효과적이기 위해서는 교사와의 관계가 편안해야 된다. 교사는 학생들이 자신의 감정을 표현할 수 있도록 학습 분위기를 온화하게 해주는 것이 좋다. 그러나 역할놀이는 시간이 많이 걸린다는 단점이 있고, 교사와 학생 간의 관계가 개방적이지 못할 때는 효율적이지 못하다.

4. 정보화시대의 멀티미디어 수업방법

영상, 색채, 소리 등의 감각자극들 속에서 우리가 생활하고, 즐기고, 배우는 것은 자연스러운 현상이다. 이러 자연스러운 현상을 교육현실 속에 끌어들이고 있는 것이 멀티미디어이다. 멀티미디어는 실제와 가장 유사한 환경을 구성할 수 있고 다양한 감각자극들을 동시에 제공할 수 있기 때문에 더 자극적이고 개방적인 교육환경을 제공한다.

오늘날 멀티미디어는 컴퓨터와 통신기술의 발달을 적용한 상호작용 비디오시스템이나 하이퍼미디어, 더 나아가 가상현실과 화상수업 등으로 발전하고 있다. 멀티미디어는 세 가지 형태로 구분될 수 있는데, 첫째는 하드웨어 형태가 있다. 이것은 동영상, 음성, 텍스트, 정지영상 등을 포함하는 대용량의 저장장치를 필요로 한다. 둘째는 소프트웨어 형태가 있다. 디지털로 통합, 저장되어 이용자에게 전달되는 것을 말한다. 흔히 하이퍼텍스트 기법을 이용하여 'www' 나 교육용 CD 타이틀 등에서 구현된다. 셋째는 정보의 전송형태이다. 이것은 다양한 정보를 실어 나르는 전송망들의 통합된 형태를 말한다. 하드웨어로서의 멀티미디어가 일종의 노드node라면 정보전송으로서 멀티미디어는 노드 사이를 연결하는 링크link로 비유할 수 있다. 멀티미디어라는 용어는 컴퓨터의 통제하에 있는 텍스트, 그래픽, 애니메이션, 사운드, 비디오, 그리고 음악 등의 통합체를 기술하기 위해서 사용되고 있다. 멀티미디어가 갖는 공통된 특성은 디지털화, 영상화, 종합화, 쌍방향성, 비동시성, 상호작용적 링크 등이다.

e-Learning으로의 변화

교수매체는 초기에는 책 · 영화 · 라디오 등 각각의 매체가 분리되어 교수에 적용되었으나, 그 후 조금 발전된 형태로 책과 레코드를 함께 보고 들으며 학습하고, 실물이나 모형으로 학습할 때에 레코드와 학습자 매뉴얼을 함께 보며 학습하는 형태로 복합매체의 성격을 띠고 있었다.

그러나 컴퓨터가 급격히 발전하면서 각각의 매체를 통합하기 시작하였다. 컴퓨터와 비디오가 통합되면서 상호작용 비디오가 되었고, 컴퓨터와 오디오가 통합되어 콤팩트디스크가 되었다. 또한 실물이나 모형과 같은 것을 컴퓨터 화면상에서 움직이고 조작하게 하는 가상현실은 교수매체가 컴퓨터를 중심으로 통합되는 것을 잘 나타내는 것이다.

교육에서 테크놀로지의 활용은 전통적인 교육기관의 혜택을 받지 못하는 학생들에게 혜택을 주고 지식기반사회에서 새로이 출현하는 교육의 요구를 잘 충족시키며 학습의 질을 향상시킬 것을 기대한다. 이에 교육자가 당면하게 되는 도전은 이런 강력한 도구를 활용하여 교육과 연수 현장에서 각 개인과 사회가 요구하는 것을 어떻게 충족시켜 주느냐에 관한 연구와 교사의 역할이 정보전달자가 아닌 교수설계자, 학습조언자, 학습운영자 그리고 관리자의 역할로 바뀌어야 한다는 것도 테크놀로지의 발전에 따른 교육에서의 변화라고 할 수 있다.

21세기는 e-시대로 시작을 하였다고 해도 과언이 아니다. e-Business, e-Learning, e-Commerce 등 근래에 들어 접두어 'e'를 자주 접하게 된다. 이러한 e-와 동반되는 용어가 바로 웹과 넷이다. 이 웹과 넷을 통해 많은 사람들이 빠르고 싸고 쉽게 커뮤니케이션을 하거나 정보를 검색 · 교환하게 되었으며, 이 웹과 넷을 이용하여 교육에서도 효과성과 효율성을 증진시키려는 시도가 진행되고 있다. 과연 e-Learning은 무엇인가?

e-Learning에 대한 합의된 정의는 없지만 대체로 "네트워크를 중심으로 학습내용을 전달하고 학습자와 상호작용하며 학습을 촉진시키는 일련의 과정"으로 정의한다. 여기서 네트워크란 인터넷일 수도 있고 학교 내의 LAN일 수도 있다. 또한 학습은 개별적으로 이루어질 수도 있으며, 전통적인 수업의 일부분으로 이루어질 수도 있다. e-Learning은 언제, 어디서, 누구나, 자기에게 알맞은 학습을 할 수 있게 하는 것을 목적으로 한다.

인터넷의 교육적 효용성은 다른 매체들에 비하여 상당히 높으며, 다양한 방법으로 응용과 적용이 가능할 것으로 본다. 인터넷이 갖는 교육적 효용성을 기술하면 다음과 같다. 첫째, 인터넷은 웹, 전자우편, 채팅 등과 같은 서비스를 이용하여 교실 밖에 있는 다른 학생, 교사, 전문가들과 상호작용할 수 있다. 인터넷은 일반적인 학교 수업에서 문제시되었던 고정적이고 제한적인 환경의 문제점들을 벗어날 수 있게 해주었고, 다양하고 폭넓은 세계와 사람들과의 만남을 가질 수 있는 기회를 주었다.

둘째, 인터넷은 지역과 거리에 상관없이 어떠한 주제와 목표에 따라 여러 학생들이 같이 협력하여 활동할 수 있는 도구가 되었다. 문제를 같이 고민하고 전자우편과 채팅 등으로 문제와 어려움을 해결해 나가면 조금씩 계획했던 목표점들에 도착해 나갈 수 있을 것이다. 이러한 인터넷을 이용한 협력은 학생들뿐만 아니라 교사들 상호 간에도 이루어질 수 있고, 이를 통해서 교사들 각각이 가지고 있는 가르침에 대한 노하우와 학습자료 등도 공유할 수 있게 되었다.

셋째, 인터넷은 학생과 교사들에게 개개인이 요구하는 목적에 맞추어 적절한 정보를 제공하고 있다. 인터넷에 있는 많은 전자도서관의 데이터베이스를 이용하여 전문적인 문헌자료와 멀티미디어 정보들을 수업에 활용할 수 있고, 과제를 해결하는 데 중요한 정보로 사용할 수 있다. 또한 세계 각국의 여러 방송국이나 개인 방송 서비스를 통하여 실시간으로 세계의 동향과 최신 기사들을 보고 활용할 수 있다.

인터넷 활용 수업방법

인터넷을 활용한 수업방법은 여러 가지로 나누어 볼 수가 있다. 첫째, 서버 활용에 따라 정보검색, 정보교환, 온라인 강의 등이 있다. 정보검색은 인터넷을 통해 다양한 정보를 찾아내는 것을 말하며, 정보교환은 인터넷에서 전자우편e-mail과 파일전송으로 이루어진다. 온라인 강의란 통신망을 이용한 온라인 강의로, 주로 소속 교육기관의 학생들을 대상으로 하고 있다.

둘째는 집단구성에 따라 개별학습과 집단학습이 있다. 개별학습에서는 독자적 자기주도수업, 켈러식 수업, 컴퓨터 활용수업 등이 있다. 독자적 자기주도수업은 교사로부터 과제를 받아 독자적으로 학습하여 과제를 해결하는 수업이다. 켈러식 수업은 켈러Keller가 제안한 개별화 수업체제로, 한 강좌를 15~30개 단위로 구성한 다음, 학습자들은 하나의 단위를 개인별로 학습한 뒤에 시험을 치르고 시험을 통과하면 다음 단위의 학습을 할 수 있다. 컴퓨터 활용수업은 보통 컴퓨터 보조수업CAI을 말한다. 보조수업 유형에는 반복연습형, 개인지도형, 게임형, 모의실험형, 발견학습형, 문제해결형, 자료제시형 등이 있다.

셋째는 토의수업과 문제해결수업 등이 있다. 토의수업은 참여하는 여러 사람들 간의 상호작용을 통하여 문제를 해결하도록 하는 수업방식이다. 인터넷을 통한 토의방법에는 문자대화, 전자회의 등이 있다. 문제해결수업은 학생들이 새롭게 직면하는 문제에 대하여 컴퓨터를 이용해서 해결책을 찾는 것이다. 여기서는 컴퓨터를 이용해서 문제를 해결하는 기술이 필요하다.

제11장

학생은 이러한 기준에서 평가된다

교사는 학생들의 우열을 가리고 수업을 개선하기 위해 학생들의 수업 성취도를 평가한다. 학생들의 성취도를 평가하는 방법에는 세 가지가 있다. 첫째는 각 학생의 학습결과를 다른 학생들의 학습결과와 비교하여 평가하는 것이다. 이러한 방법을 상대(비교)평가라고 하는데, 이 방법은 각 학생의 학업성취도를 결정할 때 그가 속해 있는 집단의 평균점수에서 얼마나 떨어져 있느냐에 따라 결정된다. 둘째 방법은 교사나 전문가들이 설정한 수업목표에 의해 학생의 학업성취도를 평가한다. 이들이 설정한 수업목표를 '절대기준'이라 하며, 이러한 방식의 평가방법을 절대(기준)평가라 한다. 셋째 방법은 교사와 학생이 함께 평가기준을 설정하는 것이다. 초등학교 4학년 정도면 자신의 능력을 비교적 잘 인식할 수 있으므로 함께 평가기준을 정하는 것은 아주 좋은 방법이다.

교사의 가장 중요한 역할은 효율적인 수업을 진행하는 일이다. 그러므로 교사는 수업을 어떻게 개선할 것인가를 항상 연구해야 한다. 수업의 질을 개선하기 위한 자료는 여러 가지가 있지만 가장 중요한 것은 학생들의 학업성취도이다. 그러나 학생들의 학업성취도를 평가한다고 해도 궁극적인 목적이 학생을 평가하는 일이라기보다는 평가결과에 기초하여 수업을 개선하는 것이 가장 중요한 업무라는 것을 교사는 항상 염두에 두어야 한다.

1. 다른 학생들과 비교하는 상대평가

평가의 기능이 학생들의 능력을 변별하는 데 있다고 주장하는 측에서는 사람마다 개인차가 있듯이 학생들의 능력 역시 서로 차이가 나는 것은 당연하다고 생각한다. 그러므로 한 집단 속에는 우수한 학생, 평범한 학생, 실패할 수 있는 학생들이 있고, 교사가 아무리 열심히 가르치고 수업환경이 훌륭해도 학생들의 능력이 서로 다르므로 학습결과에 차이가 나는 것은 어쩔 수가 없다는 것이다.

상대평가(규준지향평가)란 학생들의 학습결과를 다른 학생들과 비교해서 평가하는 방법이다. 상대평가는 한 집단에 속해 있는 학생들의 능력분포가 정규분포를 이룬다는 가정에 근거하고 있다. 따라서 각 학생의 학업성취도는 그가 속해 있는 집단의 평균점수를 기준으로 해서 결정된다. 즉, 학생의 상대적 서열에 의해 학력을 평가하는 것이다.

이러한 입장에서는 학생들의 능력차이를 가장 잘 변별해 주는 검사가 좋은 검사가 된다. 상대평가는 학생들의 선발에만 관심을 가지는 것으로서, 교육이라는 활동을 통해 우수한 학생들은 계속 발전시키고, 열등한 학생들은 따로 분류해 내고자 하는 것이다. 학생들이 학업에 실패하면 그것은 교육이 잘못되었기 때문이라기보다는 학생의 능력이나 노력이 부족하기 때문이라고 해석한다. 결국 교육이란 소수의 인재를 기르는 수단이라고 보는 것이다.

인간의 능력은 상대적으로 평가되게 마련이고, 사회에서도 역시 경쟁자들과 비교될 수밖에 없기 때문에 상대평가는 유용한 방법이다. 또한 상대평가에서는 학생들이 다른 사람들과 비교되기 때문에 경쟁심이 높아질 수 있는데, 경쟁심은 학업에 대한 동기를 높여주므로 이것도 상대평가의 장점이라고 할 수 있다.

상대평가의 문제점

상대평가에서는 학생들의 성적분포가 [그림 11-1]과 같이 정규분포의 모양을 이룬다는 가정하에 학생들의 성적을 비교하였다. 따라서 교사가 수업을 성공적으로 실시했든 그렇지 않든 간에 수업의 결과를 나타낸 성적분포는 모두 같은 모양이 되어 교육과정이나 수업의 질을 제대로 평가할 수 없다. 따라서 평가의 기본목적인 수업의 개선에 대해서는 소홀히 하게 된다.

상대평가에서는 학생들의 우열을 가리는 것이 중요하기 때문에 학급학생들이 모두 공부를 잘하든 모두 못하든 간에, 상대적으로 잘하는 학생도 있고 못하는 학생도 있게 마련이다. 그런데 학생이 공부를 잘하지 못한다는 것은 교사가 잘 가르치지 못했다는 것과 같다. 따라서 학생들의 실패는 곧 교사들의 실패라고 볼 수 있다. 결국 상대평가에서는 수업이 시작되기 전부터 교사는 이미 자신의 실패를 예언하는 결과가 된다. 이러한 예언은 거의 매번 적중한다. 왜냐하면 교사는 학업에 실패하는 학생들이 생길 때 그들이 성공할 수 있도록 도와주어야 함에도 불구하고, 공부 못하는 사람은 항상 있게 마련이라고 생각하여 그들의 실패를 당연시하고 아무런 관심도 기울이지 않기 때문이다. 그러한 교사의 태도는 학생들에게도 전달되어 수업을 잘 따라가지 못하는 학생들은 아예 자신은 공부를 못하는 학생이라고 체념해 버린다.

상대평가에서는 한 학생의 성적이 높기 위해서는 반드시 다른 학

그림 11-1 정규분포에 기초한 학생들의 성적분포

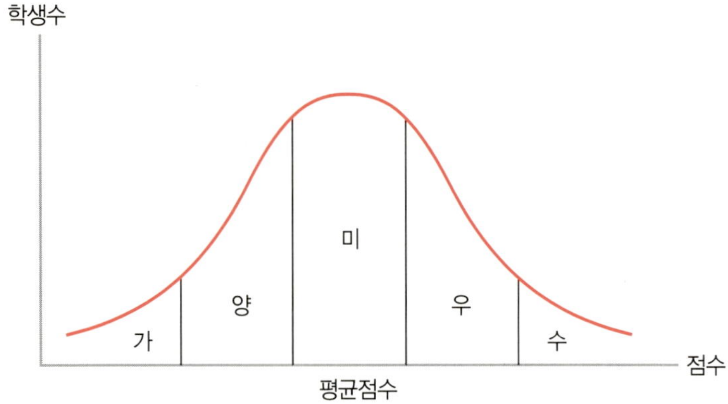

생들의 성적이 낮아야 되기 때문에 모든 학생들이 함께 높은 성적을 낼 수가 없다. 따라서 학생들에게 누구나 노력하면 성공수준에 도달할 수 있다는 신념을 갖지 못하게 하는 비교육적인 면이 있다. 그리고 학교에서는 지식의 전달뿐만 아니라 좋은 태도를 기르는 것도 중요한데, 상대평가의 경우 과다한 경쟁심을 불러일으켜 친구들과의 관계, 교사와 학생의 관계, 심지어 학생과 학부모의 관계까지도 불편하게 만드는 경우가 많다.

2. 교사나 전문가의 기준에 의한 절대평가

학생을 평가할 때 다른 사람보다 '얼마나' 더 성취했느냐보다는 그 학생이 '무엇'을 성취했는가에 관심을 두는 평가방법도 있다. 여기서 '무엇'이란 학생이 달성해야 할 수업목표가 된다. 이렇게 학생의 학습결과를 목표와 관련짓는 평가방법을 절대평가(준거지향평가 또는 목표지향평가)라고 한다.

절대평가의 중요성은 평가라는 개념이 생긴 이후 계속 강조되어 왔지만, 1960년대까지는 상대평가가 우세하였다. 우리나라에서는 1970년경부터 초등학교와 중·고등학교에서 절대평가방법을 도입하였다가, 1980년 대학입시에 내신제를 적용하기 시작하면서 다시 중·고등학교에서는 상대평가를 사용하게 되었다.

교사가 수업목표를 제시할 때는 그 목표가 대상학생들에게 적절하다고 생각했기 때문에 제시한 것이다. 그럼에도 불구하고 어떤 학생이 수업에 실패했다면, 그것은 학생의 잘못이라기보다는 어떤 다른 이유가 있을 것이다. 예를 들면 교사, 수업방법, 수업자료 등의 문제로 인해 학생이 수업에 실패했을 수도 있기 때문에 이러한 요인들에 대한 평가도 해야 한다는 견해를 갖는다. 따라서 절대평가는 교육과정이나 수업의 질 등을 평가할 때 적절하다.

평가의 목적이 학생선발에 있다면 학생들의 학업성적을 구별하는 것이 유일한 목적이 되는데, 이러한 경우에는 수업이 훌륭하였다는 것을 전제해야 한다. 그러나 아직도 우리 주위에서는 수업평가보다는 학생평가에 더 관심이 있고, 이것만을 평가의 유일한 목적으로 생각하는 예를 많이 볼 수 있다. 교사는 학생을 평가할 때 상대평가와 절대평가 중 어느 하나만을 선택해야 할 필요는 없다. 대부분의 경우 평가를 하는 목적은 각 학생이 그 집단에서 어느 위치에 있는지, 그리고 학생이 수업목표를 어느 정도 달성했는지를 알아보는 것이므로 두 방법 모두 필요하다.

절대평가는 모든 학생들이 미리 설정된 수업목표에 도달하기를 기대하므로, 학생이나 교사 모두에게 학습목표 달성에 대한 신념을 갖게 한다. 한 학생이 학습목표에 도달했다고 해서 다른 학생들이 목표에 도달하지 못하는 것은 아니므로 학생 상호 간에 협동이 가능하며 과다한 경쟁을 피할 수 있다.

절대평가의 문제점

절대평가에서 가장 문제가 되는 것은 수업목표를 누가 어떻게 설정하느냐 하는 것이다. 또 그 목표가 적절한지, 그리고 그 목표가 학생을 평가하고 수업을 평가하는 타당한 기준으로 볼 수 있는지가 문제이다. 또한 절대평가는 한 집단의 학생 거의 모두가 수업목표에 도달하는 것을 전제로 하기 때문에 결과적으로는 모든 학생들이 할 수 있는 최저수준만을 요구하게 된다.

절대평가의 또 다른 문제점으로는 학생들의 수업목표 달성도를 정확하게 재려면 수업목표를 구체적으로 세분화해야 한다는 것이다. 행동주의 심리학에서는 목표의 세분화를 중요하게 생각하지만, 너무 세분화를 하다 보면 각각의 목표를 달성했다고 해서 전체적인 수업목표에 도달한 것으로 볼 수 있는가 하는 의문이 생길 수도 있다. 절대평가에서는 평가의 대부분이 인지적 영역에 속하기 쉽고, 그중에서도 낮은 정신기능을 필요로 하는 내용만을 다룰 가능성이 크다. 왜냐하면 수업목표를 달성했는지를 알려면 목표가 상당히 구체적으로 진술되어야 하는데, 구체적 목표는 가치나 태도와 같은 정의적 영역보다는 지적 영역에 속하는 목표일 가능성이 크다. 뿐만 아니라 지적 영역 중에서도 높은 정신기능, 예를 들면 문제해결력, 창의력 등은 구체적으로 진술되기에는 곤란하여 목표를 설정하기 힘들다.

3. 교사와 학생이 같이 기준을 설정한다

평가기준을 반드시 교사나 전문가만이 결정할 필요는 없다. 사실 어른들이 생각하는 것만큼 학생들이 아무것도 모르는 것은 아니다. 초등학교 4학년 정도의 학생이라면, 그 반에서 누가 가장 공부를 잘하는 학생인지, 그리고 누가 그 반의 대표로 뽑힐 만한지 등을 교사만큼 정확하게 안다. 자신의 학습결과를 평가하라고 했을 때도 상당히 정확하게 판단하며, 자신이 그 집단에서 어느 정도의 위치에 해당되는지도 잘 안다. 따라서 교사가 학생들과 같이 평가기준을 의논하는 것은 아주 좋은 방법이다.

최근에 많이 사용되는 포트폴리오portfolio 방식의 평가방법(제12장에서 설명됨)에서는 교사와 학생이 함께 어떤 작품을 평가할 것인지, 그리고 어떤 기준에서 평가할 것인지를 설정한다. 포트폴리오는 다른 나라의 초·중·고등학교에서 많이 사용되는 평가방법이며 우리나라에서도 최근에 많은 관심을 갖고 있다.

학생들이 구체적인 수업내용을 모른다고 해도 수업 전에 평가기준을 설정하는 것은 가능하다. 예를 들면, 수업목표와 교과내용 그리고 수업방법 등을 교사가 설명한 다음 필답고사의 방법으로 실시할 것인지, 과제물이나 보고서를 낼 것인지, 프로젝트 방식이 좋을지 또는 이러한 방법들을 혼용할지를 같이 의논한다. 물론 수업목표나 교과내용 그리고 수업방법, 평가방법 등도 교사와 학생들이 같이 의논할 수 있다. 예를 들면, 독해력을 증진시키기 위한 수업에서 모든 학생들이 똑같은 책을 읽을 것인지, 학생들마다 관심을 갖고 있는 분야의 책을 읽을 것인지, 그리고 읽은 책을 어떤 방식으로 발표하고, 보고서를 쓰는 양식이나 분량은 어느 정도로 할지 등을 학생들과 의논할 수 있다. 시험은 어떤 방식으로 실시할지, 왜 그 방식이 좋은지, 언제 검사를 실시할지, 그리고 최저수준으로 정답의 몇 퍼센트를 맞추어야 하는지 등도 같이 의논할 수 있다. 만일 과제물이나 보고서 등을 제출할 것을 결정하면, 과제물의 성격이나 제출방식을 상세히 설명하고, 어떤 기관이나 장소에 가면 참고자료를 구할 수 있는지, 친구들과 같이 과제물을 공동으로 제작해도 되는지 등도 논의대상이 된다.

이러한 논의들은 과제의 복잡성 정도에 따라 저학년에서도 가능하지만 대체로 고학년이 되면 보통 별 문제 없이 의사소통이 가능하다. 이해력이 부족한 학생들에게는 교사가 별도로 상세하게 설명하고 과제물이나 보고서, 또는 프로젝트를 하는 과정에서 교사의 도움이나 지시를 자주 받을 수 있도록 한다. 교사는 학생들이 긴장감이나 실패감을 느끼지 않도록 문제해결과정을 도와주며, 동시에 학생들에게 혼자 탐구할 수 있는 기회와 자유도 주어야 한다. 학생들간에는 개인차가 많다는 것을 인식하고 각 학생들에게 적합한 방식과 적절한 양의 설명이나 도움을 주도록 한다.

인본주의 입장의 교사들은 학생들을 수업과정뿐만 아니라 평가과정에도 많이 참여시킨다. 이렇게 학생들을 수업의 전

과정에 참여시키면 학생들은 책임감을 느끼며, 결정과정에 자신의 의견도 들어갔기 때문에 약속을 이행해야 한다고 생각한다. 그뿐만 아니라 학생들은 자신들이 결정한 것이므로 자신감을 갖고 수업을 시작할 수 있을 것이다.

제12장

학교에서는 왜 검사를 실시하는가?

교사나 학생 모두 시험을 치르는 일은 힘들고 긴장되는 일이다. 그러나 검사를 실시하지 않으면 더 많은 문제들이 생길 것이라고 생각하여 앞으로도 여전히 시험은 존재할 것이다. 검사가 꼭 필요한 것이기는 하지만 그것이 끼치는 해악도 많으므로 검사를 실시할 때에는 이러한 해악에 유의해야 한다.

지금까지 사용해 온 검사는 필답고사가 대부분이었는데, 필답고사는 학생의 능력 중 한정된 부분만을 평가하므로 많은 사람들은 대안적인 검사방법을 생각해 왔다. 그중에서 최근에 가장 많은 관심을 받는 방법으로는 '수행평가'와 '포트폴리오'가 있다. 수행평가는 일상생활에서 실제로 일어나거나 실제와 비슷한 상황에서 일어날 수 있는 행동을 평가한다. 포트폴리오는 학생의 작품이나 활동 중에서 가장 잘된 것을 골라서 교사와 학생이 함께 평가하는 방식이다.

검사는 개인의 심리적 특성을 측정하기 위해 특정 조건에서 체계적인 방식으로 제시하는 일련의 문항이나 질문을 의미한다. 학교에서 학생들의 성취도를 측정하기 위해 사용되고 있는 검사는 흔히 시험이라고 부른다. 학교에서 치러지는 검사는 크게 구술검사, 지필검사, 실기검사로 나뉜다. 구술검사는 평가자의 구두질문에 대해 응답자가 말로 대답하는 일종의 면접고사이고, 지필검사는 평가자가 말이나 글로 물으면 응답자는 글로 써서 대답하는 검사이다. 실기검사는 동작이나 기능을 실제로 어느 정도 실행할 수 있는가를 재는 검사이다. 이 장에서는 검사의 정의, 종류, 문제점 등을 자세하게 알아보도록 한다.

1. 검사란 무엇인가?

측정대상은 직접측정이 가능한 것과 직접측정이 불가능하여 간접측정을 해야 하는 대상으로 구분된다. 예를 들어, 몸무게는 체중계를 이용해서 직접측정이 가능하지만 지능은 직접측정이 불가능하여 간접측정을 하지 않으면 안 된다. 간접측정을 위하여 사용되는 도구의 하나가 검사이다. 따라서 검사는 여러 형태가 있을 수 있으며 지필검사가 그 일반적인 예가 된다.

어떤 사람은 검사란 "표준화된 상황에서 학습자에게 점수를 부여하는 것"이라고 말한다. '표준화된 상황' 이란 모든 학생들에게 똑같은 문제를 똑같은 방법으로 실시할 수 있도록 검사의 절차가 미리 정해졌다는 것을 의미한다. 표준화의 정도는 검사마다 다르다. 어떤 검사는 전국의 모든 중학교 3학년 학생들에게 실시할 수 있을 만큼 표준화의 정도가 높을 수 있고, 반면에 어떤 검사는 한 학급의 학생들에게만 검사절차가 적용될 수 있을 정도로 표준화의 정도가 낮을 수도 있다.

대체로 교사가 작성해서 실시하는 검사들은 학생들의 지식 · 기술 등의 현재 성취 정도를 측정하기 위한 것으로, 학업성취도 검사가 대부분이다. 학업성취도 검사는 여러 전문가들이 많은 학생들을 대상으로 오랜 시간에 걸쳐 제작한 표준화 검사보다 표준화 정도가 낮다고 할 수 있다. 그러나 교사가 작성하는 검사라 하더라도 대상 학생들에게는 모두 같은 상황에서 검사를 실시하도록 해야 한다. 그래야만 검사결과에 대한 신뢰도가 높아질 수 있다. 어떤 학급에서 검사를 실시할 때 학생마다 검사시간을 달리하거나, 구두시험이나 지필검사 등의 서로 다른 형태로 시험을 치르게 한다면, 한 학급 학생들의 학습 정도를 정확히 알 수가 없을 뿐만 아니라 이러한 상황은 이미 검사로서의 의미를 상실한 것이라고 할 수 있다.

이 밖에도 인간의 정의적 행동특성을 측정하는 검사로는 성격검사, 흥미검사, 불안도 검사, 적성검사 등이 있으며, 심동적 행동을 측정하는 검사는 일반적으로 채점표나 점검표를 이용한다. 대표적으로 무용실기라든지 피겨스케이팅 등 어떤 행위의 세련도를 측정하는 검사들이 있다. 이와 같이 행위의 완성도를 측정하는 검사를 수행검사라고 한다.

검사의 또 하나의 특성인 '점수'란 학생의 학업성취도를 숫자로 표시하는 것을 의미한다. 만일 검사결과를 숫자로 표시하지 않고 '아주 잘한다', '좀 더 잘했으면 좋겠다'라는 식으로 서술한다면 학업성취에 대한 정확한 정보를 주지 못하는 결과가 된다.

그러나 최근에 와서는 검사에 대한 이러한 정의가 너무 편협된 것이라고 생각하는 사람들이 많아졌다. 학생들의 관심과 특성에 따라 학생들의 수업목표도 다르고 평가방법과 평가기준도 달라져야 하므로, 모든 학생들을 표준화된 상황에서 검사할 수도 없고, 또 그래서도 안 된다고 보고 있다. 또한 학생을 평가할 때는 잘못된 점만을 지적하지 말고 좋은 점도 지적해야 하는데, 학생들의 장점은 서로 다르므로 똑같은 방법으로 똑같은 내용에 대해서 검사를 실시할 수가 없다는 것이다.

검사의 결과를 숫자로만 표시한다는 것도 문제이다. 숫자란 때에 따라서는 아무 의미가 없다. 어떤 학생의 영어점수가 80점이라고 하자. 그 점수는 학생이 무엇을 알고 또 무엇을 모르는지, 그리고 얼마나 열심히 노력했는지, 지난번에 비해 얼마나 많이 발전했는지 등에 대해서는 아무것도 말해 주지 않는다. 검사는 측정을 위한 하나의 도구이고 다양한 측정방법을 동원하여 종합적으로 가치를 부여하는 것이 평가evaluation이다. 예를 들어, 80점을 맞은 영어점수에 대하여 학생의 영어능력이 우수하다고 판단하였다면 그것은 평가라고 할 수 있는 것이다.

2. 검사가 갖고 있는 문제점들

검사를 어떻게 만들고 실시하는지, 그리고 어떻게 그 결과를 해석하는지 등에 대한 연구는 많지만, 잘못 만들어지거나 잘못 사용된 검사로 인해 생기는 여러 가지 부작용에 대한 연구는 거의 없다. 검사를 만드는 사람들은 검사점수가 왜 그렇게 나왔는지, 그 점수가 무엇을 의미하는지, 그리고 점수의 해석은 어떻게 하는지 등에 대해 일반인들에게 알려야 할 의무가 있는데도 그 의무를 실행하는 사람들은 별로 없다. 일반인들에게 검사의 성격을 설명하는 데는 어려움이 따르겠지만, 학교에서 사용하는 대부분의 학력검사는 그 의미가 복잡하지 않으므로 일반인들에게 설명할 수 있으리라 생각된다.

검사의 가치가 학생의 미래 학습결과를 예언해 주는 정도에 따라 결정되어서는 안 된다. 그보다는 학생과 교사들에게 수업의 방향을 제시해 주고 학업성취를 증가시키는 데 얼마나 도움을 주는가에 따라 그 가치가 결정되어야 한다. 이러한 관점에서 볼 때, 학습자의 학업성취나 직업에서의 성공에 대해 장기적인 예상을 하는 것은 별로 현명한 일이 못 된다. 왜냐하면 장기적인 예상을 할 때는 오류를 범할 가능성이 더 클 뿐만 아니라, 장래의 목적을 향해 시도하기도 전에 이미 성공과 실패를 결정하는 것이 되기 때문이다.

검사는 학교에서 꼭 필요한 것이지만 그것이 끼치는 해악도 적지 않다. 검사가 사회에 끼치는 영향을 몇 가지 예를 들어보자. 우선 아동을 '우수아', '평범아', '열등아'와 같은 범주 속에 끼워 넣음으로써 성인이 되고 난 다음의 사회적 지위까지도 미리 결정해 버리게 된다. 이로 인해 인정을 받지 못하는 아동은 자신을 존중하는 마음이 없어지고, 자신의 지적 능력을 고정된 것으로 받아들이게 되어 교육적인 동기유발이 일어나지 않게 된다. 이러한 폐단은 인간의 타고난 학습능력을 측정하고자 하는 지능검사의 경우에 특히 많이 나타난다.

학생들을 선발하거나 우수한 학생을 뽑을 때 검사를 사용하는 것은 능력의 범위를 축소시키는 결과를 낳아 학교나 사회에 도움이 될 수 있는 다양한 재능을 위축시킬 위험이 있다. 대부분의 성취검사는 지식이나 단순한 기능을 평가하기 때문에 이러한 검사로 학생들을 선발하면 검사로 평가할 수 없는 다른 재능을 가진 학생들을 사회에서 소외시킬 우려가 있다.

검사는 교육과정의 내용을 제한하기도 한다. 즉, 검사가 어떤 내용을 포함하는가에 따라 교실에서 가르치는 수업내용이 정해지기도 하는데, 우리나라와 같이 상급학교의 진학이 학교공부의 가장 큰 목적이 될 때 검사가 교육내용을 결정하는 현상은 더욱 심해진다. 이러한 현상을 줄이려는 노력으로 대학입시에서 객관식 문항을 줄이고 논술검사를 실시한다든가, 중·고등학교에서 학생들의 표현력, 종합력, 사고력 등을 키우도록 하기 위해서 주관식 문항을 늘리는 경우가 해당된다.

검사는 세부적인 것만을 강조하는 경향이 있기 때문에 학생이 종합적인 능력을 갖추고 있는지를 알기 어렵다. 기억력이 좋은 사람은 비교적 좋은 점수를 받기 쉽지만, 창의력이 높은 사람에게는 오히려 점수가 좋지 않게 나타나는 경향도 있다. 더구나 검사과정에서 생기는 오류나 그 밖에 예언을 빗나가게 하는 모든 상황을 생각한다면, 인간을 평가한다는 것이 때로는 검사자의 능력을 과대평가하는 것은 아닌가 하는 생각을 하게 된다.

검사는 학생들의 서열을 매김으로써 많은 학생들에게 열등감을 주기도 하고, 학생들 간에 불필요한 경쟁심을 조장하기도 한다. 검사는 또한 융통성이 없고 기계처럼 결정하며, 학생들을 교사에게 의존하고 복종하게 만든다. 객관식 검사는 교사가 제시한 답지들이 모두 마음에 들지 않아도 그중에서 정답을 선정해야 되기 때문에 교사의 의견에서 벗어날 수가 없다. 또한 검사 때문에 교사가 가르치는 내용 이외의 다른 것을 학생들이 배울 가능성은 거의 없다. 교사가 가르치는 것을 적게 습득한 학생들은 다른 지식을 많이 안다고 하여도, 학교에서뿐만 아니라 사회에서까지 낮은 평가를 받을 가능성이 있다.

3. 그래도 검사는 필요하다

검사가 끼치는 문제점이 많다고 해도 여전히 학교에서는 검사가 사라지지 않을 것이다. 왜 그럴까? 만일 학교에서 검사가 사용되지 않는다면 학생들의 동기를 유발시키고(검사가 모든 학생들에게 동기를 유발시키는 작용을 하는 것은 아니지만) 상을 주는 일이 상당히 어려울 것이다. 교육의 효율성을 알아볼 수도 없을 것이고, 교사의 주관이나 편견에 의해 불공평한 평가가 이루어질 수도 있다.

한편으로는 대부분의 검사가 낮은 사회계층의 아동들에게 불리하게 되어 있다고는 하지만, 다른 한편으로는 검사결과를 가지고 사회계층의 벽을 허물 수도 있기 때문에 사회적 위치를 높이는 도구가 될 수도 있다. 검사가 학생들의 부족한 점을 알아 내어 개선해 나갈 수 있는 기회를 준다는 점에서는 민주적인 면도 갖추고 있다고 할 수 있다. 검사 이외의 대안이 없을 때, 검사를 사용하는 것이 좋은지 아닌지를 논의하는 것은 무의미하다. 그보다는 검사를 효과적으로 실시하기 위해서 어떤 검사를 사용해야 하고, 그 점수를 어떻게 해석할 것인지를 논의하는 것이 더 바람직하다.

검사가 인간의 정의적 행동특성에 주는 영향이 크기 때문에 다음을 염두에 두고 실시되어야 할 것이다. 첫째, 학습을 시작할 때 학습자 개인을 위주로 한 검사를 실시함으로써 흥미와 동기를 유발하게 하여 성공적 경험을 맛보아 긍정적 자아개념을 갖게 한다. 둘째, 성공적 경험을 반복적으로 얻게 하여 긍정적 자아개념이 형성되도록 하거나 때로는 자만심에 빠져 있을 경우 실패의 경험도 맛보게 하여 주의를 환기시킬 필요가 있다. 셋째, 어떤 검사에서 낮은 점수나 실패의 경험을 하였을 때 실패는 다음 실험에 성공의 근원이 됨을 주지시킬 필요가 있다. 교육평가 도구로서 검사는 학생들의 정의적 행동특성에 많은 영향을 주기 때문에 검사제작이 간단한 작업이 아니며 검사를 이루는 문항 하나하나가 중요함을 인식하여 문항제작에 세심한 배려를 해야 할 것이다.

4. 지필검사와 그 종류들

학교에서는 지식이나 태도, 운동 기술 등을 평가하는데 그중에서 가장 많이 평가하는 것이 지식과 관련된 능력이다. 이러한 능력을 '학력'이라고 하는데, 이 책에서는 학력을 평가하는 몇 가지 방식에 대해서만 설명하겠다. 그중에서 지필검사는 가장 오랫동안 그리고 자주 사용되는 방식이다. 지필검사에는 많은 문제점이 있기는 하지만 앞으로도 여전히 유용하게 쓰일 것이다. 지필검사의 문제점을 해결하기 위한 대안검사로는 여러 방법이 있는데, 여기서는 수행평가와 포트폴리오 방식을 소개한다.

지필검사는 연필과 종이를 가지고 하는 검사이므로 한 번에 많은 학생들에게 간편하게 실시할 수 있어서 실용적이다. 그러나 지필검사에서 학생들에게 물어볼 수 있는 질문은 상당히 제한적이다. 짧은 문장이나 단어로 물어볼 수 있는 질문이어야 하고, 대답 역시 한정될 수밖에 없다. 지필검사는 지식이 실지로 사용될 수 있는 상황에서 학생들의 반응을 알아보기 위한 것이라기보다는 인위적인 상황에서 나타날 수 있는 학생들의 반응을 한정된 형태로 보여준다. 예를 들면, 학생들이 '문장법'이라는 과목을 듣는 것은 글을 잘 쓰기 위해서이다. 그런데 지필검사에서는 '문장의 종류에는 어떤 것들이 있는가?', '비유법이란 무엇인가?' 등의 질문으로 '글을 잘 쓰는 능력' 측정을 하려고 하기 때문에 '글을 잘 쓰는 능력'을 정확하게 측정하는 데는 한계가 있다.

객관식 검사

지필검사에는 여러 종류가 있지만 크게 두 종류로 나누어 보면 객관식 검사와 주관식 검사가 있다. 객관식 검사란 채점에서 객관성을 유지할 수 있는 검사를 말한다. 객관식 검사는 선택형 문항이라고도 한다. 그것은 학생이 여러 답지 중에서 정답지를 '선택' 하는 것을 의미하기 때문이다. 정답을 여러 답지 중에서 확인하고 선택하므로 높은 정신기능보다는 기억력만으로 답을 맞히거나 추측으로 정답을 맞힐 가능성이 있어서 학생이 왜 그 답지를 선택하게 되었는지의 과정을 평가할 수 없다는 단점이 있다. 그리고 학생들의 표현력, 문장력, 자신만의 독특한 사고의 전개 등과 같은 중요한 능력을 함양하는 데 부적절하다. 그러나 선택형 문항은 채점 시 채점자의 주관성을 배제할 수 있어서 객관성을 요하는 선발검사에는 유리하다. 또한 학습영역의 많은 내용을 추출하여 측정하기가 용이하다는 장점이 있다.

주관식 검사

주관식 검사는 학생이 답을 써 넣는다고 하여 서답형 문항이라고도 하며, 채점이 '주관적' 으로 될 가능성이 많다. 주관식 검사는 최근에 객관식 검사의 문제점이 많이 드러나면서 입학검사에도 자주 사용되고 있다. 주관식 검사는 학생들이 자신의 문장으로 질문에 대한 의견을 자유롭게 쓸 수 있다는 것을 가장 큰 장점으로 삼는다. 배운 내용을 자신이 적절하게 조직할 뿐만 아니라 자신의 관점도 표현할 수 있으므로 아주 민주적인 방법이라고 할 수 있다. 또한 문제해결력 같은 높은 정신기능을 잴 수 있고, 시험을 준비하는 과정에서도 좋은 학습태도를 갖게 해준다.

그러나 주관식 검사는 질문이 모호하거나 너무 광범위할 경우 학생들이 질문을 이해하지 못하여 자신의 능력을 잘 보여주지 못할 뿐만 아니라 교사의 채점도 아주 주관적으로 치우치게 된다는 문제가 있다. 또한 자신의 의견을 창의적으로 쓸 수 있다고는 하지만 질문의 내용이 예를 들면 "조선시대의 역대 왕 이름을 쓰고 각 왕들의 업적을 쓰시오"라고 했다면 이것은 객관식 검사보다 더 많이 외워야 하고 학생들의 사고력이나 종합력 등의 능력을 키우는 것과는 아무 상관이 없다. 따라서 어떤 문항형식이 '좋다, 나쁘다' 라고 말하기보다는 그 문항을 필요에 따라 얼마나 잘 만들었는가가 중요하다.

주관식 검사가 최근에 각광을 받고 있지만 사실 여러 가지 문제점이 있다. 가장 큰 문제는 채점에 객관성이 부족하다는 것이다. 누가 채점했느냐에 따라 점수가 달라진다고 생각하면 입학검사와 같은 중요한 검사에서 학생의 불안감은 더 커질 것이다. 주관식 검사는 또한 정해진 시간에 쓸 수 있는 문항의 수가 적어서 배운 내용을 골고루 다 출제할 수가 없게 된다. 그럴 경우 문항들이 한쪽으로 치우쳐서 검사가 타당하지 않을 수도 있다.

우리나라의 대학입시시험에서 최근 논술식 검사를 실시하는 대학이 많은데, 한 학교에 지원하는 몇 만 명의 학생들 답안지를 단시일 내에 채점하는 것은 무리이다. 채점시간도 많이 걸리고 채점교수들의 긴장감이나 불안감도 크다. 그러나 이렇게 주관식으로 바뀌는 이유는 우리나라의 경우 대입시험이 중·고등학교에 절대적인 영향을 끼치므로, 대입시험 문항형식을 바꿈으로써 중·고등학교의 수업방식과 검사방식이 달라지기를 바라기 때문이다.

5. 지필검사를 대신하는 검사들

우리나라처럼 검사로 학생들을 힘들게 하는 나라도 그렇게 많지는 않을 것이다. 그 이유 중의 하나는 검사의 결과가 학생들의 인생에 너무나 지대한 영향을 끼치기 때문이다. 그리고 편안한 상태에서 학생들을 덜 긴장시키는 검사방안을 생각하기보다는 교사 위주, 행정가 위주의 검사방식을 사용하기 때문이다. 학생들이 많은 양의 지식을 짧은 시간 내에 외워서 시험을 치르고, 그 결과를 가지고 입학 여부를 결정한다거나 합격이나 불합격과 같은 중요한 목적에 사용한다면 누구나 긴장할 수밖에 없다. 그러나 평소에 학생들이 책을 읽고 감상문을 쓰거나, 실험실에서 실습을 한 다음 보고서를 작성하거나, 환경운동을 위한 포스터를 그리는 일 등과 같은 시험은 학생들에게 크게 긴장감을 주지 않을 것이다. 왜냐하면 단시일 내에 공부한 것으로 학생의 능력을 재는 것도 아니고, 또한 검사방법이 다양하므로 학생에 따라 잘할 수 있는 것과 잘하지 못하는 것들을 모두 평가할 수 있기 때문이다. 따라서 교사들이 조금만 더 시간과 노력을 들이고, 교장선생님은 교사들의 활동을 적극 뒷받침해 주며, 학부모들은 검사결과를 신뢰하고, 〈교육인적자원부〉는 과감하고도 융통성 있는 정책들을 실시하여, 학교 구성원 및 관계자는 지금까지의 획일적인 검사방법으로부터 탈피할 수 있도록 노력해야 할 것이다.

전통적인 지필검사는 질문의 의도가 잘 드러나 있고 측정하려는 목표도 명확하다. 그리고 검사의 질문이 주어진 상황에 의해 달리 해석되지도 않으며 그 문제를 해결할 때는 그 질문 이외의 다른 지식이 별로 필요하지 않다. 예를 들어 '3+5=?' 이라는 문제는 학생들이 질문의 의도를 명백히 이해할 수 있고, 그 질문에 대한 답이 상황에 따라 달라지지도 않으며 다른 지식도 필요하지 않다. 그러나 실제로 현실에서 부딪치는 문제해결방식은 대부분 이처럼 제한적이지 않다. 그리고 거의 모든 문제는 주어진 상황에 따라 달리 해석되며 여러 방면의 지식이 필요하고 이러한 지식이 통합되어 작용하였을 때 비로소 해결이 가능하다. 그동안 많은 연구자들은 학생의 능력을 재는 일이 전통적인 지필검사만으로는 부족하다고 생각하여, 보다 직접적이고 일상적인 상황에서 학생능력을 평가할 수 있는 방법을 모색해 왔다. 그러한 방법으로 여기서는 수행평가와 포트폴리오를 소개한다.

수행평가에 대하여

지필검사는 어떤 기능을 측정하는 데 있어서 부적절할 때가 많이 있다. 예를 들면 말하기, 보고서 쓰기, 실험실에서의 작업, 의과대학에서의 임상실습, 악기 연주하기, 운동기술 등과 같은 능력은 지필검사로 측정하기가 쉽지 않다. 수행평가는 특히, 일상생활에서 실제로 일어나는 것을 평가하기도 하고, 어떤 경우는 실제와 비슷한 상황에서 일어날 수 있는 행동도 평가한다. 예를 들면, 친구에게 '편지 쓰기'와 같은 수행은 실제로 편지를 쓰도록 할 수도 있고, '모의 주주총회'와 같은 것은 상당히 실제와 비슷한 상황에서의 활동을 평가할 수도 있다.

수행평가의 가장 큰 장점은 지필검사가 측정할 수 없는 능력을 측정한다는 것이다. 그러나 수행평가를 실시하는 데는 시간과 경비가 많이 든다는 단점이 있다. 때로는 학생의 행동이 일어난 시점에서만 측정할 수 있으므로 그 행동을 관찰하지 못하면 측정될 수 없기도 하다. 교사의 편견, 기대 등이 학생의 똑같은 활동을 아주 달리 해석하게 하는 것도 문제이다. 그러나 여러 교사들이 한 학생의 수행을 평가할 때는 교사들 간의 평가결과들이 일치하는 정도가 높다고 한다.

수행평가 점수에 영향을 미치는 또 하나의 요인은 과제이다. 즉, 같은 학생이라도 과제의 성격에 따라 그 결과에 차이가 많이 날 수 있다. 과제에 따라 학생이 잘하고 못하고의 차이가 많다는 것은 학생의 수행에 일관성이 적다는 것을 의미하며, 또한 교사는 다른 과제에 대해 학생이 얼마나 잘할 수 있을지 일반화할 수 없다는 것을 의미한다. 과제에 따라 달라지는 수행의 차이는 거의 모든 내용에서 일어난다. 예를 들면 학생의 글짓기능력은 주제에 대한 학생의 흥미와 친밀성에 따라 달라지며, 수학문제의 해결력은 이전에 학생이 그와 비슷한 문제를 풀어본 경험이 있느냐에 따라 영향을 받는다. 각 학생의 수행을 신뢰성 있게 평가하기 위해서는 과제의 수를 증가시키면 되지만, 수행평가에서 과제의 수를 늘리는 것은 그리 쉬운 일이 아니다.

수행평가의 결과는 점수로 표시되기보다는 서술적으로 기술하는 것이 더 좋다. 이러한 점 때문에 수행평가에서는 교사의 경험이나 주관에 따라 점수가 달라져서 신뢰도가 낮아지기도 하는데 이러한 주관성을 줄이기 위해서 체크리스트와 평정법을 사용한다. 평정법의 유형을 간단하게 살펴보자.

평정법의 유형

숫자 평정법

평정하려는 속성의 단계를 숫자로 표시하는 방법으로서 제작이 간편하고 결과를 통계적으로 처리하기 쉬우므로 가장 널리 사용된다. 평정의 단계는 대개 3, 5, 7, 9단계를 사용하는 것이 보통이나 가장 많이 사용하는 것이 5단계, 7단계이다.

예시

학생이 문제해결 과제에 기여하는 정도를 나타내는 알맞은 숫자에 u 표시를 하시오.

> 숫자는 다음과 같은 뜻을 가짐
> 4-지속적으로 적절하고 효과적임
> 3-일반적으로 적합하고 효과적임
> 2-개선이 필요하며 주제에서 벗어남
> 1-불만족스러움

[1] 집단토의에 어느 정도 참여하는가?	1	2	3	4
[2] 토의내용이 주제와 어느 정도 관련이 있는가?	1	2	3	4

도식 평정법

평정을 선으로 나타내도록 하는 방법이다. 수평선이나 수직선 어느 것이든 모두 사용할 수 있으나 흔히 수평선을 사용한다. 일정 단위의 간격을 수치로 표시한 선만 제시되는 경우도 있고, 선의 중간중간에 숫자나 간단한 형용사, 부사가 함께 제시되는 형태도 있다.

예시

아래 물음에 대해 선 위의 적절한 곳에 u 표시를 하시오.

[1] 집단토의에 어느 정도 참여하는가?

전혀	가끔	보통	자주	항상

[2] 토의내용이 주제와 어느 정도 관련이 있는가?

전혀	가끔	보통	자주	항상

기술도식 평정법

척도의 각 유목을 간단한 단어나 구, 문장으로 표시하는 방법이다. 학생이 얼마나 다른 단계로 행동했는지 척도의 각 유목에 행동용어로 간단하게 설명하는 것이 보통이다.

예시

아래 물음에 대해 선 위의 적절한 곳에 u 표시를 하시오.

[1] 집단토의에 어느 정도 참여하는가?

전혀 참여하지 않음/ 조용하고 수동적임	다른 집단 구성원 만큼 참여함	다른 집단 구성원보다 더 잘 참여함

[2] 토의내용이 주제와 어느 정도 관련이 있는가?

산만하고 주제에 벗어남	대체로 관련이 있으나 가끔 주제를 벗어남	항상 주제와 관련이 있음

체크리스트와 평정법은 둘 다 학생의 작품이나 행동에서 나타나야 할 특성을 여러 개의 서술문으로 작성하여 목록으로 만든 것이다. 체크리스트는 관찰하려는 행동단위를 미리 자세히 분류하고 이것을 기초로 그러한 행동이 나타났을 때 체크하거나 빈도로 표시하는 방법이다. 체크리스트는 외형이나 쓰임이 평정법과 유사하지만 요구되는 판단의 형식에 있어 근본적으로 차이가 있다. 평정법에서는 어떤 특성이나 특징이 나타난 정도 또는 어떤 행동이 발생한 빈도를 표시할 수 있지만 체크리스트는 '적절과 부적절' 또는 '있다와 없다', '예와 아니오'의 판단만을 요구한다. 초등학교 수준에서의 평가는 시험보다 관찰에 많이 의존하기 때문에 체크리스트가 유용하게 쓰일 수 있다.

예

다음 중 해당 사항에 u 표시를 하시오.

질문	예	아니오
1. 수업목표에서 설정한 기능을 평가하고 있는가?		
2. 학생들의 수행은 직접 관찰될 수 있는가?		
3. 작업지시는 정확하게 설명되었는가?		
4. 수행에 필요한 자료는 충분한가?		
5. 문제가 학생들에게 새로운 것인가?		

포트폴리오 평가에 대하여

포트폴리오portfolio는 최근에 초·중등학교에서 많이 사용되고 있는 평가방식이다. 포트폴리오는 이탈리아어의 '나르다' 라는 의미의 '포르타레portare' 와 종이라는 의미의 '폴리오folio' 의 합성어로 '종이를 나르는 것' 이라는 의미를 지니고 있다. 포트폴리오는 건축, 광고, 예술, 사진과 같은 분야에서 많이 사용되어 왔다. 건축이나 광고 분야에서의 포트폴리오는 작품을 만든 사람이 고객이나 고용주에게 보여주기 위해, 자신의 작품 중에서 가장 훌륭한 작품을 모아 만든 작품집 또는 서류철을 말한다.

학생의 포트폴리오에도 역시 학생이 가장 잘 만든 작품들이 포함되지만, 이 경우에는 학생과 교사가 함께 포트폴리오를 만들어 간다. 즉 학생이 어떤 작품을 포트폴리오에 포함시킬지를 결정하지만 교사가 작품선정을 도와줄 수도 있고 작품에 대한 계속적인 평가도 학생과 교사가 함께 한다. 학생의 작품과 그 작품에 대한 자료들은 각 학생을 위해 마련된 서류철에 보관하며, 학생들이 제출한 모든 포트폴리오는 선반이나 책상과 같이 학생들이 볼 수 있는 장소에 둔다. 학생들의 작품이나 활동들은 계속 포트폴리오에 첨가되어 학생들의 진전된 학습결과를 보여줄 수 있어야 한다.

포트폴리오는 미술작품이나 평론과 같은 예능부문이나 실험실습을 자주 하는 과학부문에서 효과적으로 사용될 수 있지만, 그 밖에도 국어시간에 글쓰는 습작을 하거나, 사회과목에서 여러 가지 사회문제에 대한 비판 및 해결방안에 대한 논문을 쓴다든가 하여 대부분의 교과목에 사용될 수도 있다.

포트포리오를 개발할 때 고려해야 할 점은 첫째, 학생이 자기반성할 수 있는 기회를 제공해야 하고, 둘째, 포트폴리오에 포함시킬 내용을 학생 스스로 선택할 수 있어야 하며, 셋째, 포트폴리오에는 향상을 설명할 수 있는 정보가 들어 있어야 한다.

포트폴리오를 평가할 때는 각 학생의 활동이나 작품을 다른 학생들의 것과 비교하는 것이 아니라 수업목표와 비교하여 평가한다. 학생의 작품이 다르기 때문에 학생에 따라 수업목표도 다르고 평가기준도 다른 것이다. 포트폴리오를 평가할 때는 그 작품의 잘못된 점보다는 잘된 점을 지적해 준다. 특히 학생이 가장 잘한 작품에 대해 교사와 학생이 함께 평가한다. 학생은 교사와 함께 자신의 작품을 평가하기 때문에 평가결과를 인정하게 되며 평가과정도 수업의 연장으로 볼 수 있다.

포트폴리오에는 학생이 선택한 작품이 포함되지만, 교사는 모든 학생들의 포트폴리오에 공통적으로 포함될 작품을 선정할 수도 있다. 공통작품은 각 학생의 포트폴리오를 채점하는 기준으로 사용된다. 작품에 대한 평가는 계속적으로 이루어져야 하고, 매 단계마다 작품이 잘 진행되고 있는지 그리고 잘못된 점은 무엇인지에 대해 평가한다.

포트폴리오 평가의 타당성은 학생이 포트폴리오에 '무엇'을 포함하였는가에 달려 있다. 포트폴리오에 포함된 작품이 아무리 잘된 작품이라 하더라도 그 작품이 수업목표와 관련이 없는 것이라면 포함시켜서는 안 된다. 교사는 작품의 적절성, 학생이 그 작품을 선정한 이유, 포트폴리오 자체의 수준 등 모두에 대한 판단을 해야 하지만 이들에 대한 평가는 별도로 해야 한다.

포트폴리오 평가의 신뢰도를 높이기 위해서는 작품의 수를 늘리거나 또는 한 학생의 작품을 여러 사람이 평가하는 방법이 있다. 포트폴리오 평가의 장점은 학생이 결과물에 대한 평가보다 학습자의 향상 정도를 파악할 수 있는 방법일 뿐 아니라 학습자 중심으로 이루어지는 과제표현의 가능성을 열고 있다는 점에 있다. 특히 평가의 목적이 개인 간의 비교가 아니라 각 개인의 변화 및 진전도에 있다는 점에서 개별화된 수행과제와 결합된 평가가 가능하다. 평가 진행과정이 교과과정상의 수행을 통합하고 학생생활과 병행할 수 있다는 점에서 활발하게 적용될 수 있는 평가방법이다.

포트폴리오 평가의 장점을 최대한 살리려면 과제물에 대한 교사의 지적과 학생의 자기반성 등 의견과 조율이 충분히 반영되는 것이 좋다. 그러나 포트폴리오는 다른 수행평가와 마찬가지로 채점의 어려움을 안고 있으며 점수에 대한 신뢰성이 떨어져 결과의 일반화가 낮다. 포트폴리오를 평가할 때 교사는 주관적인 해석에 치우치지 않도록 하기 위해 체크리스트나 평정법과 같은 채점방법을 자주 사용하는 것이 좋다.

제13장

학교에서는 어떤 검사를 실시하는가?

학교에서 사용하는 검사의 종류는 '학생의 최대능력을 재는 검사'와 '인간의 전형적인 특성을 재는 검사'로 나눌 수 있다. '학생의 최대능력을 재는 검사'는 다시 학력검사, 지능검사, 적성검사로 나눌 수 있으며, '인간의 전형적인 특성을 재는 검사'는 흥미검사, 태도검사, 성격검사 등으로 나누어진다.

학력검사에는 교사가 작성하는 검사와 전문가들이 오랫동안 연구하여 만드는 표준화 학력검사가 있으며, 지능검사와 적성검사는 앞으로 여러 활동에 적용될 수 있는 일반적이고도 기본적인 능력을 잰다. 흥미검사는 학교생활이나 직업에 관련된 활동 중 어떤 활동을 더 좋아하는지를 알아보며, 태도검사는 주위에 있는 사물에 대해 어떤 느낌을 갖고 있는지를 알아본다. 또한 성격검사는 사회적 행동을 결정하도록 하는 개인의 특성이 어떠한지를 알아본다.

학교는 학생들의 다양한 특성을 키우기 때문에 그에 따른 다양한 검사를 실시한다. 그런데 우리가 학교에서 실시하는 검사를 떠올릴 때는 학력검사만을 연상하게 된다. 교실에서 수시로 실시하는 쪽지 시험, 그리고 중간시험, 학기말시험, 모의고사 등 명칭은 다르지만 항상 인지적 능력과 관계된 영역만을 평가한다. 학교에서 가르치는 내용이 다양하다면 재려는 검사의 종류도 다양해야만 한다.

검사의 종류는 크게 두 가지로 나눌 수 있는데, 하나는 인간의 능력을 측정하는 검사와 다른 하나는 인간의 전형적인 특성을 측정하는 검사를 들 수 있다. 능력검사를 실시할 때 피험자는 최선을 다해서 문항에 응답을 한다. 예를 들면 수학문제를 풀 때는 자신이 알고 있는 지식을 총동원하여 문제를 해결하려고 한다. 그러나 인간의 특성을 재는 검사에서는 피험자가 자신의 전형적인 행동이나 의견을 표현해야 한다. 예를 들어, "만일 당신이 캄캄한 밤 으슥한 골목에서 여자의 비명소리를 들었다면 당신은 어떠한 행동을 하겠는가?"라는 질문에서는 자신이 즉각적으로 보여줄 수 있는 전형적인 행동이나 사건에 대한 느낌을 말해야지 도덕 교과서에서 가장 옳을 법한 답을 골라서는 안 된다.

1. 학생의 최대 능력을 재는 검사들

학생의 인지능력을 측정하는 검사로는 학력검사, 지능검사, 그리고 적성검사가 있다. 학력검사도 교과영역에 따라 그리고 사용목적에 따라 여러 종류의 검사로 나누어지며, 학생들의 일반적인 능력도 어떤 영역에 대한 능력이냐에 따라 여러 종류의 적성검사가 있다. 학력검사, 지능검사, 학업적성검사 모두 지적 능력을 측정하므로 동일선상에 위치하며 이 세 가지 검사를 구분하는 절대적 기준점은 없다.

학력검사에 대하여

학교에서 가장 많이 실시되는 검사는 학력검사이다. 학력검사는 개인의 지식, 기술, 성취의 현재수준을 측정하기 위한 검사로서 가르치고 배운 내용을 얼마만큼 알고 있느냐를 측정한다. 학력검사에는 교사가 직접 작성하여 수시로 또는 정기적으로 실시하는 것이 있고, 검사전문가들이 오랫동안 연구하여 만들어서 여러 지역의 학교들에게 실시하는 표준화 학력검사가 있다.

교사가 작성하는 검사와 표준화 학력검사는 그 용도나 작성절차, 점수의 해석 등에서 차이가 있다. 교사가 검사를 작성할 때는 필요에 의해 자주 실시하기 때문에 비교적 좁은 범위 내에서 문항을 만들지만, 표준화검사는 전문가들이 모여서 많은 학생들을 대상으로 비교적 장기간에 걸쳐 배운 내용에서 추려 문항을 만들기 때문에 검사내용이 포괄적이다.

교사가 작성하는 검사는 교사마다 중요하다고 생각하는 부분이 서로 다르고 검사의 질에도 차이가 난다. 그러나 표준화 학력검사는 많은 전문가들이 만든 검사이니만큼 우수한 검사를 만들 수 있고 검사결과를 정확하고 의미 있게 해석할 수 있다.

교사가 작성하는 검사는 재려는 내용, 검사의 목적, 학생의 수준에 따라 문항형식을 자유로이 선택할 수 있으므로 훨씬 다양한 내용, 행동 등을 측정할 수 있다. 반면에 표준화 학력검사는 수험자의 수가 많기 때문에 기계로 채점하거나 또는 검사내용을 모르는 사람도 채점할 수 있도록 대체로 객관식 문항을 이용한다.

교사가 작성하는 검사는 똑같은 검사라 할지라도 학생에 따라 실시시간을 달리해도 괜찮다. 그러나 표준화 학력검사는 실시절차가 모든 학생들에게 똑같이 적용된다. 실시시간, 순서, 지시, 채점방법 등이 세밀히 규정되어 있어서 그대로 실시해야 한다. 표준화 학력검사의 생명은 수속 · 절차의 표준화에 있다고 할 만큼 실시절차의 엄수는 중요한 일이다.

교사의 특성이나 교육철학에 따라 교실에서 다루어지는 내용이나 평가기준들은 서로 다르다. 따라서 교사가 작성하는 검사에서는 각 학교 또는 학급 간의 성적이 서로 비교될 수 없으나, 표준화 학력검사에서는 서로 비교될 수가 있다. 표준화 학력검사는 다른 학교들과 비교하여 성적에 차이가 나면 그 이유가 어디에 있는가를 검토할 수 있고, 그 결과에 따라 수업을 계획하고 개선한다.

표준화 학력검사를 정기적으로 실시한다면 전국적인 학력의 증감을 알 수 있으므로 전국규모의 교육계획을 세우거나 교

육행정, 학교행정에 대한 반성 및 개선을 하는 데 유용한 자료를 제공해 준다. 또한 학생들의 생활지도, 상급학교진학, 진로문제 등을 결정하는 데 좋은 자료가 된다.

지능검사에 대하여

지능검사는 지적 능력을 측정하는 최초의 검사이며 지능에 대한 정의에 따라 다양한 형태를 띤다. 비네는 잘 이해하고 판단하며 추리하는 능력을 지능이라고 정의했다. 썰스톤은 지능은 어휘력, 수리력, 지각력, 공간력, 추리력, 기억력, 언어유창성 등으로 구성되었다고 정의하였다. 이 정의에 근거한 개인 위주의 지능검사가 개발되었고 그 후 비네 검사와 웩슬러 검사가 제작되었다.

지능점수는 학생들이 미래에 상급학교에서나 직업에서 얼마나 성공적일 것인가를 알고자 할 때나 학생지도에 도움이 된다. 학력검사로도 미래의 학습결과를 예측할 수는 있지만 앞으로 여러 활동에 적용될 수 있는 일반적이고도 기본적인 능력을 재고자 하는 경우에는 일반 지능검사나 적성검사를 활용한다. 이 검사들은 만일 학생들에게 이상적인 조건이 주어진다면 미래에 그 학생이 얼마나 잘 학습할 수 있는가를 측정하는 데 사용된다. 지능검사와 적성검사는 개인의 점수를 모두 그 나이의 다른 사람들과 비교하여 평가하는 것이기 때문에 상대평가이며, 검사실시의 절차나 결과해석을 모두에게 똑같이 적용해야 하므로 표준화검사이다.

지능과 적성의 차이는 인간의 능력을 보는 관점이 다를 뿐 결국은 같은 뜻이다. 인간의 능력을 일반적인 것으로 볼 때는 지능이라는 개념을 사용하고, 여러 개의 요인으로 구성되어 있다고 생각할 때는 적성이라 한다. 적성검사는 여러 요인을 구별하여 측정하기 때문에 어떤 영역의 직업에서 더욱 성공적일 수 있는가를 알기 원할 때 유용하다. 초등학교의 단계에서는 아직 지능이 세분화되어 있지 않기 때문에 적성검사보다는 지능검사가 적합하다.

학업적성검사에 대하여

지능검사는 막연하고 포괄적이며 언어와 수리에 치우쳐 학교학습과 관계가 없다는 연구들에 의해서 최근 미국에서는 상담을 위한 자료로 활용하지 않는다고 한다. 이러한 지능검사의 모호성에 대한 비판과 학교학습과 관련된 능력을 측정하는 움직임에 의해 출현한 검사가 학업적성검사이다.

학업적성검사는 개인이 미래의 학습을 얼마나 잘할 수 있는지를 예견하기 위한 검사이다. 학업적성검사는 대학에 진학할 때 어느 분야에 지망하는 것이 좋을지 또는 어느 분야의 직업을 택하는 것이 좋을지를 판단하는 데 참고자료가 된다. 학업적성검사는 종류에 따라서 두 가지의 해석이 가능하다. 즉, 한 학생이 여러 분야 중에서 어느 분야에 더 우수한 능력을 가졌는지를 비교하기도 하고, 그 학생의 능력을 다른 사람들의 능력과 비교하기도 한다. 그러므로 적성검사를 해석할 때는 검사가 어디에 활용될 것인가를 정확히 하는 것이 중요하다.

지능검사는 특정 분야에 대한 능력이 아니라 일반적 능력을 재기 때문에 선발의 목적에 사용되는 경우가 거의 없으나, 학업적성검사는 진급, 선발, 분류에 사용된다. 학업적성검사는 미래행위의 성공 가능 여부를 예견하므로 예측타당도가 중시된다. 학력검사도 이러한 목적에 사용된다는 점에서는 학업적성검사와 같으나, 학력검사는 특정 교과서의 내용을 배운 다음 그 결과를 측정하는 것이고, 학업적성검사는 일반적인 내용의 학습결과를 측정함으로써 앞으로의 학업성적을 예측하는 것이다. 그러나 때로는 내용의 일반성이라는 기준만으로는 두 검사를 구분할 수 없을 정도로 비슷할 때도 있다. 학업적성검사의 예로, 대학수학능력시험이라든지 미국의 SAT, TOEFL, GRE 등을 들 수 있다.

2. 인간의 전형적인 특성을 재는 검사들

인간의 특성을 재는 검사들은 상당히 다양하다. 다양한 검사를 특성에 따라 몇 개의 종류로 구분해 보면, 대체로 흥미검사, 태도검사, 성격검사로 나누어 볼 수 있다. 흥미검사보다는 태도검사가, 태도검사보다는 성격검사가 더 인간의 지속적인 특성을 잰다.

인간의 특성을 측정하는 도구는 검사라기보다는 목록표라고 하는 것이 적합할 수 있다. 왜냐하면 이들 검사는 정답을 요구한다기보다는 여러 가지 활동에 관한 목록을 나열한 다음 그중에서 피험자 자신에게 해당되는 답지를 선택하는 것이기 때문이다.

흥미검사에 대하여

흥미란 어떤 활동을 다른 활동보다 더 좋아하는 것을 말한다. 흥미검사는 직업에 관련된 활동 중 어떤 종류의 활동을 더 좋아하는지, 또는 학교활동 중 어떤 것에 더 흥미를 갖는지를 알아볼 때 자주 사용된다.

흥미검사를 제작할 때의 기본가정은 서로 다른 직업을 가진 사람들은 서로 다른 흥미를 가지고 있을 것이라는 것이다. 예를 들면, 건축기사들이 공통적으로 지니고 있는 흥미가 있다면 그러한 흥미가 직업을 택하게 하고 그 직업에서 성공하게 한 요인이라고 생각하여 그들과 비슷한 흥미를 가진 사람들은 건축기사가 되는 것이 좋을 것이라고 가정하는 것이다.

만일 피험자가 자신이 무슨 활동을 좋아하는지를 알고 앞으로 그 분야의 직업을 갖기로 결정했다면 흥미검사를 실시할 필요는 없다. 왜냐하면, 흥미검사가 더 이상의 정보를 주지 못할 뿐만 아니라 흥미검사에 모든 활동이 다 포함되어 있지 않으면 검사결과는 오히려 실제와 다르게 나타날 것이기 때문이다.

피험자가 청소년이나 젊은 층일 때는 자신이 앞으로 택해야 할 직업을 흥미검사를 통해 선택한다는 것은 비현실적이라고 할 수 있다. 그들의 흥미는 쉽게 변할 뿐만 아니라 그들은 직업의 특성에 대해서 충분히 알지 못한 채 일반인들에게 상당히 과장되어 알려진 고정관념만을 생각하여 반응하는 경우가 많기 때문이다. 또한 시대가 급격하게 변화하기 때문에 현재에는 없는 새로운 직업이 미래에 생겨날 수도 있다.

태도검사에 대하여

우리가 주위에 있는 사물에 대해 어떤 느낌을 갖는 것을 태도라 한다. 주위에 있는 사물이란 상당히 다양하므로 태도검사 역시 상당히 다양하다. 태도를 측정할 때는 연구목적에 따라 무엇에 대한 태도인가가 모두 다르므로 연구자는 표준화된 태도검사보다는 자신이 직접 제작한 검사를 사용하는 경우가 많다. 따라서 표준화된 흥미검사는 여러 개가 있지만 표준화된 태도검사는 그리 많지 않다.

대부분의 태도검사는 피험자에게 여러 활동이나 반응 중에서 자신과 가장 비슷한 반응을 선택하도록 하는 상대적 반응방법을 사용하지 않고, 그 활동을 좋아하는지 아닌지만을 알아보는 절대적 반응방법을 사용한다. 흥미검사에서는 여러 활동 중 어떤 활동을 더 좋아하는지를 아는 것이 중요하기 때문에 상대적 반응방법을 사용하지만, 태도검사에서는 어떤 사물에 대한 피험자의 반응을 다른 사물에 대한 반응과 비교할 필요가 없기 때문이다.

태도검사를 사용할 때 가장 유의해야 할 점은 반응의 위조성이다. 반응의 위조성을 줄이기 위해서는 검사를 실시할 때 검사결과가 결국 피험자들 자신에게 도움이 된다는 점을 강조해야 한다. 또 한 가지 유의할 점은 태도검사는 절대적 반응방법을 사용하므로 피험자의 반응경향이 나타날 수도 있다는 것이다. 반응경향이란 어떤 피험자는 대부분의 질문에 '아주 좋다' 또는 '아주 나쁘다'와 같이 극단적으로 반응을 하기도 하고, 반면에 어떤 피험자는 '대체로 그렇다'에만 답을 하는 것처럼 피험자가 질문과는 상관없이 한쪽 방향으로 반응하는 것을 말한다. 또한 태도는 피험자의 순간적인 기분에 좌우될 수도 있으므로 검사의 신뢰성이나 타당성이 문제가 되기도 한다.

성격검사에 대하여

성격검사에서 가장 문제가 되는 것은 성격이라는 이름 아래 포함될 수 있는 특성이 너무 많다는 것이다. 어떤 사람은 성격 안에 흥미와 태도를 포함시키기도 한다. 넓은 의미로 성격검사는 능력 이외의 특성을 재는 모든 검사를 통틀어 말하기도 한다.

성격이란 개인으로 하여금 어떠한 사회적 행동을 결정하도록 하는 비교적 지속적인 특성을 말한다. 사람의 성격이 일생동안 고정되어 있는 것은 아니지만 그렇다고 해서 하루 만에 변화되는 것도 아니다. 성격검사는 흥미나 태도 검사보다는 재려는 특성이 명확하지 못할 때가 많기 때문에 검사의 타당성이나 신뢰성이 문제가 된다.

현재 고등학생이나 대학생, 성인을 대상으로 실시되는 성격검사 중 가장 자주 사용되는 것으로는 MMPI가 있다. 이것은 미국의 미네소타대학에서 만든 것으로서 우리나라에서도 번안되어 사용되고 있다. MMPI는 약 550개의 진술문으로 되어 있는데 태도, 정서적 반응, 신체적 증후 및 과거경험에 관한 진술문 등이 포함되어 있다.

성격검사 역시 피험자가 검사목적에 따라 자신의 생각과는 달리 반응하는 경우가 많이 있다. 이러한 요인을 줄이기 위해서는 검사결과를 비밀로 하고 선발이나 진급 등에 사용하지 않는다는 보장을 해야 한다. 또한 피험자들이 의식적으로나 무의식적으로 정확하게 반응하지 않는 경우를 알아보기 위해서, MMPI를 비롯한 여러 성격검사에서는 피험자의 반응경향을 재는 문항들을 따로 만들어서 점수를 낸다. 그런데 이 점수는 다른 하위검사의 점수만큼 대상자의 성격특성을 알아보는 신뢰성 있는 지수라고 한다.

제14장

학교에서도 태도나 가치관을 가르쳐야 하는가?

학교에서는 지식뿐만 아니라 태도나 가치관과 같은 정의적 영역의 학습에도 관심을 가져야 한다고 주장하는 사람들이 많이 있다. 산업사회가 되면서 가족의 수는 적어지고 부모 모두 직장을 갖게 되어, 어린이들이 태도를 배울 수 있는 곳은 학교밖에 없게 되었다. 그러나 학교가 정의적 학습을 떠맡는다는 것은 불공평하다고 생각하는 사람들도 상당수 있다. 학교가 기하급수적으로 증가하는 지식을 가르치는 일만 감당하기도 힘들므로, 정의적 영역의 학습은 가정이나 종교단체, 사회기관들 모두가 책임을 져야 한다는 것이다. 학교가 정의적 영역의 학습에 관심을 갖는다고 하여도 문제는 많이 있다. 우선 무엇을 가르쳐야 할지를 결정하는 것이 쉽지 않다. 무엇을 가르칠지가 결정되었다 하여도 그것을 어떻게 가르쳐야 하며 어떻게 평가해야 하는지 등이 모두 문제로 남아 있다.

많은 사람들이 우리가 필요로 하는 것은 더 많은 지식이라기보다는 그 지식을 다루는 태도라고 생각한다. 그리하여 태도나 가치관에 관한 정의적情意的 교육을 지적知的 교육 못지않게 중요시한다. 누가 "교육받은 인간이란 어떠한 인간을 말하는가?"라고 물으면 '지식이 많은 사람' 이라고 답하기보다는 '전인적인 인간', 즉 지덕체를 골고루 겸비한 인간이라고 말한다. 그럼에도 불구하고 정의적 학습에 별다른 관심을 갖지 않는 것이 지금 학교의 실정이다.

1. 태도나 가치관을 학교에서 가르쳐야 한다는 입장

최근 우리나라의 주택가나 학교 주변은 유흥가에 의해 점점 잠식당하고 있으며, 상업주의가 어느 곳이든지 성행하기 때문에 청소년들의 환경은 어느 곳도 안심할 수가 없는 상황이다. 그리고 옛날 대가족제도하에서는 어른들로부터 자연스럽게 살아가는 데 필요한 태도를 배웠다. 그러나 이제는 한 가족의 수가 서너 명 정도밖에 되지 않고 그나마 부모 모두가 직장에 나가는 경우가 많아져서 가정에서 태도나 습관을 가르칠 시간도 부족하므로, 어린이들은 집안에서 다른 사람들의 행동을 보면서 배울 수가 없다. 따라서 학교가 태도나 가치관을 가르치기에 가장 좋은 장소라고 생각하는 사람들이 많이 있다.

우리나라의 학생들은 세계 어느 나라의 학생들보다 학교에 있는 시간이 많다. 더구나 학교는 많은 교사와 학생들이 있기 때문에 이 사회에서 필요한 태도와 가치관을 배우기에 아주 적절하다. 학교에서는 이 사회를 유지하는 데 필요한 여러 가지 지식, 기술, 규범 등을 가르친다. 학교가 이 사회의 공통적 규범을 가르침으로써 사회를 유지하고 발전시키는 역할을 하며 그것이 바로 이 사회가 학교를 세운 이유이기도 하다. 그러므로 학교가 가치관을 가르치는 것은 너무도 당연하다. 가치관을 빼놓는다면 학교가 가르칠 것 중에 무엇이 남겠는가?

학교는 또한 또래의 아동들이 모여 있는 곳이기도 하다. 그곳에서 아동들은 친구들과 함께 살아가는 기술들을 배운다. 게다가 교사는 그들을 한정된 장소에서 항상 관찰하므로 그들이 잘못된 쪽으로 나가지 않도록 돌보기에 적절하다.

2. 태도나 가치관을 학교에서 가르치지 않아도 된다는 입장

태도나 가치관에 대한 학습이 중요하다는 것은 누구나 인식하고 있다. 그러나 정의적 학습에 대한 책임을 학교에 떠맡기는 것은 불공평하다고 생각하는 사람들이 있는데, 그들은 태도나 가치관 등은 학교에서만 가르칠 수 있는 것은 아니라고 주장한다. 오히려 가정이나 사회에서처럼 자연스럽게 다른 사람들의 행동을 관찰하면서 배우는 것이 바람직할 것이다. 태도나 가치관의 형성은 어렸을 때부터 가정에서 이루어져야 하며, 학교에서 가르친다고 하여도 가정이나 사회에서 보고 듣는 것과 일치하지 않으면 학생들에게 혼돈만 줄 뿐이다. 사회의 여러 기관, 종교기관, 매스컴 등도 청소년들의 가치관교육에 대한 책임을 져야만 한다.

앞으로도 지식은 기하급수적으로 증가할 것이다. 그 많은 지식을 체계적으로 가르치는 일만 감당하기도 학교는 어렵다. 또한 지식에는 그 사회의 문화와 가치관이 모두 섞여 있기 때문에 학교가 구태여 태도나 가치관에 관한 교육을 따로 할 필요도 없다.

전통적으로 학교에서는 태도나 가치관과 같은 정의적 영역보다는 지적 영역의 교육을 강조해 왔다. 지적 교육은 그 분야의 전문적인 지식을 가진 사람이 체계적이고 계속적으로 담당해야 하므로 학교와 같은 전문적 기관에서만 교육이 가능하다. 학교가 흥미, 태도, 가치관과 같은 정의적 영역의 학습목표에 관심을 가질 때도 있으나, 그것 자체로서 중요성을 가지기보다는 지적 영역의 학습에 영향을 끼치기 때문인 경우가 대부분이다.

학교에서 가르쳐야 한다고 생각되는 태도, 도덕관, 가치관 등에 대해서는 개인에 따라 주장하는 바가 서로 일치하기가 어렵다. 또한 민주주의 사회에서는 가치관의 다양성이 오히려 바람직하다고 생각할 수도 있으므로, 가치관을 가르치고 평가하는 것을 비민주적이라고 보기도 한다. 정의적 영역을 학습할 때는 학습과정에서 교육이라기보다는 교화로 받아들여질 때도 있으므로 교사에 따라서는 거부감을 느끼기도 한다.

3. 태도나 가치관의 교육이 잘 안 되는 이유

지적 영역에서도 수업목표를 설정하는 일은 수업활동 중 가장 어렵고 힘든 작업인데, 정의적 영역의 경우는 더욱 그러하다. 왜냐하면 정의적 영역에서 다룰 수 있는 내용은 지적 영역보다 그 성격이 더욱 모호하고 다양하므로 무엇을 목표로 삼는가에 대해 전문가들이나 교사들 간에 의견이 엇갈릴 수밖에 없기 때문이다.

정의적 영역의 목표가 추상적으로 서술될 때는 지적 영역의 경우보다 더욱 그 목표를 해석하는 사람에 따라 서로 다른 의미를 주게 된다. 예를 들어 '비판적 태도를 키운다' 라고 했을 때 '비판적' 이라는 표현을 긍정적으로 받아들이기도 하고 또는 사람에 따라서는 부정적으로 받아들일 수도 있다. 또한 어떤 행동이 비판적 사고를 가진 사람한테서 볼 수 있는 행동인가를 구체적으로 진술할 때는 더욱 사람에 따라 목표진술이 달라지게 된다.

학습결과를 평가하기 위해서는 실제로 관찰할 수 있는 행동을 수집하고 그 행동이 나타난 결과에 따라 평가를 해야 한다. 예를 들면, 학생의 근면성을 잰다고 하자. 그러면 근면성은 그것이 나타날 수 있는 구체적인 상황, 예를 들면 '결석일자' 나 '청소할 때의 적극성' 등을 통하여 평가된다. 그러나 이렇게 구체적으로 표현된 목표들이 과연 재려는 특성을 옳게 재고 있는지에 대해서는 의문을 갖게 된다. 결석을 하지 않은 이유가 집에 있는 것이 싫어서일 수도 있고, 학교에서 친구와 어울리는 것이 좋아서일 수도 있다. 결과적으로 결석일수라는 행동과 근면성이라는 교육목표 간에는 아무런 일치성이 없을 수도 있다.

정의적 영역에서는 수업목표와 학생들의 행동 간의 관계를 파악하기가 어렵다. 왜냐하면 같은 행동을 하더라도 학생마다 동기가 다를 수 있으므로 겉으로 나타난 행동만을 보고 의도하는 목표를 달성했다는 증거로 삼을 수는 없기 때문이다. 그러므로 이러한 오류를 적게 하기 위해서는 가능한 한 다양한 상황을 통하여 학생들의 행동을 계속적으로 수집하고, 그 자료를 가지고 평가해야 한다.

정의적 교육목표는 지적 교육목표와는 달리 학기, 학년이라는 비교적 짧은 교육기간 동안에 달성될 수 없으므로, 학교에서는 정의적 학습이 가능하지 않으리라는 회의마저 느끼기 때문에 소홀히 다루어져 왔다. 또한 단기간의 학교학습을 통해 정의적 교육이 변화되었다는 증거가 나타났다 하더라도 그것이 정말 학습의 결과로 볼 수 있는가 하는 의문도 생길 수 있다.

정의적 교육목표의 달성 여부는 학생들이 직접 그 행동을 보여주어야 알 수 있다. 그 행동은 신념을 바탕으로 나타나야 하며, 행동을 하는 동안 학생은 긍정적인 감정 내지 정서를 가져야만 한다. 그래야만 정의적 학습이 성공적으로 이루어졌다고 볼 수 있다. 그런데 학교에서는 그러한 행동이 학생들에게서 나타날 수 있는 상황을 만들어 주기 어려우며, 실지 그러한 행동이 일어났다고 해도 그 동기에 대한 확신을 할 수 없다. 그리하여 간단하고 쉬운 방법으로 정의적 학습결과를 평가하기 위해 정의적 목표에 관련된 지식을 학생들이 알고 있는가에 대해서만 측정하는 경우도 있는데, 아는 것과 그것을 행하는 것과는 아무런 상관이 없을 때가 많이 있다.

4. 정의적 학습이 평가되기 힘든 이유

정의적 학습에서는 목표를 설정하는 일, 학습을 진행시키는 일 모두 어렵지만 평가를 하는 데도 여러 가지 문제점들이 있다. 정의적 학습을 평가할 때 생기는 문제로는 어떤 행동을 평가해야 할지가 우선 명확치 않다는 것이다. 현재 초·중등학교에서는 '행동발달상황'과 '특별활동'이라는 명칭으로 정의적 학습결과를 평가하고 있지만, 평가결과가 대학입시에 적용된다는 점 때문에 오히려 형식적인 평가에 그칠 가능성이 많다. 특별활동의 경우에도 전인적인 학생으로 키운다는 측면에서 평가가 이루어져야 함에도 불구하고 기능 위주의 평가가 이루어지고 있다.

정의적 영역의 목표설정도 문제지만 어떻게 정의적 학습을 지도할 것인지에 대한 방법도 아직 개발되어 있지 않다. 평가란 학습의 결과를 점검하는 것인데, 가르치지도 않았으면서 어떻게 잘 배웠는지를 평가할 수 있겠는가? 그리고 정의적 영역의 행동을 평가하는 도구나 평가방법도 미흡하다. 교사들은 교과목에 대한 검사를 작성할 때는 별로 어려움을 느끼지 않으나, 정의적 영역의 학습결과를 평가하는 검사를 만드는 것은 전문가들의 역할이라고 생각한다. 사실 이러한 종류의 검사는 검사제작이 어렵고, 또한 제작한 다음에도 검사의 신뢰도와 타당도를 검증하기가 어렵다.

평가를 하게 되면 그 결과가 학생들에게 다시 제공되어 다음 행동에 영향을 주어야 하는데, 실지로 학생의 행동을 수정하는 것이 단시일 내에 가능하지도 않고 또한 수정 방법도 전문적인 지식을 요한다는 이유로 교사들이 실행하지 못하고 있다.

아마도 학생들에게 가치관을 가르치고 평가하는 데 있어 가장 문제가 되는 것 중의 하나는 '옳고 그름'이 상황에 따라 달라진다는 점일 것이다. 예를 들면 '정직성'은 중요한 덕목이지만 청소를 하지 않고 간 친구의 이름을 선생님께 그대로 전하는 것을 '정직'으로 보아야 할지는 확실치 않다. 어린 아동들은 상황에 따라 도덕적 판단을 달리해야 한다는 것을 잘 모른다. 그래서 어린 학생들에게 덕목만을 가르치기도 위험하고, 그렇다고 해서 상황에 따라 다르게 행동해야 한다고 가르치는 것은 학생들을 오히려 혼동스럽게 만든다. 그러나 이러한 혼돈은 어린이한테만 해당되는 것이 아니다. 상황이 좀 더 복잡할 때는 교사 자신도 쉽게 판단하기 어려울 때가 많이 있다. 그야말로 정답이 없는 상태에서 학생들을 가르친다는 것은 교사에게 너무 긴장감을 주기 때문에 교사는 태도나 가치관을 가르치기보다는 비켜가려고 한다.

제15장

지식교육, 무엇이 문제인가?

우리나라의 여러 가지 교육문제들에 대해서 다양한 관점에서의 진단과 처방이 가능할 것이다. 이 장에서는 교육의 핵심문제 중의 하나인 지식교육의 문제를 비판적으로 논의한 후 그것을 개선할 수 있는 교육의 새로운 견해를 살펴보고자 한다. 우리는 지식교육을 비판하지만 지식교육이 교육에서 중요한 부분임을 부인할 수 없다. 지식을 가르치는 것 자체가 문제가 아니라 잘못된 지식교육이 문제이다. 그렇다면 우리나라 지식교육의 문제는 무엇이고 앞으로의 지식교육은 어떤 방향으로 나아가야 하는지를 지식의 편협성, 무기력성, 무도덕성으로 나누어 살펴보자.

오늘날 우리가 교육의 이름으로 여러 가지 활동을 하고 있으나 우리가 진정한 교육의 힘을 발휘하고 있는지, 교육에서 바로잡아야 할 부분은 무엇인지를 고민해야 한다. 자연자원이 부족한 우리나라를 이만큼 발전시킨 것이 인적 자원을 개발한 교육열 덕분이라고 말한다. 모든 것을 희생하면서 추구해 온 교육에 대한 열정은 확실히 오늘날 우리나라의 발전을 이룩한 원동력이 되었다. 그러나 방향이 잘못된 열정은 그 열정이 강한 만큼 일을 그르칠 수 있다. 따라서 우리의 미래를 위하여 우리의 귀중한 교육열이 제 방향을 찾도록 교육의 목적과 모습을 차분히 그려볼 때이다.

우리나라의 경제와 문화발전에 비하면 정치분야나 교육분야는 유난히 낙후되었다는 평가를 받는다. 예컨대 2003년 OECD의 국제 학생 학업성취도 평가PISA결과는 우리나라 교육문제의 단면을 잘 보여준다. OECD 40개국 중에서 우리나라 학생들은 학업성취도에서 문제해결력 1위, 읽기 2위, 수학 3위, 과학 4위라는 좋은 성적을 얻어 세계를 깜짝 놀라게 하였다. 그러나 함께 실시된 학습 심리적 배경조사를 보면 수학에 대한 흥미는 31위, 수학에 대한 불안감은 6위, 수학공부에 대한 동기는 38위, 수학실력에 대한 자신감은 39위, 수학공부에 대한 능동적 전략은 39위 등의 부정적 결과를 나타내어 다시 한 번 세계를 놀라게 하였다. 이러한 현상을 어떻게 해석할 것인가?

우리나라 교육의 문제로서 학교의 교실붕괴 현상도 종종 지적된다. 학교 공교육의 문제가 부각됨에 따라 양질의 교육을 위해서 혹은 대학입시의 어려움에 대처하기 위해서 어린 자녀를 혼자서 또는 엄마의 보호 아래 조기유학을 보내는 현상이 두드러지고 있다. 이에, 학교 공교육이 정상화되어야 한다든가, 주지주의 主知主義 교육이 아닌 전인교육全人教育 특히 올바른 가치교육 내지 도덕교육이 이루어져야 한다든가, 학생 개개인의 개성과 창의성과 인격이 존중되어야 한다든가, 혹은 현대사회의 건전한 구성원을 기르기 위한 시민교육이 이루어져야 한다는 등 교육을 개선하기 위한 많은 주장들이 제기되고 있다.

우리나라의 여러 가지 교육문제들에 대해서 다양한 관점에서의 진단과 처방이 가능할 것이다. 그렇다면 "교육에서 지식을 가르치는 것이 잘못인가?" 오히려 현대는 지식기반사회라고 불리며 지식교육을 강조하고 있지 않은가? 비록 우리가 주지주의 교육을 비판하지만 그렇다고 해서 학교에서 지식을 가르치는 일을 폐기할 수는 없다. 지식교육이 교육의 전부는 아니지만 그것은 교육의 중요한 부분이다. 지식을 가르치는 것 자체가 문제가 아니라 잘못된 지식교육이 문제인 것이다. 삶에 의미 있게 적용되는 '생명력 있는 지식교육' 을 해야 한다는 사실에 동의하면서, 그리고 식상할 정도로 언급하면서도 실제로는 깊이 있는 논의를 하지 않음으로써 그것이 무엇을 어떻게 하는 것인지가 여전히 불분명하다. 이는 여러 가지 개념상의 오해나 방법상의 오류에 빠지기 쉽기 때문이다. 그렇다면 우리나라 지식교육의 문제가 무엇이며, 지식교육에 대한 오해는 무엇인가? 이 장에서는 지식교육의 문제를 편협한 지식교육, 무기력한 지식교육, 지식교육의 무도덕성이라는 세 가지로 지적하고자 한다.

1. 지식교육의 편협성 문제

우리나라의 교육은 지식 내지 학문을 강조하는 전통을 가지고 있다. 조선시대의 유교경전 중심의 교육내용 및 과거제도 그리고 사농공상의 신분 중에서 선비를 교육적 인간상으로 삼은 것은 이러한 교육전통을 잘 보여준다. 일제시대에는 사학을 통한 민족지도자 양성을 막기 위하여 관학의 학력만을 인정하는 학력 위주의 정책이 시행되었고 왜곡된 '학력사회' 의 신화는 오늘날에도 여전히 영향을 미치고 있다. 해방 후 우리나라의 교육이 서구사회의 영향을 받을 때에도 지식을 강조하는 전통은 계속되었다. 1960년대에 미국에서 등장한 브루너의 지식의 구조에 바탕을 둔 학문중심 교육과정은 우리나라 교육의 지적 전통, 특히 주지주의 교육의 경향을 이론적으로 뒷받침하였다. 이러한 주지주의 교육의 경향은 우리의 입시 위주 교육제도로 인하여 구조화되어 지속되고 있다.

교육에서 지식을 가르치는 일 자체가 잘못되었다는 것이 아니다. 문제는 잘못된 지식교육, 특히 지식만을 지나치게 강조하여 교육의 다른 요소들을 무시하거나 지식에 종속되는 부차적인 것으로 보는 '주지주의 교육' 인 것이다.

오늘날 정보화사회, 지식기반사회에서 지식이 범람하며 지식의 중요성이 강조되고 있지만 학교교육을 통해 배우는 지식교육은 여러 측면에서 편협성을 가지고 있다고 본다. 즉, 교육에서 지적인 측면을 우선적으로 강조하는 '주지주의 교육'의 문제가 있다는 것이다. 이 절에서는 지식교육의 편협성을 주지교육의 세 가지 양태를 분석함으로써 설명하고자 한다.

첫째는 교육내용, 즉 교과의 선정과정에서 나타나는 편협성이다. 즉 학교교육에서 교육내용으로 가르칠 수 있는 인간의 활동은 다양한데, 학교교육은 그 다양한 활동들 중에서 이론적 학문이 학교교과가 되어야 한다는 주장이다. 이러한 교육내용의 편협성을 극복하기 위해서는 교육내용 선정이 '이론적 학문활동' 이상으로 다양한 인간활동들을 포함하는 것으로 확대될 필요가 있다.

둘째는 교육목표 설정과정에서 나타나는 편협성이다. 예를 들어 과학활동을 교과로 선택하여 가르칠 때 가르칠 수 있는 요소는 과학적 가치, 과학적 명제, 과학적 기술, 과학적 열정, 과학적 역사, 과학적 판단력 등 다양한 요소들이 있을 수 있다. 하지만 학교에서 가르치는 과학활동은 오로지 과학적 지식, 즉 이론적 명제에 교육목표를 한정한다. 교육에서 우선적으로 이론적 명제를 교육목표로 설정하는 것은 대학입시에 필요하기 때문이라는 실제적 이유 때문이기도 하지만 교육의 다른 요소들을 무시한 채 이론적 지식만을 배타적으로 가르치는 것에 문제가 있는 것이다.

셋째는 교수과정에서 나타나는 교육방법상에 나타나는 편협성이다. 대체로 사람들은 과학적 정서를 가르치기 위해서는 과학적 정서가 무엇인가에 대한 명제나 이론을 먼저 가르치고 난 후에 실천을 하도록 가르쳐야 한다고 생각한다. 어떻게 하는지에 대한 이론적 지식이 없이는 그것을 잘 수행할 가능성이 거의 없다고 보는 것이다. 그러나 블랙Black은 이론과 실제의 관계에 있어서 실행을 위한 방법적 규칙을 먼저 알아야 하는 경우도 있지만 교수방법은 다양하기 때문에 반드시 이론이나 규칙을 먼저 가르쳐야 하는 것이 아님을 지적하였다. 규칙을 따르는 지적인 행위가 여러 종류이듯이 그러한 행위를 배우는 방식도 여러 가지일 수 있다. 탁월한 수행에는 언어로 표현될 수 없는 암묵적인 앎과 판단력이 요구되는 예술적 · 직관적인 과정이 수반된다고 쉔Schön이 말하였다.

오늘날 우리 사회는 자유민주주의와 문화다원주의를 지향한다. 이에 편협한 지식교육에서 벗어나기 위하여 그동안 우리가 빠져 있었던 지식교육의 편협성의 양태를 파악해야 한다. 그리고 개인과 사회를 풍요롭게 할 수 있는 중요한 교육내용이 선정되어야 하고, 전인을 발달시킬 수 있는 균형 잡힌 교육목표가 선정되어야 하며 교수학습의 다양성을 고려하는 탄력적인 교육방법이 제안되어야 한다.

2. 지식교육의 무기력성 문제

현대인은 바쁘게 열심히 살면서도 때때로 허무함과 무기력증에 시달린다. 교육에서도 열심히 가르치고 배우는 지식이 열매를 맺지 못하고 무기력한 경우가 종종 있다. 지식교육의 무기력성은 어디에서 오는 것일까? 이 질문에 대한 한 가지 답변은 '삶에 유용한 지식'을 가르치면 된다는 것이다. 듀이Dewey는 「민주주의와 교육」에서 "형식화된 수업은 현실과 멀리 떨어진 죽은 교육, 추상적이고 문자적인 교육이 되기 쉽다"고 말하며 어떻게 형식적인 학교교육 안에서 비형식적인 교육의 생생함을 되살려내는가가 바로 교육철학이 해결해야 할 가장 중요한 문제라고 지적하였다. 이 문제는 한국의 교육이 여전히 극복해야 할 가장 중요한 문제 중의 하나라고 할 수 있다. 무기력한 지식의 문제는 일반적으로 어떻게 이해되고 있으며 어떠한 해결방법들이 제시되고 있는가? 이 절에서는 이에 대한 문제를 다룬 화이트헤드Whitehead의 논의를 살펴보고자 한다.

화이트헤드에 의하면 교육이 유용해야 한다는 말은 첫째, 아동이 배운 내용을 자신의 현재 삶의 상황인 '지금 여기서 적용'할 수 있도록 가르쳐야 한다는 것이다. 둘째는 아동이 자신의 삶에서 일어나는 사건들의 의미를 '발견'하도록 가르쳐야 한다는 것이다. 셋째는 관념을 통해서 발견한 사건의 의미를 활용할 수 있어야 한다는 것이다. 넷째는 궁극적으로 학생이 배운 내용의 '포인트'를 알아야 한다는 뜻을 가진다. 예를 들어 학생이 이차방정식을 잘 풀 수 있도록 훈련시킬 수 있으나 중요한 것은 이차방정식을 푸는 것이 무슨 의미가 있는가를 알도록 가르쳐야 한다는 것이다.

화이트헤드는 무기력하지 않은 지식, 유용한 지식을 획득하기 위해서는 전문적 지식과 교양을 모두 가르치면 균형을 갖춘 사람을 길러낼 수 있다고 주장한다. 즉, 전문적 지식만이 강조될 때는 무기력한 관념이 되기 쉽다는 것이다. 그는 전문적 지식교육과 일반적 교양교육을 구분하였지만 이것은 개념상의 구분일 뿐이며, 실제로 상반되는 것은 아니다. 즉, 일반교육을 위한 공부과목과 특수지식을 위한 과목이 따로 있는 것이 아니라 그것은 마치 봉합선이 없는 외투와 같아서, 학습과정에서 나누어지지 않는다. 화이트헤드는 삶이라는 한 가지 주제에 의하여 통합되는 지식을 가르침으로써 교육의 유용성을 회복할 것을 주장한다. 교육을 통해 배우는 지식은 유용해야 하며, 또한 삶에 적용될 수 있는 것이어야 한다. 또한 단순히 이차방정식과 같은 지식을 습득하는 것에 그칠 것이 아니라 그것의 포인트 내지 의미를 알도록 가르쳐야 한다.

3. 지식교육의 무도덕성 문제

지식을 가르칠 때 우리는 지식이 개인과 인류의 보다 나은 삶과 행복에 기여하기를 기대한다. 실제로 우리는 보다 나은 사람이 되려고 그리고 보다 더 잘 살려고 애써서 지식을 배우는 것이다. 그러나 지식은 과연 개인과 인류의 행복에 기여하는가?

우리는 많은 지식을 가진 사람이 보다 지능적으로 비도덕적인 일을 하는 경우를 종종 본다. 만약 지식을 배운 후 개인이 더 나빠지고 사회가 더 살기 어려운 곳이 된다면 지식교육은 간디의 지적처럼 사회악이므로 폐기되어야 할 것이다. 이에 대해 지식은 가치중립적인 것으로서 그 자체가 좋거나 나쁜 것이 아니라 어떻게 활용되는가에 따라 좋을 수도 있고 나쁠 수도 있는 도구적인 것이라는 반박이 있다. 과연 지식은 도덕성과 무관한 것인가?

우리 사회가 교육을 통해 길러낸 똑똑한 학생들은 자신의 지식을 개인의 이익과 승리를 위해 세계를 조작하는 데만 사용할 뿐, 책임감을 가지고 세상의 문제를 해결하는 데는 사용하려 하지 않는다. 예를 들어, 카네기 위원회가 미국 대학생들을 대상으로 한 설문조사에서, 십 년 후의 미국이 더욱 살기 좋은 곳이 될 것인가라는 질문에 대해서 대부분 매우 비관적인 답을 했다고 한다. 그러나 개인적인 미래에 대해 어떻게 생각하느냐는 질문에 대해서는 매우 낙관적이었는데 그들은 자신이 교육을 통해 얻은 지식이 개인적 안정감과 평온함을 가져다줄 것이라고, 즉 자신들 주변의 모든 사람들이 실패하더라도 자신들은 성공할 수 있다고 믿었다.

파머Palmer는 이러한 지식관이 모든 인간을 파멸과 죽음으로 내몰고 있다고 비판한다. 진정한 행복과 잘사는 삶이 무엇인가는 논의되어야 하겠지만, 지식교육이 행복한 삶, 도덕성, 가치 문제를 도외시한다면 그것은 지식의 폭력을 휘두르는 것으로 대단히 위험할 수 있다. 따라서 새로운 교육 패러다임은 지식교육의 도덕성 문제를 해결할 수 있어야 한다.

지식을 가르치는 일은 개인과 사회의 행복한 삶을 위한 것이 되어야 하며, 이 점에서 지식교육은 가치 및 도덕성 문제와 분리될 수 없다. 지식교육에 있어서 무엇을 어떻게 조직하여 가르치는가라는 표면상으로 전달되는 지식의 성격과 내용을 연구하는 것은 대단히 중요하다. 그러나 지식의 전달과정에서 은연중에 전달되는 가치관과 삶의 양식은 그 이상으로 중요할 수 있다. 지식을 전달하는 교사의 역할은 대단히 중요한다. 교사는 인격과 도덕성을 증진시키며 생명을 살릴 수 있는 지식을 가르치는 사람이 되어야 할 것이다.

제16장

대안학교는 학교교육을 대안할 수 있는가?

지난 몇 년 사이에 '대안학교'가 여론의 각광을 받기 시작하였으며 별다른 관심을 보이지 않던 정부조차도 교육개혁의 한 방안으로 대안학교의 설립을 지원하거나 유도하는 정책을 펴고 있다. 대안학교는 무엇의 대안인가? 이 장에서는 대안학교를 기존의 학교교육의 정책, 제도, 방안 등에 대한 새로운 형태의 제도라는 데에 초점을 두고 그 특성을 살펴보고자 한다. 서구의 대안학교의 특성이 무엇이며, 우리나라의 대안학교는 기존의 관점과 다른 대안적 인간관과 학교관이 무엇이며 어떤 모습을 하고 있는지 등을 간략하게 살펴본다.

대안학교란 어떤 학교를 말하는가? 일반적으로 '대안'은 기존의 정책이나 방안과는 다른 새로운 정책방안이나 제안을 의미한다. 예를 들어, 어떤 사람이 현행 고교평준화제도의 문제점을 지적하면서 평준화를 폐지해야 한다고 주장할 때, "그렇다면 그 대안이 무엇인가?"라고 질문할 수 있다. 또한 공립학교 대안으로 사립학교를, 교사중심학교의 대안으로 학생중심학교 등을 말할 수 있다. 이처럼 '대안'이란 일반적으로 "기존의 제도, 정책, 방안 등에 대한 새로운 형태의 제도나 방안"을 의미할 때 사용한다. 이와 같은 대안의 의미로 볼 때, 대안학교의 형태는 다양하다. 현실의 학교교육이 지식교육만을 강조하는 데에 대한 '대안'으로 등장한 인성교육 중심의 학교, 형식적이고 폐쇄적인 형태의 학교교육의 대안으로 등장한 열린학교, 교과서 중심의 제도교육의 대안으로 통신매체나 전산망을 이용한 원격교육 등이 크게 대안학교의 범주에 포함된다.

우리나라에서 대안교육 운동은 오랜 역사를 가지고 있으나 그 성과가 빛을 발하게 된 것은 불과 수년 전의 일이다. 대안학교로 경남 거창의 거창고등학교, 경남 산청의 간디학교, 전남 영광의 영산성지학교, 경기 양평의 두밀리 자연학교 등이 대표적이며, 1990년대 초반 충남대학교 철학과 윤구병 교수가 교수직을 그만두고 전북 변산반도에 조그마한 학교를 연 것이 본격적인 논의의 출발점이 되었다.

1. 서구 대안학교의 특성

서구에서의 대안학교는 계몽주의 시대의 새로운 교육사조에서 그 뿌리를 찾을 수 있다. 루소Rousseau가 '에밀'을 통하여 기존 제도교육을 비평한 이래 20세기에 이르러 케이Key는 「20세기는 아동의 세기」에서 아동 본성의 자연스러운 발현을 중시했으며, 영국의 교육사상가 니일Neil과 이탈리아의 몬테소리Montessori가 교육에 관한 새로운 관점을 제시한 것에 이르기까지 비교적 다양한 관점에서 논의되었다. 이들의 한결같은 주장은 "교육은 어린이의 이해에서부터 출발해야 한다"는 아동중심주의 철학을 바탕으로 하고 있다는 점이다.

영국의 인간중심적 대안학교

영국의 대안교육 운동가들은 생명체와 자연은 하나의 연대공동체며 하나의 운명공동체라는 생명가치구현으로 시선을 돌릴 것을 주장한다. 영국의 대안학교는 크게 두 가지로 범주화되는데 하나는 자유학교형 대안학교이고, 다른 하나는 생태학교형 대안학교이다. 전자로는 '섬머힐 학교'가, 후자는 '작은 학교'가 대표적이다. 섬머힐 학교는 종래의 학교교육이 지나치게 학생들을 통제 억압하며, 교사나 어른 중심으로 교육이 이루어지고 있음을 비판하고 학생들의 무한한 잠재 가능성에 대한 굳은 신념을 기초로 하는 교육을 실천하고자 하였다. 니일은, 인간은 본성적으로 선할 뿐만 아니라 슬기로운 존재이기 때문에 아이들에게 자신들이 하고 싶은 것을 하도록 하고 오히려 이러한 행동을 격려해 주어야 한다고 주장한다. 니일에 의하면, 아이들에게 '자유'를 줄 때만이 아이들은 바르게 성장할 수 있다. 생태학교형 대안학교인 '작은 학교'는 인도 태생의 생태주의자인 쿠마르Kumar에 의해 설립되었다. 이 학교는 마을 안에서 소규모의 학생들을 대상으로 지식교육뿐만 아니라 의식주에 관련된 기본적인 활동들을 교육내용으로 삼은 것이 유명하다. 섬머힐 학교가 학생의 자유를 중시했다면, 작은 학교는 생태와 노작 그리고 지역사회와 학교의 결합을 중시했다고 할 수 있다.

독일의 자유주의적 대안학교

독일의 대안교육은 공교육에 대한 반발과 함께 전인교육의 이념을 가지고 19세 말엽부터 논의되었다. 대표적인 학교는 케르쉔슈타이너Kerschenstiener의 노작학교이다. 케르쉔슈타이너는 학교의 진정한 과제는 학생의 고유한 활동을 진작시키는 것이라고 보면서 이를 위하여 손으로 하는 노작교육을 도입해야 한다고 주장하였다.

20세기 초 독일에서는 대안학교를 기존의 공적 제도인 학교교육에 대하여 일정한 거리를 가지면서 나름대로 전인교육이라는 교육사상을 실현하려는 경향이 있었다. 이러한 경향으로 오히려 기존의 공교육제도가 대안학교에서 많은 착안점을 발견하고 이를 제도적으로 수용하고자 하였다. 슈타이너Steiner의 발도르프 학교는 처음에는 대안학교였으나 나중에 국가로부터 정규학교로 인정받은 경우에 해당한다. 제1차 세계대전이 끝난 당시, 슈타이너는 도덕적 · 사회적 · 경제적 무질서를 염려하여 아동을 자유롭고 책임감 있으며, 능동적인 인간이 되게 하고 정의롭고 평화로운 사회를 만들 수 있는 교육을 담당할 학교를 구상하여, 1919년 슈투트가르트에서 발도로프 학교를 개교하였다. 이 학교는 당시 진보적인 학교로 정부의 통제로부터 자유로웠으며, 학생들은 대학을 가든 공장에 취직하든 상관없이 동일한 방법으로 예술, 음악, 수공예 등을 배웠다. 슈타이너는 "경외하는 마음으로 아이들을 받아들여, 사랑으로 가르치고, 마침내 자유인으로 내보내라"라는 말로 발도르프 학교의 역할을 요약하였다.

미국의 사회통합적 대안학교

1950년대 말 미국 정부는 '교육의 기회균등' 이라는 구호를 걸고 교육개혁 정책을 시도했는데 그 성과에 대해 의문을 제기하는 사람들이 나타났고, 나아가 기존의 교육을 대체할 새로운 학교를 세우기에 이르렀다. 미국의 대안교육 운동은 공립학교 기관이 교육소비자로서의 학생이나 가정에 대해 아무런 선택권을 인정하지 않고 획일성을 강조한 데에 따른 반발이었다. 오늘날 몬테소리 학교, 작은 지역을 위한 학교, 다문화 학교 등이 이러한 사상을 반영하고 있다.

최근 미국은 공공기관인 주정부의 재정적 지원을 받는 공립학교에서 개인이나 그룹에 의해서 독자적으로 운영하는 차터스쿨Charter School이 꾸준히 늘어나고 있는 추세이다. 차터스쿨이란 학교를 설립하고자 하는 사람과 승인기관 간의 계약에 따라 운영되는 자율적인 교육체제를 말한다. 차터스쿨은 주정부로부터 재정지원을 받는 공립학교이지만 개인들의 다양한 선호와 필요를 반영하여 운영할 수 있는 자율성을 가지고 있기 때문에 학부모와 학생들을 만족시킬 수 있었고, 공립학교의 질적 개선까지 유도할 수 있었다.

또한 1980년대부터 반反학교교육, 탈脫학교교육을 주장하며, 자녀들을 학교에 보내지 않고 부모가 가정에서 가르치는 홈스쿨링Home Schooling이 확산되고 있다. 처음 학교관리자들은 홈스쿨링을 하는 부모들이 공립학교제도를 거부하는 것으로 간주하여 그들을 돕지 않았었으나 오늘날에는 홈스쿨을 하는 아동들이 학교에 와서 미술 · 음악 등 다양한 수업에 참여하며, 도서관이나 체육관 등 학교시설을 사용하는 것을 허용하는 일이 점점 많아지고 있다. 미국에서 홈스쿨링제도는 현재 거의 모든 주에서 정식학력으로 인정하고, 학생 및 학부모의 학교선택권을 실질적으로 보장하고 있다.

2. 한국 대안학교의 특성

우리나라는 1980년대의 급진적인 사회운동의 전개와 맞물리면서 기존의 교육에 대한 대안적 이념과 형식을 모색하려는 움직임이 강하게 전개되었다. 이러한 움직임의 배경에는 사회 민주화의 실현과 동구 사회주의의 몰락으로 급진적 사회운동이 침체되는 한편, 정보화나 세계화 또는 포스트모더니즘과 같은 새로운 사조들이 등장함에 따라 사회변화에 대한 기대확산이 들어 있다. 이러한 움직임은 경직된 학교교육의 개선을 주요 목표로 하여 추진되던 정부의 교육개혁과 만나게 된다. 즉, 입시 위주의 획일화된 교육에서 점차 낙오하는 학생들이 증가하던 현실에서 교육부는 이들을 성공적으로 재적응시키고 있던 한 대안학교를 주목한다. 그 학교는 영산성지학교였다. 1996년 말 정부는 이와 같은 형태의 대안학교를 특성화고교라는 이름으로 설립할 것을 결정하였다. 현재 중학교 6개교, 고등학교 18개교가 인가되어 운영되고 있다.

우리나라의 대안학교 특성을 살펴보면 다음과 같다. 첫째, 대부분의 대안학교들이 종교단체와 밀접한 관련을 맺고 있다. 풀무학교와 거창고등학교, 한빛고등학교, 동명고등학교, 두레자연고등학교, 세인고등학교 등이 기독교 단체에 의해서 설립되었고, 천주교 재단에서 설립한 양업고등학교, 원불교 신앙에 입각한 원경고등학교, 화랑고등학교, 영산성지고등학교 등이 대표적이다.

둘째는 진보적 교육운동가들의 아동관에서 찾을 수 있는데, 그들

은 아동을 주체적이며 자율적인 존재, 스스로 사물을 판단하고 결정할 수 있는 존재, 교사가 부모에게 종속된 것이 아니라 독립된 인격을 지닌 개체로 간주한다. 따라서 아동은 자기가 무엇을 배워야 할지, 무엇을 선택해야 할지 결정할 수 있으며, 학교운영에도 참여할 수 있다고 믿는다. 그리고 어려서부터 이러한 민주적인 삶의 방식을 체험하는 것은 장차 이 사회를 좀 더 민주적인 방향으로 변화시키는 원동력이 된다고 보았다.

셋째, 대안학교는 생명존중사상 또는 생태주의를 기반으로 한다. 이것은 단지 환경오염이나 생태계의 위기 극복만을 강조하는 것이 아니라 궁극적으로 생명에 대한 가치존중을 바탕으로 하기 때문에 자연과 인간의 공존은 물론 인간과 인간 사이의 평화적인 관계도 동일한 가치로 본다.

넷째, 대안학교는 노동을 중요시한다. 일과 놀이와 공부가 엄격하게 구분되지 않으며, 많은 대안학교들에서 생활에 필요한 많은 물건들을 자체 노동에 의해 조달하기도 한다. 이런 것들을 만드는 과정은 지식을 배우고 익히는 과정이기도 하지만 그 자체로서 놀이이기도 하고, 사회적 협동을 체험하는 과정이기도 하다. 노작교육을 하는 대표적인 학교로 풀무학교를 들 수 있다.

다섯째, 대안학교는 지역사회와 함께하는 '작은 학교'를 지향한다. 대안학교들은 지역사회와 긴밀한 관계를 유지함으로써 교육이 삶의 과정과 유리되지 않고 학생들이 폭넓은 경험을 할 수 있도록 한다. 지역사회가 그 지역의 대안학교에 줄 수 있는 도움은 단순히 대안학교에 대한 호의를 표시하거나 필요한 경우에 재정적·행정적 지원을 해주는 것뿐 아니라 더욱 중요한 것은 그동안 학교의 교육에 관심이나 관계를 전혀 갖지 않았던 지역의 다양한 분야의 전문가들을 자기 지역 대안학교의 교육과정 개발과 수업에 참여시킴으로써 대안학교의 교육의 질을 높일 수 있다는 것이다.

국내외에서 일어나고 있는 대안교육 운동은 생태적 차원에 대한 배려, 공동체적 인간 형성, 개인의 개성 존중 등 인간 본위의 이념을 바탕으로 하고 있다는 점에서 큰 차이가 없다. 대안교육의 지속가능한 가치들이 생명력을 유지하고 공교육을 견인하기 위해서는 대안교육의 이념과 철학적 바탕을 더욱 공고히 하는 노력과 더불어 대안학교 운영방식에 대한 체계적인 연구가 뒷받침되어야 할 것이다. 우리나라의 경우 대안학교에 대한 관심은 많지만 아직도 풀어야 할 문제가 많다. 앞으로 대안교육은 기존의 공교육제도 성격이 근본적으로 변화되지 않는 한 지속적으로 존속 및 확대될 것으로 본다. 국가는 대안교육에 대한 관심을 가지고 재정을 지원하고 엄격한 규제를 완화할 필요가 있다.

제17장

우리는 어떤 교사를 원하는가?

교사는 전문영역을 가르친다는 점에서는 전문가여야 하지만, 아직도 발달과정에 있는 학생들을 가르치기 때문에 전문성 못지않게 인격적인 면을 갖추는 것도 아주 중요하다. 최근에는 학생들의 환경이나 관심이 다양해졌을 뿐만 아니라 정보통신기기의 발달로 학생들도 고급정보에 쉽게 접근할 수 있어서 교사의 역할은 이전과 큰 차이가 난다.

교사가 갖추어야 할 소양을 몇 가지만 적어보면 우선, 교사는 교육의 힘을 믿으면서도 동시에 교육의 한계를 인정할 수 있어야 한다. 그리고 자신이 학생들에게 어떠한 영향을 미칠지를 미루어 짐작할 수 있는 감수성이 있어야 한다. 교사는 학생을 지도하는 과정에서 매 순간 판단을 해야 하는데, 그럴 때는 규칙보다 상황을 고려해야 한다. 또한 교사는 학생들이 방황하면서 배운다는 것을 인식하고 그들이 제자리에 올 때까지 기다릴 수 있어야 한다.

21세기는 창조적 지식이 다른 어떤 생산요소보다 더 큰 부가가치를 생산하는 지식기반사회의 모습으로 시작되었다. 이 시대에는 개인의 지적 능력과 창의력, 국가의 지적 자산의 양과 질이 국민의 삶의 질과 국력을 결정하게 될 것이다. 이에 따라 우리는 이러한 사회적 변화와 요구에 슬기롭게 대처하기 위하여 국가적 과제로서 교육개혁에 심혈을 기울이고 있다. 그런데 다른 한편에서는 현재의 교육현장의 상황을 위기라고 진단하는 데 주저하지 않을 뿐 아니라 대중매체들이 학교붕괴 또는 교실붕괴라는 이름으로 우리 교육의 심각성을 지적하기도 한다. 이런 상황에서 교육현장 문제들에 적절히 대처하고 교육개혁을 성공적으로 이루기 위해서는 무엇보다 '교사'의 역할이 부각되지 않을 수 없다. 아마도 학생들의 수업에 가장 영향을 끼치는 단 하나의 요인을 들라고 하면 '교사'라고 주저없이 말할 것이다. 직업인으로서 교사의 역할을 일일이 열거하면 모든 직업 중에서 가장 많은 종류의 역할을 하는 사람이 될 것이다.

교사의 인격이 특히 중요한 이유는, 교사에게 교육을 받아야 하는 학생들이 아직 발달과정에 있는 아동이나 청소년이기 때문이다. 교사의 자질 및 유능한 교사에 대한 정의는 사회적인 것이며 시대적 상황에 따라서 변화할 수 있다. 따라서 이 시대적 상황에서 우리 교육의 현안문제들에 적절히 대처하면서 새 시대를 선도할 수 있는 교사들이 갖추어야 할 소양 및 자질이 무엇인지를 간단하게 살펴보고자 한다.

1. 교육의 힘과 한계점을 동시에 인정하여야 한다

교사는 교육이 인간에게 얼마나 중요하며, 인간을 얼마나 긍정적으로 변화시킬 수 있는가에 대한 신념이 있어야 한다. 학생들이 교사의 언행에서 항상 이러한 신념이 우러나오는 것을 느낀다면 학생들은 교사를 열심히 따를 것이다. 교사가 어떤 내용을 가르칠 때 그것이 단지 교과서에 있기 때문이 아니라, 진실로 학생들에게 도움이 되는 내용이기 때문이라는 것을 학생들이 인식할 수 있어야 한다. 화장실 청소를 한다거나 뙤약볕에서 교장선생님의 훈화를 듣는 것, 그리고 교사가 벌을 주는 것까지도 교육이며, 그것이 학생들에게 인격적으로 도움을 준다는 믿음을 교사가 가지고 있다면 학생은 교사의 마음을 헤아릴 수 있을 것이다.

그러나 교사는 교육의 힘을 믿으면서도 동시에 교육의 한계를 인정할 수 있어야 한다. 교육이 정말로 위대한 힘을 갖고 있다고 해도 여전히 모든 학생을 교사의 뜻대로 만들 수는 없다. 공부하기 싫어하는 학생에게 계속 공부의 중요성을 얘기하는 것은 오히려 역효과를 가져올 수도 있다. 만일 학생이 공부하기 싫어하거나 능력이 부족하면 그 학생의 한계를 인정하고 단념시키는 것도 학생을 구하는 일이다. 교육이 무엇이든지 할 수 있다고 생각하는 교사는 학생을 자발적인 인간으로 생각하지 않고 강압에 의해 학생을 몰고 간다. 이렇게 학생의 입장에서 생각할 수 없는 교사는 학생들로 하여금 '학교는 즐거운 곳이 아니라 지옥이다' 라는 생각을 하게 한다. 지식뿐만이 아니라 태도에 있어서도 교사가 학생들에게 무한한 영향력을 끼칠 수 있다고 보는 것 역시 과대망상이다. 따라서 교육의 힘을 믿으면서도 동시에 교육의 한계점을 인정해야 한다. 사실 교사가 언제 학생들을 북돋아야 하고 언제 놓아주어야 하는가를 아는 것이 가장 어려운 일일 것이다. 두세 명의 자녀를 가진 부모들도 그것을 모를 때가 너무 많다는 것을 생각하면, 교사가 그러한 때를 아는 것이 얼마나 어려운지를 우리는 이해할 수 있다. 그러나 이러한 '때'를 잘 아는 교사와 그렇지 못한 교사가 있다는 것을 우리는 안다. 바로 그러한 차이를 가져오는 것이 감수성이다.

2. 감수성이 예민하여야 한다

감수성이 예민한 교사는 자신이 학생들에게 어떠한 영향을 미칠지 항상 점검을 한다. 우리는 주위 사람에게 무심코 던진 말이 그 사람에게 상처를 주었다든가, 용기를 준 경우를 뒤늦게 알 때가 있다. 학생들은 아직 자신이 정말 옳은 일을 했는지 또는 틀린 일을 했는지 정확한 판단이 서지 않을 때가 많으며, 교사는 학생들에게 막대한 권한을 행사할 수 있는 위치이다. 집에서 부모와 자녀들 간의 관계는 비이성적인 관계여서 부모님의 꾸중이 때로는 별로 중요하게 생각되지 않을 수도 있다. 그러나 교사와의 관계는 훨씬 이성적인 관계이므로 교사의 평가가 학생들에게는 치명적일 수도 있다. 학교란 학생들이 인정받을 수 있는 장소이기도 하고 패배를 느끼는 곳이기도 하다. 그래서 교사는 자신의 행동이 학생들에게 패배감을 느끼게 하지는 않는지에 대해 민감하게 생각해야 한다.

교사는 학생들의 고민을 성실하게 받아들여야 한다. 청소년시절은 여러 가치관이 혼재되어 있는 시기이다. 더구나 우리나라의 학생들은 입시제도 때문에 다른 나라의 학생들보다 더 많은 고민을 갖고 있다. 그런데 많은 교사들은 학생이 자신과 주위 세계에 관심을 갖는 것보다 수학문제나 하나 더 풀기를 원한다. 인생에서 가장 중요한 것이 무엇인지를 심각하게 생각할수록 입시라는 목표돌진에 악영향을 준다고 생각하여 교사나 학부모는 겁을 낸다. 우리나라는 청소년을 앞만 보고 달려야 하는 '말' 처럼 생각한다. 우리의 학교체제에서는 공부 외에 다른 곳에 관심을 돌리는 학생은 낙오자가 되고 만다. 또한 우리의 교육상황을 함께 고민하고 학생의 편에 서는 교사는 능력 있는 교사라는 말을 듣기 어렵다.

감수성이란 그 학생의 입장에서 생각해 볼 수 있는 능력이다. 감수성이 없는 교사는 하기 싫어하는 것을 억지로 시키고, 좋아하는 활동을 못하게 하기도 한다.

3. 규칙보다는 상황을 고려하여야 한다

상황을 생각하지 않고 절대적인 규칙에 의해 학생들의 행동을 판단하는 교사는, 피아제의 도덕단계에서 10세 이하의 어린이들이 속하는 타율적 도덕단계에 해당되며, 콜버그의 경우에는 수준 1이나 2에 머물러 있는 미성숙한 교사이다. 이들은 학생들을 교육하는 것이 아니라 훈련시킨다. 학생들을 병사처럼 취급하고 자신은 하사관처럼 행동한다면 그 교사는 군인이 되는 것이 더 낫다. 교사는 규칙을 주장하기보다는 상황을 이해할 수 있는 사람이어야 한다.

교사는 학생들이 나쁜 짓을 할지도 모른다고 생각하여 학생들을 항상 의심의 눈초리로 관찰해서는 안 된다. 이런 교사는 형사가 된다면 자신의 직업에서 더 성공할 수 있을 것이다. 또한 교사는 학생의 행동이나 사고를 가르치려 해서도 안 된다. 자신과 다른 입장을 갖고 있는 학생이 틀렸다고 생각하고, 항상 고쳐 주려고 하는 교사는 학생을 환자로 생각하는 의사와 같다.

자신도 중요하다고 생각하지 않는 내용을 배우지 않겠다고 도망치는 학생들에게 가르치려는 교사도 있다. 그런데 이러한 사실을 자각하는 교사는 참으로 고통을 받는다. 그래서 교사는 눈감고 있는지도 모른다. 교사는 자신이 가르치는 내용이 중요하다는 것을 인정하기도 해야 되지만 때로는 자신이 가르치는 내용이 별 가치가 없다는 것도 인정할 수 있어야 한다. 그래야만 자신이 가르치는 내용을 항상 점검할 수 있다.

4. 수업활동에서 주도권을 가져야 한다

한때 교육과정 전문가들은 교사의 능력이나 태도의 영향을 받지 않는 교육과정을 개발하려고 시도한 적이 있었다. 즉, 어떤 교사가 가르치든지 똑같은 수준의 수업을 할 수 있는 이상적인 교육과정을 계획하였다. 모든 내용을 담은 수업자료를 전문가들이 만들어 냄으로써, 교사들에게 될 수 있는 한 자신의 의사를 개입시키지 않고 학생들을 가르치도록 하자는 것이다. 이러한 방법을 생각하게 된 기본입장은, 교사란 만들어 준 지침서를 전달하는 '기술인' 이라는 데 근거하고 있다.

그러나 교수자료를 가지고 수업을 해도 여전히 수업의 질에는 차이가 있었다. 어떤 교육이론가들은 이러한 현상을 보고 교사들을 좀 더 훈련시켜 모든 수업의 질을 똑같게 해야 한다고 주장하기도 한다. 그러나 가르치는 일이란 기계적으로 또는 계획에 의해 진행되는 것이 아니라, 매 순간마다 의사결정을 해야 하는 순발력이 필요한 직업이다. 그러므로 기술인이 되도록 훈련을 시킬 것이 아니라 전문인으로서의 긍지를 갖게 하고 전문인에 합당한 대우를 해주는 것이 효과적이다.

교사가 전문가가 된다는 것은 자신이 가르치고 있는 교과목이 어떤 근거에서 만들어졌는지, 그리고 학교에서의 모든 교육활동이 어떤 교육적 의미를 가지고 있는지 등에 관해서 알고 있어야 한다는 것을 의미한다. 그것을 알고 학생을 가르치는 것과 알지 못하고 가르치는 것과는 큰 차이가 있다. 교사는 자신이 가르치는 내용이 다른 교과내용과 어떤 관련성이 있으며, 그 내용이 학생들의 관심이나 흥미와 관련이 있는지, 그리고 사회의 문제와도 관련성이 있는지 알아야 한다. 그래야만 학생들에게 가르칠 때 그 내용이 의미 있게 된다.

때로 학생들은 어떤 내용에 대해서는 매스컴이나 여행, 그 밖의 많은 참고자료를 통해서 교사보다 더 많이 알 수 있다. 최근에는 외국에서 살던 경험을 가진 학생들이 늘어나, 교사가 외국어를 가르칠 때 학생들의 조언을 받기도 한다. 이런 것은 교사가 부끄러워할 필요가 조금도 없다. 오히려 그런 경험이 있는 학생들을 잘 활용하여 모든 반 학생들에게 도움이 되도록 해야 한다. 또한 경우에 따라서는 기계매체가 교사보다 더 잘 가르칠 수도 있다. 교사는 반드시 모든 해답을 꼭 알아야 하는 것은 아니다. 단지 교사들은 학습의 과정을 어떻게 계획하고 수업을 촉진시킬지를 알아야 한다. 전문가란 자신의 전공영역과 관련된 모든 지식을 다 아는 사람이 아니라 자기가 하는 일이 무엇인가를 명확히 인식하고 그 일에 주도권을 가진 사람을 말한다.

교실에서 다루어지는 모든 것에 대해서 교사만 알고 있고, 학생들은 아무것도 모른다는 생각은, 교사와 학생 간의 간격을 더욱 넓히는 결과가 된다. 전문가는 자신의 지식을 다른 사람들에게 과시하려는 생각을 가지기 쉽다. 그래서 쉬운 말로 표현할 수 있는 것을 더욱 어렵게 하여 자신이 하는 일이 굉장한 능력을 가져야만 되는 것처럼 보이게 하고 자신의 영역을 침해하는 것을 용납하지 않는다.

교사는 교실에서 어떤 내용을 왜 다루어야 하는지, 그리고 학생을 평가할 때는 어떤 방법을 사용하는지 등에 대해 원하는 사람들에게는 공개할 수 있을 만큼 자신감을 갖고 있어야 하며 또한 문제점이 있을 때는 항상 고칠 수 있는 준비태세가 되어 있어야 한다.

5. 학생이 돌아올 때까지 기다릴 수 있어야 한다

교사는 학생들이 방황하면서 배운다는 것을 항상 기억해야 한다. 학문적 성숙이든 정신적 성숙이든 연속적인 발전만이 일어나는 것은 아니다. 학생이 위기에 있을 때 교사는 옆에서 잠시 기다려 주어야 한다. 인간은 생의 전 과정을 통하여 점진적이며 단계적으로 발전하고 성장하지만, 한편으로는 순간적으로 비약하여 새 사람으로 변화하기도 한다. 비연속적이고 순간적인 변화는 인간의 성장을 멈추게 하기도 하지만 때로는 급격하게 성숙시키기도 한다.

모든 위기는 잘 극복만 한다면 인간을 높은 경지로 이끄는 계기가 된다. 따라서 교사는 위기를 모면토록 학습자를 보호할 것이 아니라 그들이 위기를 정면으로 돌파할 수 있는 경험을 갖도록 도와주어야 한다. 위기는 겉으로는 드러나지 않는 정신적인 사건일 수도 있다.

우리는 때로 주위 사람들에게 자신도 모르는 사이에 결정적인 영향을 끼치면서 살고 있다. 특히 교사는 지식이나 인생에서의 선배로서 자신이 상상하는 것보다 훨씬 더 강하게 학생들에게 영향력을 미치고 있다. 그리하여 교사의 행동이나 말이 학생의 일생에 전환점을 가져오기도 한다. 비록 자주 일어나지는 않지만 어떤 학생은 수업과정에서 자신의 일생에 있어 분기점이 되는 극적인 경험을 갖는 수가 있다.

교사는 자신이 학생들에게 얼마나 중요한 사람인가를 항상 인식하고 학생들이 방황하고 혼란에 빠질 때 전환점을 제시해 줄 수 있도록 많은 교육적 시도를 하는 것이, 그렇지 않을 경우와 커다란 차이가 난다는 점을 항상 명심하는 것이 중요하다.

6. 학습의 조력자가 되어야 한다

학생들에게 지식을 가르쳐 준다는 것은 교사의 첫 번째 임무이다. 전통적으로 교사는 지식의 공급원으로 학생들에게 많은 지식을 전달하려고 노력하여 왔다. 그러나 오늘날의 교사는 지식을 전달하는 역할뿐만 아니라 학생들이 스스로 지식을 구성하고 문제를 해결하는 것을 도와주는 역할을 해야 한다. 오늘날의 교사는 과거처럼 정답을 가르쳐 주는 지식의 전달자가 아니라 학생들이 문제를 해결하고 답을 구성하는 과정을 도와주고 더 나아가서 함께 학습해 나가는 역할을 하는 조력자 또는 동료학습자가 되어야 한다.

정보사회에서 인간은 기억된 지식보다는 새로운 지식을 구성하여 사용하는 능력을 갖출 것을 요청받고 있다. 여기에 대비하여 현대 교육은 교사의 역할 변화를 촉구하고 있다. 교사는 학생들에게 학습정보를 제공하는 촉진자가 되어야 한다. 종래의 정보는 신문 · 잡지 등에 의해서 제공받을 수 있었지만, 21세기 교사는 이와 같은 체제로는 적절한 정보를 제대로 얻을 수 없을 뿐만 아니라 학생들의 학습활동을 촉진시키는 데에도 한계가 있을 수 있다.

제18장

앞으로의 교육은…

사회가 급격하게 변화하는 데 비해 학교의 변화속도는 그리 빠르지 않다. 사회의 요구를 학교가 신속하게 받아들이지 못하기 때문에 종래에는 학교가 해야 한다고 생각한 많은 역할들을 다른 사회기관이 대신 해주고 있다. 그러나 학교는 사회기관과는 달리 모든 교과영역뿐만 아니라 학생들의 태도나 가치관에 대한 교육까지도 책임을 지고 있다. 학교가 이 사회의 가장 중요한 교육기관으로 남기 위해서는 다음과 같은 방향으로 나아가야 한다. 먼저, 학교는 획일적인 사고방식에서 벗어나서 다양성 있는 교육을 실시해야 하며, 지식전달보다는 사고력을 키워주어야 한다. 또한 생산적인 사람이 되도록 하기 위해서 의사결정능력을 키워주어야 하며, 서로의 발전을 위하여 다른 사람의 의견을 받아들이는 개방성과 각 분야에 적극적으로 참여하는 태도를 갖도록 해주어야 한다.

요즈음 우리는 이 세상이 참으로 빨리 변한다는 말을 자주 한다. 이러한 말은 세상을 많이 산 나이 든 사람들만 하는 것이 아니라, 그리 세상을 오래 살지 않은 사람도 그런 말을 한다. 그것은 변화의 속도가 점점 더 빨라져서 아주 짧은 기간에도 그 변화를 느낄 수 있기 때문이다. 작년에 산 컴퓨터가 구형이 되고, 거리마다 새로운 양식의 건축물과 포스터가 눈에 띄고, 책방마다 새 이론과 문제들을 다룬 책들이 매일 쏟아져 나온다. 우리는 그러한 변화 속에서 정신을 차리려고 노력하기도 하고 때로는 무관심한 척하며 안정감을 찾으려고 한다.

변화하는 사회에 비해서 학교의 변화속도는 그리 빠른 것 같지 않다. 그 뿐만 아니라 학교의 역할을 다른 기관에게 빼앗기는 것 같기도 하다. 학생들은 음악이나 무용 · 미술 등의 예능은 예능학원에서 배우고, 외국어는 외국어학원에서, 컴퓨터는 최신기능을 익힐 수 있는 컴퓨터학원에서 배운다. 그 밖에도 많은 사회단체, 예를 들면 신문사, 대기업, 또는 정부기관에서도 평생교육이나 사회교육에 관련된 활동을 많이 하고 있다. 대기업에서는 신입사원을 뽑아놓고, 신입사원들이 자신의 기업에서 필요로 하는 능력이 부족하다고 하여 막대한 액수의 교육비를 투자하고 있다. 학교가 다른 사회기관과 다른 것은 졸업장을 주는 일밖에 없다고 혹평을 받을 날도 멀지 않을 것이다.

아무리 다른 사회기관이 특수한 목적에 맞는 교육을 효과적으로 실시한다고 하여도, 학교처럼 학생들의 전인적인 교육을 책임지지는 않는다. 학교는 다양한 교과목을 통합적으로 가르치며, 지적 영역뿐만 아니라 태도나 가치관도 가르친다. 또한 유치원교육에서부터 고등교육까지 모두 통틀어서 위계적인 지식체계를 이루어 가르친다. 앞으로 학교가 교육기관의 역할을 충실히 하고 변화에 대처하기 위해 교육이 어떠한 방향으로 나아가야 할지 생각해 보자.

첫째, 학교는 지금까지의 획일적인 사고방식에서 벗어나 학생들에게 다양성 있는 교육을 실시해야 한다. 지금까지는 학교가 학생들의 '사회화'에만 관심을 가졌다. 이 사회에 적응하기 위해서 학생들은 사회의 규범을 익히고, 사회에서 일어날 수 있는 일을 미리 경험해야 한다는 것이다. 그래서 학교는 학생들에게 이 사회에서 공유하는 관습, 문화, 질서 등을 가르치는 데 열중하였다. 다른 사람들과 다른 행동이나 사고방식을 하는 것을 의식적으로 눌러 왔으므로 변화에 겁을 내게 하였다. 그러나 지금까지의 획일적인 교육제도와 교육내용으로는 변화하는 시대에 대처할 수 없다. 학교에서는 학생들에게 다른 사람들과 똑같은 행동을 하도록 가르치기보다는 다른 사람과 달라지기를 가르쳐야 한다.

우리나라에서도 학생들의 다양한 욕구를 충족시키고 산업사회에서 필요한 인적 자원을 확보하기 위해 다양성을 위한 교육적 시도가 급속히 진행되고 있다. 예를 들면 특수목적 고등학교를 설립한다든가, 사회변화에 신속하게 대처하기 위해 특수한 기술이나 능력을 키울 수 있는 다양한 전문대학을 만들기도 하고, 고급인력을 만들기 위해 대학 없는 대학원만을 설립하는 것 등이 이에 속한다.

둘째, 학교에서는 학생의 사고력을 키우는 데 관심을 가져야 한다. 지식이란 자꾸 변화하므로 앞으로 달라질 지식을 받아들이는 능력, 그리고 필요한 지식을 선정하는 능력을 키워야 한다. 사고력을 키우기 위해서는 한 가지 분야에 대해서만 공부해서는 안 된다. 학교는 여러 교과를 가르치면서 그 교과의 내용들을 통합하여 가르쳐야 한다. 그래야만 배운 지식을 사용할 수 있는 능력이 키워진다. 대학에서도 여러 전공을 하게 하는 것이 바로 이런 이유에서이다.

하나의 전공영역에 몰입하면, 현실세계의 문제와는 아무 상관이 없는 문제에 집착하여, 실제문제에는 아무런 도움이 되지 않는 경우가 있다. 똑같은 지식도, 다른 경험을 가진 사람이 그 지식을 바라볼 경우 전혀 다른 시각으로 그 문제를 바라보고 해결하게 된다. 역사적으로 많은 선각자적인 지식인들은 다양한 분야에 대해 관심을 가졌다. 영국의 시인이며 평론가인 엘리엇Eliot은 「문화란 무엇인가」를 써서 그것이 현대의 명저名著가 되었고, 하버드대학의 총장이었고 교육학에 많은 영향을 끼친 코난트Conant는 유기화학자였다. 피아제도 생물학자이면서 심리학을 연구했기 때문에 독특한 학문분야를 이룩할 수가 있었고, 그 밖에도 철학자이면서 물리학자인 사람, 생물학자이면서 사회학자인 사람의 경우를 우리는 주위에서 많이 볼 수 있다.

셋째, 의사결정을 하는 습관을 키워야 한다. 인간은 힘들더라도 자신의 일을 자신이 주도하기를 원한다. 이전에는 효율성과 생산성을 높이기 위해 대기업의 공장에서 분업화된 일을 하였다. 그러나 점차로 분업은 효율성이나 생산성을 높이기는커녕 오히려 낮출 뿐만 아니라 여러 가지 부작용을 초래한다는 것을 알게 되었다. 인간은 상당히 복잡한 두뇌작용과 감정을 갖고 있다. 따라서 단순하고 반복적인 작업은 인간을 병들게 한다. 여러 단계를 거쳐서 상사에게 결재를 받고 일을 한다는 것은 비효율적일 뿐만 아니라 근로자들에게 동기유발이 되지 않는다. 여러 연구결과를 보면 근로자에게 의사결정권을 주었을 때 생산성은 높아지고, 이직률은 낮아진다는 것을 알 수 있다.

넷째, 개방성을 가져야 한다. 다른 사람들이 어떤 생각을 하고 있는지에 관심을 갖고 그것을 인정해야 한다. 다른 나라 사람들의 문화와 생활양식 등을 받아들이고 편견을 갖지 않도록 해야 한다. 그러한 개방성이 있을 때 사회, 더 나아가서 세계평화에 도움이 될 것이다. 이 세상은 좁아지고 있다. 이전처럼 이 세상을 자신의 종교, 인종, 이데올로기를 펼치는 장場으로 생각해서는 안 된다. 이제는 이 세상을 자신이 생각하지 못했던 새로운 지적 경험을 넓힐 수 있는 교육의 장으로 받아들여야 한다.

사람들이 서로 의사소통을 하는 방식이나 지식을 구하는 방식도 컴퓨터의 발달에 의해 많이 달라지고 있다. 정보통신기기의 발달로 누구나 쉽게 많은 정보를 얻게 되어 사람들은 위계적인 관계보다는 수평적인 관계를 갖게 된다. 따라서 다른 사람들에게 일방적으로 자신의 의견을 전달하거나 또는 다른 사람의 의견을 따르기보다는 서로 간의 의사를 개방적으로 받아들여야만 자신과 사회가 모두 발전할 수 있다.

다섯째, 각자가 이 사회에서 중요한 역할을 맡고 있다는 참여의식을 갖도록 해야 한다. 이제는 세상이 다양해지고 직업의 종류도 훨씬 많아졌으며 기업의 크기도 작아지고 있다. 따라서 점차적으로 소집단별로 결정을 하는 추세이기 때문에 개개인이 모두 중요하다는 인식을 갖는다. 옛날처럼 한 사람의 리더와 많은 사람들의 추종자가 뒤따르는 사회는 점차로 사라지고 모두 다 각 분야에서 엘리트라고 생각할 수 있어야 한다. 그리하여 누구든지 인종, 지역, 계급의 차이 없이 똑같은 자격으로 개인이 그 사회의 주역으로 참여할 수 있는 사회로 나아가게 될 것이다.

참고 문헌

김병성, 「교육사회학 관련이론」, 서울 : 양서원, 1990.

박승배, 「교육과정학의 이해」, 서울 : 학지사, 2007.

오욱환, 「학교교육과 불평등」, 서울 : 교육과학사, 1990.

윤영선, 「교육과정과 평가」, 서울 : 박영사, 1985.

이옥형 · 이종숙 · 임선빈, 「교육심리학」, 서울 : 집문당, 1992.

이화여자대학교교육공학과, 「21세가 교육방법 및 교육공학」, 2001.

홍은숙, 「교육의 개념」, 서울 : 교육과학사, 2007.

Combs, Arthur W., 「교육신화」, 이성호 옮김, 서울 : 서원, 1985.

Crain, William C., 「발달의 이론」, 서봉연 옮김, 서울 : 중앙적성출판부, 1983.

Salkind, Niel J., 「인간발달과 교육」, 김남순 옮김, 서울 : 창지사, 1992.

Coleman, J.S., *Report on Equality of Educational Opportunity*, Washington, D.C. : U.S. Government Printing Office, 1966.

〔저 자 약 력〕

윤 영 선

서울대학교 문리과대학 졸업
미국 플로리다 주립대학교 석사
미국 플로리다 주립대학교 교육학박사(교육평가)
미국 하버드대학 초빙연구원
성신여대 사범대학 학장
전, 성신여대 교육학과 교수
저서 : 「현대통계학」(제4판), 2002
「함께 읽는 교육학이야기」, 1996
「교육과정과 평가」, 1986

채 수 진

성신여자대학교 교육학과 학사
서울대학교 대학원 교육학 전공(석사)
성신여자대학교 교육과정 및 평가 전공(박사)
서울대학교 의과대학 의학교육실 연구원
성균관대학교 공학교육혁신센터 연구원
현, 아주대학교 의과대학 의학교육실 연구조교수
저서 : 「문제중심학습과 평가」, 2005

교육학의 이해

2008년 2월 25일 제1판 1쇄 인쇄
2008년 2월 28일 제1판 1쇄 발행

저 자 윤 영 선 · 채 수 진
발행인 강 희 일 · 박 은 자

발행처 **다 산 출 판 사**
서울특별시 마포구 용강동 494 – 85
등 록 1979. 6. 5. 제 3–86 호(윤)
전 화 717-3661~2, 718-1751~2
FAX 716-9945
조 판 민 하 디 지 탈 아 트

정가 15,000원 파본은 바꾸어 드립니다.

http://www.dasanbooks.co.kr
ISBN 978-89-7110-355-5 03370